编辑法律意识研究

孙午生 / 著

中国法制出版社
CHINA LEGAL PUBLISHING HOUSE

目　录

第一章
绪　论

一、问题的由来

探讨编辑法律意识是基于编辑在新闻媒体和出版业中担负着引导社会舆情，发挥着推动全社会法律信仰的重要作用。编辑对法律体系的宏观把握，以法律、法规为准绳处理出版物与作者法律关系的水平，是行业发展的根基，尤其是编辑的法律意识，直接关系着其对法律法规的认知和掌握程度，关系着社会主义文化传承发展。为此，重视编辑工作者的职业素养的提升和法律意识的养成，具有一定的现实意义和理论价值。

随着我国经济和科学技术的快速发展，新闻出版行业焕发了新的活力，新闻媒体、出版行业的竞争日益激烈，对编辑工作标准提出了更高的要求。提高编辑的法律意识之重要性，主要在于如下三方面：

（一）媒体作品真实性的需要

众所周知，新闻的生命在于真实。在现实中，受多方面因素的影响，有的编辑不遵守国家法律法规和职业道德操守，为获得“卖点”，违背新闻真实性原则，对新闻事件捕风捉影，扭曲新闻报道事实，在网络、报纸等媒体上出现不符实际的虚假新闻，这对行业的发展产生极为不利的影响；有的编辑采取投机取巧的方法，或制造虚假新闻，或炒作明星绯闻，从而获得更高的关注度；还有的编辑在新闻事件发生以后，为获得独家报道机会，在没有得到证实的情况下，凭借想象杜撰新闻事件，进行炒作和传播，虽在当时能够引起巨大轰动，但是一经查实，就会引发公众强烈的不满。以上问题究其原因，主要是有些媒体工作者缺乏职业须具备的法律方面知识和意识。作为媒体从业者，应该恪守法治，尊重新闻真实性原则，做好新闻舆论监督，维护人民群众的切身利益，真正做好社会舆论的导向。

关于新闻真实性的意义，有一个经典案例，就是对伊拉克战争失实报道。2003 年 3 月 20 日爆发的伊拉克战争受到世界媒体的密切关注，各国媒体纷纷云集海湾地区，在第一时间、第一现场对美伊战争进行了全方位的记录和报道，满足了人们了解最新战争情况的需求。但是，由于战地记者的大量信息来自军方，军方为了战争尤其是心理战的需要，可能会精心编制虚假信息来误导媒体。同时，各国媒体都为了抢得先机，优先发表新闻，来不及对军方提供的信息予以证实，或根本未加核对就即予播报。在这种情况下，新闻核心价值的“真实”被抛弃，新闻“客观”“中立”的原则遭到践踏。[①] 2003年《纽约时报》揭露该报走红的记者布莱尔制造假新闻，并在头版发表的内幕。这一丑闻也促使《纽约时报》的深刻反思，决定设立“新闻监察专员”一职，专门监督该报社的新闻运作，专栏作家丹尼尔·奥克伦特担任此职。奥克伦特以读者代表“公众编辑”的身份，每月撰写两篇专栏文章，发表独立看法，对该报的新闻提出批评性意见。[②] 针对美国民众最关心的伊拉克到底有没有大规模杀伤性武器这一问题，奥克伦特先后与《纽约时报》20多名曾负责大规模杀伤性武器报道的编采人员谈话，了解实际情况，最后以《大规模杀伤性武器？还是莫须有的武器?》为题发表文章，指出该报在新闻运作过程中的种种缺陷。奥克伦特认为，编辑部有责任发表一系列文章，但对该报曾误导世人相信萨达姆政权拥有大规模杀伤性武器的“错误消息、偏颇消息和可疑分析”，这不仅是要揭露那些“有意放风人士”的伎俩，还应披露《纽约时报》究竟是如何被利用的。只有重新审阅及调查整个有关大规模杀伤性武器报道失误问题，发布认错消息，才能真正起到作用。奥克伦特指出了美国报纸的“五大病态”：第一，只求哗众取宠，报道过后不了了之的新闻理念；第二，打“消息

① 任毓骏：《〈纽约时报〉检讨对伊拉克战争报道》，载《新闻战线》2004年第7期。

② 任毓骏：《〈纽约时报〉检讨对伊拉克战争报道》，载《新闻战线》2004年第7期。

来源人士”牌；第三，“头版综合征”；第四，千方百计捞取独家新闻；第五，编辑部门不理会质疑。①

其实，新闻质量不高是很多媒体面临的共同问题，《纽约时报》出现丑闻也不仅仅是个案。这除了记者本人为了名利，不顾职业操守以外，传媒自身也有需要反省之处。例如，在激烈的市场竞争中，为扩大报纸发行量和影响力，一些报社片面追求独家报道以及所谓的感人细节，导致一些记者在这种压力下不惜铤而走险，而相关审查机制又不健全，其结果是假新闻就会发布到媒体的头版头条。这也是现代社会，很多人不太关心新闻报道的主要原因，就是有些新闻失去其真实性。媒体如何面对现实，遏止“异化”，是媒体从业者及相关部门应当高度重视，认真反思，且值得研究的大问题。

真实性是新闻的生命。新闻真实性是指在新闻报道中的每一个具体事实必须合乎客观实际。主要表现在新闻报道中的时间、地点、人物、事情、原因和经过都经得起核对。对新闻媒体行业而言，需要新闻工作者进行真实地报道和认真地思索，既要考虑到新闻的真实性，又要考虑到新闻的批判性，从而为社会舆论提供正确的导向。在新闻报道过程中，编辑最重要的职责就是对新闻事件进行客观合理分析，真实再现事件的发生过程，确保新闻报道的真实性，以避免对社会舆论产生不良影

---

① 任毓骏：《〈纽约时报〉检讨对伊拉克战争报道》，载《新闻战线》2004年第7期。

响。当下，新媒体迅速发展，微博、微信等自媒体得到了广泛的应用，一旦出现虚假新闻，会产生巨大的舆论风暴，对人们思想和行为产生误导的同时，也严重损害了媒体的公信力。因此，还原媒体报道事件真实性和客观性，既可以正确地引导社会舆论的导向，而且可以提升新闻媒体的严肃性，维护社会和谐稳定。对编辑而言，在新闻报道、编辑过程中，要坚持真实性原则，而实现新闻真实性原则，就要求编辑具备强烈的职业法律意识。

（二）数字出版应对挑战的需要

众所周知，出版行业正在经历一场剧烈的变动，这就是数字出版日渐普及。传统出版和数字出版在阅读方式、传播载体、传播环节、传播速度等方面都有所不同。书籍、期刊、报纸等传统出版物，系以纸为载体，经过制作、装订、运输、发行等程序，最后送到读者手中。随着数字技术的发展，数字出版应运而生，这种全新的信息传播方式具有容量大、形式多样、高效便捷、灵活互动等优势。同时，数字出版融合多种出版形态，可以将内容与服务融合，形成跨媒体出版的新格局。[①] 数字出版包括了两层含义：第一层含义指在传统出版过程中采用数字技术，即出版流程中的各个环节采用

① 张文俊等：《数字媒体技术基础》，上海大学出版社2007年版，第376页。

数字化的工艺、技术和设备，但最终的产品依旧是平面的、单媒体的以纸为媒介的印刷物；第二层含义即完全意义上的数字出版，是指在出版的整个过程中，从编辑、制作到发行，所有信息都以数字形式储存于光、磁等介质中，信息的处理与传递必须借助计算机等设备来进行的一种出版形式。数字化出版的成功推出，使编辑出版事业实现了以“光与电”取代“铅与火”的技术改造。① 如今编辑不仅仅是运用原始的纸张，他们更多是通过对现代科技的运用，实现编辑工作与媒体融合的方式。在数字化过程中，不仅加快了编辑技巧现代化的进程，也改变了编辑工作人员的能力结构。

数字出版在数字内容、运作方式、工作效率、超链接、传播关系等方面对编辑产生了新的要求。

一是数字内容。数字出版的核心是数字内容，它借助数字媒体技术进行制作，除文本和图像外，还包括动画、音乐、影视等多种媒体的综合运用。由于资讯科技的发展，几乎所有传统媒体都介入音像、电子、网络的出版和传播中，形成对编辑能力提效的压力。对此作出回应的标志是计算机和网络技术在编辑工作中的广泛应用。②

二是运作方式。数字出版形式多样化后，相同素材透过不

① 王宏江：《论数化出版对体育科技期刊编辑能力结构的优化》，载《西安体育学报》2007 年第 1 期。

② 谭丰华、易冰原：《“大编辑”理念初探》，载《出版科学》2010 年第 18 期。

同载体呈现，媒体的汇流促使内容集约化，不同媒体之间相互补充，相得益彰，初步实现无缝传播的理想①，形成“一骨干多载体”全模式。在运作方式上要求编辑调整角色，迎合新发展模式，才能在不同媒体之间多方协作，适应跨媒体的出版工作，培养“一次多任务平台”的能力。因此，发展数字出版需要专业人员的共同参与，要求编辑是具备多种知识和技能的复合型人才。②

三是工作效率。编辑包括从组稿、采编、审稿到排版等所有的复杂工序，随着数字技术逐步运用到这些环节，不仅减少了工作流程，使出版周期缩短，时效性增强，工作效率提高，且省去了印刷、运送等耗资巨大的环节，还可进行数据拆解、重组和再利用，从而降低出版成本。③

四是超链接。数字出版编辑的特点归功于 internet 中超文本/超媒体技术。超文本/超媒体技术是由相互独立的节点信息和表达它们之间关系的连结所组成的信息网络。节点的内容可以是文本、图形、图像、动画、视频、音频等，节点内容的多

① 畅榕、丁俊杰：《数位时代新闻传播的特征》，载《当代传播》2005 年第 6 期。

② 桂小玲：《论网络时代科技期刊复合型编辑出版人才的培养》，载《机制创新·合作共赢——第 8 届全国核心期刊与期刊国际化、网络化研讨会论文集》2010 年版。

③ 聂晶磊、王秋艳：《数字符出版专业人才培养模式探析》，载《编辑之友》2009 年第 8 期。

元化造就了数字出版编辑元素的多元化。①

五是传播关系。传播主体去中心化后，数字价值网节点创建者自由而多样，包括个人、媒体、专业领域的意见领袖、企业或组织等，传统出版为所有用户服务的定位将被弱化，信息可以从任何一个节点介入，产消者（prosumer）的概念将逐渐成为风潮。面对编创换位、编读换位的情形，在创作者、编辑者和阅听人向内容端靠拢之际，编辑工作将被赋予更宽阔的视野或更丰富的能力性。

总之，数字出版编辑集专业出版知识、法律知识和数字技术于一身的宽口径能力的编辑人才。编辑作为现代出版工作的“操盘手”，其知识水平、信息分析能力、策划能力、组织能力是出版业独有的、难以模仿的资源、知识和技能，也是出版业实现文化产品价值的关键因素。② 也就是说，居于数字出版核心位置的编辑，将是人才需求的重点。数字出版编辑面对新产品、服务模式，需要分解、判断、规划、制作、鉴赏、开创，能够统整概念、建构知识，把关相关法律问题等。由此可见，在数字化大背景下对编辑工作者的要求较高，这是社会发展，科技进步的必然要求。

---

① 范生万、张磊：《网络讯息采集与编辑》，北京大学出版社2010年版。

② 张洋：《数字出版模式中的编辑定位与职能》，载《辽宁师范大学学报（自然科学版）》2011年第34期。

（三）依法治国的需要

新中国成立70年来在中国共产党的领导下，高度重视法治建设，探索出一条符合国情、适应时代的中国特色社会主义法治道路，时至今日，改革发展稳定，内政外交国防、治党治国治军，都以法治为框架、由法治来贯彻、用法治作保障。[①] 通过法律体系建设和广泛的法制宣传，人民群众的法律意识普遍提升，特别是在责任义务意识、遵纪守法意识和权利意识等方面。依法治国已成为社会的共识，全面依法治国，是一场深刻而重大的社会变革，为社会繁荣发展、国家长治久安夯实基础。从本质意义上讲，这意味着国民法律意识的显著提升。它所体现的，是全社会的经济、政治、社会结构、意识形态、文化传统等的大变革；它所反映的，是向现代社会转变这一特定过程中法律文明及其价值基础的变迁；它所要展示的，是法律思想到法律行为各个领域的变化；它所要确立的，是同世界法治现代化进程相协调但又具有中国特色社会主义的制度安排、价值观念及生活准则的体系。在世界变得更加相互依赖，法律发展中的共同性日益增多，世界法治现代化进程更加多样化的当代，我们应自觉地担负起时代赋予的历史重任，全面推进依

---

① 参见新华社：《法治中国——70年中国面貌变迁述评》，载百度网，http：//www. xinhuanet. com//legal/2019－09/12/c_ 1124991792. htm，最后访问日期：2019年9月15日。

法治国，依靠自己走出符合国情的正确的法治道路——法治兴则国家兴。法律要发挥作用，需要全社会信仰法律、遵守法律法规。

编辑应社会所需，把人类所创造的知识组成多种不同的存在形态，形成多种类型的精神产品，以满足各行业、各层次的读者对知识的探求。这些编辑成果，以知识载体的形式充实读者知识领域的空缺，引导读者探求知识的取向，并且不限于一代一世，而是历代相沿，成为绵延不断的社会存在，有力地促进着文化的发展。编辑工作与法律工作密切相关，编辑既要保护著作权人和读者的合法权益，同时也要保护自己的权利以防备可能遭遇的盗用版权、欺诈等侵害，作为编辑没有相应的法律知识很难胜任编辑工作。法律意识是衡量编辑综合素质的重要指标之一。编辑的法律意识是指编辑所具备的法律知识及其对法律的认识和态度，集中反映了编辑对我国有关出版方面的法律法规的认识、理解和掌握的程度。随着经济和社会的发展，人们的法制观念、维权意识的增强，法律意识在编辑工作中的重要性日益凸显，法律约束贯穿新闻报道、出版物的全过程，法律意识是编辑综合素质的重要组成部分。但据统计，编辑依然存在着结构性不足问题。部分编辑法律意识、法律观念、法律知识、业务水平存在一定的不足，编辑的风险防范意识、法律法规知识、政策法律水平与行业的大发展大繁荣客观要求不相适应，为此，提高编辑的法律素养成为当务之急。通过采取有效的应对措施，切实提高编辑的法律意识。此外，网络自媒体时代为编辑法律意识的引导和培育带来了新的机遇和挑战。随着自媒体的高速发展，为编辑接收法律知识提供了更加广阔的渠道，使编辑接收法律知识更简单、更主动。同时，编辑工作者在实际工作中，要树立良好的职业道德意识，遵守国家相关法律，真实客观地对新闻事件进行报道，提升新闻报道的真实性和有效性，避免出现报道和出版物不符合事实的情况。编辑的法律观念，是保证新闻报道的真实性，满足工作实际要求的重要条件。编辑作为社会宣传工作的主要承担者，其法律意识的强弱直接影响到编辑工作的顺利开展，也直接影响到公众接受信息的质量。所以，无论是应时代发展的现实需要，还是现有理论的完善需求，都需要编辑工作具备较强的法律意识，不断为社会提供法治的动力，发挥好导向作用，自觉地敬法、讲法、守法，为推动全社会的法律信仰助力。

二、研究框架

国内目前针对编辑法律意识进行专题研究的文章不多。研究多侧重将其他主体的法律意识作为研究对象，而且多停留在理论研究层面，缺乏系统的构建实践层面的应对对策。近年来，也有部分学者提出一些关于增强编辑法律意识的对策，而实践中实际操作和运用的情况相对较少，有一些相关问题至今还没有达成一致的定论。社会热点案例的屡次发生再次引起法学界以及新闻界对编辑法律意识理论的重视。显然，现有的理论需要进一步补充和完善。唯有如此，其理论价值才能够得到充分发挥，才能够在准确反映我国目前编辑法律意识情况的基础上为增强编辑法律意识提供理论指导、基本框架、制度模型和前瞻对策。另外，从编辑法律意识的角度进行研究或许能对我国公民的法律意识提升和增强有借鉴意义。

本书将用八章来对编辑法律意识研究进行探讨。第一章为绪论；第二章为编辑与编辑工作；第三章为法律意识的内涵；第四章为编辑法律意识的价值基础；第五章为编辑法律意识的内容；第六章为培养编辑法律意识的经验与存在问题；第七章为培养编辑法律意识的路径；第八章为编辑法律知识。

在第一章“绪论”中，重点说明了研究编辑法律意识的意义。通过“伊拉克战争报道失实”等案例来对编辑法律意识的现状做一个说明。从典型个案身上折射出整个编辑行业还存在法律意识有待加强、报道真实性有待加强等相关问题。编辑工作起着引领社会舆论导向的重要作用，因此，编辑工作必须以法治为导向，这样才会避免如编造虚假信息等情况的出现，我们的编辑工作才真正能够发挥其应有的作用，才能对媒体受众起到良好的引导作用。

在第二章“编辑与编辑工作中”中，重点介绍了编辑的含义、编辑的历史沿革以及编辑的必备素养。编辑的历史悠久，含义丰富，特别在现代社会，新兴媒体的不断涌现使编辑的含义更为广延。但对编辑的实质内涵、编辑的必备素养仍必须要有一个准确的把握。一名合格的编辑从业者必须在思想上有服务人民的情怀和意识，必须有具备法律意识、掌握法律知识的清醒认知；在能力方面，必须紧跟时代发展节奏，掌握与编辑工作相关的各项技能，唯有如此，编辑工作才能响应时代号召，跟上时代步伐。

在第三章“法律意识的内涵”中，重点说了法律意识的概念、法律意识的特征、法律意识的分类、法律意识的形成条件以及法律意识的重要性。无论在我国还是在西方社会，均高度重视法律意识，应引导人们在日常的工作生活中形成对法律意识的重视，学会用法律思维思考问题，用法律知识去解决问题。法律意识作用于社会的影响是持久深远的，它对法治社会的形成具有至关重要的作用。想要更好地发挥法律意识的作用，就必须深入了解法律意识的内涵及历史沿革，以便对现在的法律意识有一个更为透彻的认识。这种研究对于编辑行业的法律意识的增强，对于整个社会的法律意识的提升都是大有裨益的。

在第四章“编辑法律意识的价值基础”中，重点说明了法治信仰概念、基本内容和功能价值；契约精神概念及当代价值内涵分析和培养路径；知识产权性质、特征及其保护知识产权的重要性。伴随着我国经济蓬勃发展，促进了平等、开放、法治等意识的发展，引发了人们对知识产权保护的思考，要求编辑增强法律意识的背后是对法治、契约、知识产权价值的坚守。

在第五章“编辑法律意识的内容”中，提出来一些具有实际针对性的相关对策。要想提高编辑的法律意识，不仅需要编辑工作者自身的努力，也需要编辑行业乃至整个社会的携手努力。具体来说，可从六个方面来加强工作。第一，学习相关法律知识。第二，培育规则意识。第三，培养权利意识。第四，培养契约意识。第五，增强风险意识。第六，树立法治信仰。相信通过相关政策法律的完善、相关部门的管理改进、编辑工作者自身对法律知识的努力学习，编辑法律意识一定会有飞跃式的提升。

在第六章“培养编辑法律意识的经验与存在问题”中，梳理了培养编辑法律意识的经验，例如，加强通识教育、顺应互联网发展规律、完善编辑部门管理、建立法律顾问制度和加强行业协会的治理；分析了当前编辑法律意识存在的问题，例如，编辑掌握的法律知识不全面、法律情感薄弱、运用法律的能力不足、缺乏规则意识、权利意识异化以及法律认知与行为存在偏差。并对编辑法律意识问题主观原因及出版单位和社会大环境原因进行了检视。

在第七章“培养编辑法律意识的路径”中，着重法律意识的路径从三方面思考，在国家层面，应加强法治建设，主要是加强相关行业法治建设、营造良好法治环境、加强相关法律的普及；在行业本身，加强规范建设，主要应厘清法律与编辑职业道德的关系、加强规范刊社管理、不断完善行业协会相关规章制度、完善岗位培训、预防编辑侵权、建立法律法规咨询制度；在编辑自身则应提高编辑自身法律修养。通过这些举措形成层层推进培养编辑法律意识的路径，以达到有效性、可行性。

在第八章“编辑法律知识”中，阐释了编辑还应当尽量熟悉五方面的法律法规。第一，知识产权方面的法律法规。着重了解作者享有的基本著作权利——发表权、署名权、修改权、保护作品完整权、复制权等，了解出版方的基本权利——专有使用权、版本权、删改权、摘编权、标注作者身份权、转载权等。第二，了解合同法基本知识，明确约稿、作者投稿、编辑部采稿通知等行为的法律属性，正确处理出版方与投稿者之间的法律关系。第三，了解侵权责任法、民事诉讼法等法律法规。第四，了解经济法知识。第五，了解刑法知识。

第二章
编辑与编辑工作

一、编辑的含义

关于编辑的含义，从不同的角度来看有不同的定义。若以传播媒介作为区分，编辑职务大致可分为报社编辑、书籍杂志编辑、美术编辑、广播电视编辑、数据编辑等。按照广义狭义来区分，凡是从事新闻报纸、杂志、图书、册籍等稿件及素材之选用、审核、删改、编排、标题、排印、监督等工作人员均属于广义的编辑，广义的编辑不仅可以包括不同性质、不同专业、不同技术职务、不同工作职务的各种书刊编辑人员，还可包括报纸、广播、电视的编辑人员。狭义的编辑是在出版机构中从事编辑工作的人员，专指不担任部门领导职务的一般编辑人员，或技术职称为编辑的编辑人员。① 张丰荣根据编辑工作的内容不同认为可将编辑工作概分为文字编辑和美术编辑两大

① 许佳铮：《图书出版编辑人员工作价值观与组织承诺之关系研究——以城邦出版集团为例》，南华大学出版事业管理研究所2002年硕士学位论文。

类，两者之间的关系密不可分，必须相辅相成才能顺利地完成整个编辑作业。在这一划分基础上，可将编辑作业切割为七大步骤：资料收集、撰稿或翻译作业；顺稿作业；确定文案、打字、校对作业；内文图片的完成作业；计算机排版作业；完稿作业以及单一项的封面设计。① 若以编辑工作的责任来看，出版社的编辑又可分为三个层次，基层岗位是文字编辑、助理编辑等，从事的是事务性、技术性、细节性的编辑工作；往上一级是执行编辑、资深编辑和企划编辑，除了管理基层编辑，此类编辑主要负责企划选题、接洽作者及商谈合约；最高级是负责主管的总编辑，对内负责出版方针和部门发展方向、部门预算和人事，要对经营者和投资者负责。对外要与下游厂商建立良好合作模式。但此划分不是绝对的，有时会有不同层级交错，机构规模小的出版社更常见一人身兼数职的情况。②

事实上，要想更好地对“编辑”一词进行释义，需要探讨古今编辑概念的演变及其异同。

“编”和“辑”最初是两个意义毫无关联的单音节词。“编”原意是串联龟板或竹简的绳索，后来词义出现了引申和发展，如《史记·孔子世家》：“上纪唐虞之际，下至秦缪，编次其事。”“编次”便是按照次序编排的意思，反映了编辑

---

① 张丰荣：《编辑作业概述》，载《出版流通》2002 年 4 月。

② 吴佩娟：《台湾的文学编辑与作者之互动关系研究》，南华大学出版事业管理研究所 2002 年硕士学位论文。

工作最原始、最基本的含义。“辑”的原意是和协，如《诗经·大雅·板》：“辞之辑矣，民之洽矣。”后来词义有了新的转化，《汉书·艺文志》：“夫子既卒，门人相与辑而论纂，故谓之《论语》。”这里的“辑”字，就含有将文字资料加以收集的意思。可见最迟在汉代，“编”“辑”两字已作为编次和辑集来解释了。汉代刘向父子对历代典籍做过大量收集和整理工作，它包括辑集、审读、编校、文字加工和撰写提要等工序，与我们今天的编辑工作已十分接近，但当时尚未出现“编辑”这个词语，汉代人称之为“摩研编削”或简称“校治”“校理”。

“编”和“辑”两个词结合在一起使用，最早见于南北朝时期。《昭明文选》辑有南朝梁代任昉的《为肖扬州作荐士表》，其中讲到“（王僧辩）既笔耕为养，亦佣书成学，至乃集萤、映雪、编蒲、辑柳。”“集萤、映雪、编蒲、辑柳”是四个勤学的典故，并未含有今天我们所理解的编辑的意思。

作为动词的“编”字和“辑”字，不晚于汉代分别获得“编次”和“收集”的意义。“辑”通“缉”，从唐初到清代，“编辑”和“编缉”两种写法都有，民国以后才逐渐固定写作“编辑”。“编”和“缉”连用似乎早于和“辑”连用。《魏书·李琰之传》：“修纂国史……前后再居史职，无所编缉。”“编缉”一词可能最早见于此书。《魏书》是北齐的中书令兼著作郎魏收奉诏于天保二至五年（公元551~554年）修撰的北魏和东魏史。李琰之（公元533年卒）是北魏大臣，当过著作郎、中书侍郎、国子祭酒、黄门郎、左仆射、左光禄大夫、荆州刺史，曾多次出任修撰国史的官职，传记中说他“经史百家无所不览”，可是没有编出什么值得称道的成果。《魏书》在北宋初已有缺失，其中包括《李琰之传》，宋人根据《北史》补成今本。李延寿修《北史》时曾采录北朝各代史书的纪传，其中包括当时尚完整的《魏书》，于唐贞观十七年（公元643年）成书。《北史·序传》中有关李琰之部分和《魏书》中的李琰之传从内容到文字表达方式都大同小异，上句作“……前后再居史事，无所编缉”，仅一字之差。《北史》基本上是把记载北朝历史的《魏书》《北齐书》《周书》等汇合起来加以删节而编成。删节多为奏议等以突出叙事部分。因此，“编缉”一词的最先使用者很可能是魏收，但也有可能是李延寿。这个双音节词在句中用来描述史官的修撰活动，“无所编缉”也就是无所编撰或编纂，这是它最初的含义。

李延寿稍晚于唐显庆四年（公元659年）完成的《南史》中也是用了这个词。该书《刘苞传》说这位梁代学者“少好学，能属文，家有旧书，例皆残蠹，手自编缉，筐箧盈满”，这里的编缉指具体的整理修补行为。

唐高宗咸亨年间的诏令：“修撰国史，义存典实，自非操履忠正，识量该通，才学有闻，难堪斯任。如闻近日以来，但居此职，即知修撰，非唯编辑讹舛，亦恐泄露史事。”这里的

"编辑"指修撰的方式方法。

《唐大诏令集·颁行新令制》:"然以万机事广，恐听览之或遗四海务殷，虑编辑之多缺。"这里的"编辑"指资料的收集整理。

唐颜真卿的伯父颜元孙《〈干禄字书〉序》:"若总据《说文》，使下笔多碍，当去泰去甚，使轻重合宜，不揆庸虚，久思编辑。"这里的"编辑"已明确地涉及材料的删节取舍，使符合要求，不限于编排次序。

《辞源》修订本把"编辑"的古义概括为"收集材料，整理成书"。《辞海》(1979 年版)将"编辑"定义为"指新闻出版机构从事组织、审读、编选、加工整理稿件等工作。是定稿付印前的重要环节"，则是解释现代编辑概念，未把印刷业产生以前的编辑活动包括在内。

欧洲大多数语言的"编辑"一词源自拉丁语的 redigere 及其过去分词 redactus。例如，英语 redact 首见于 15 世纪，比汉语"编辑"一词的产生晚八九百年。其词义的逐步演变过程为：带回(bring back)，删削或归结(reduce to a certain state)，整理(arrange in order)，编辑(edit)。

西语和汉语对编辑概念的不同源，但殊途同归，在词义演变过程中获得了共同的意义——整理。这是对编辑实践发展规律的一种反映。但是整理材料不过是编辑工作的一个方面，不一定是主要的方面。为了给"编辑"下定义，得设法找出古今编辑工作都具有的基本特征。“选择”也许可以认为是这样一个特征。对于收集的资料一般都要经过选择才会编入书中。

今天我们在日常生活中使用“编辑”这一词语时，并不感到古今概念有多大出入，但当细细辨别近代编辑工作与古代编辑工作的区别时，却深深地感到编辑的实际内容变化。近代出版社刚兴起的时候，教科书的编写、工具书的编纂，仍然是编辑部的主要任务，后来这些工作大量包给了社外的作者，转为作者的业务范围。编辑工作则主要成了组织和审定书稿，做出版前的把关工作。尽管现在的出版社也在做一些书籍的编纂工作，但编辑业务已越来越把编纂工作排除在外。确实，近代“编辑”的概念已经不同于古代，它甚至已经突破了书籍的框架，超出了文字的范畴，报纸、杂志、广播、电视、有声读物都有自己的专业编辑和各自的编辑业务。当代“编辑”的概念又逐渐变得模糊起来。到了现代，随着出版物的品种增多，市场竞争激化，编辑的选择性普遍加强了。从选题、选作者到选材料、选作品都离不开一个“选”字。编辑工作的重点已从材料的收集和整理转到稿件的选择。由于现代编辑工作的日益社会化，原来由编辑承担的任务，包括选题、组稿、审读和加工等，大部分都可委托别人代做，唯独稿件的选择别人只能协助而不能代替编辑作出决定。稿件的选择是否适当对编辑工作的质量起着重要作用。

想要弄清“编辑”的含义，还需弄清编辑的工作性质，编辑工作作为一项社会文化活动，自有它赖以产生、存在和发展的基础。从这方面加以考察，不难探明它的基本性质和特征。

从我国图书发展的历史过程来考察，可以认为自有成形的图书出现，便有编辑工作的存在。换言之，编辑是随着图书的形成和传播而必然产生的，它的出现有其客观上的必然性和必要性。

早期的编辑工作常常是由作者兼而为之，编辑性的活动为撰著性的活动所掩盖，因而不为人们所重视。随着历史的推移，科学文化事业日益繁荣，社会分工越来越细致，编辑工作逐渐从作者工作分化出来，显示了它特有的个性。

这项专业工作在历代的经验积累中，在它的各个侧面与各个具体环节不断出现新的创造、新的理论。继承这些理论，尤其是结合现代的编辑工作实践发展这些理论，使之系统化，形成一个完整的学科，是现代出版工作者责无旁贷的任务。我国第一代大编辑家孔子的“述而不作”，即“传述成说而不自立新义”，说明了编辑与撰著的区别。他的“述”，当然也不是字面上所理解的简单的传述。首先包括对用作教材的自古传承下来的文献加以整理编修，这几乎是古今一切编辑工作的出发点。为什么要加以编修？根据我国图书发展的历史和现状，大体上可以说，这是由图书作为社会共同享有的精神财富，作为一种传播媒介的社会存在所决定的，亦为它本身所具有的社会属性所决定的。因此，编辑工作的内容与方法，也为图书的这个社会属性所制约。

这里说的图书的形成与传播，不是指稿本的形成，也不是指供个人自用或某个集体自用的文字、记录等，而是指供社会公众阅读、利用的出版物（包括早期的手抄本）。个人或集体的自用文书，个人创作的文稿，都属于私用文献，一旦它们转化为向公众传播的文书，它的私属性便转化为公属性，成为社会公众中一切有条件的人都可享有和利用的社会化的精神财富。从而使它由稿本所载知识的私有形式上升为社会共享的公有形式。因此，著作一旦形成图书，它的性质也就发生了变化，它已不是供个人享用或欣赏的作品，而是社会用以传播知识、积累文化、培育人才的手段。为此，图书的形式便被赋予了某些必不可少的特征。

第一，图书必须是对社会有用知识的载体。

第二，图书的内容结构、表达方式和方法，必须为社会公众（某些相应的读者群）所能理解和接受。

第三，图书的总体造型，必须与不断发展的生产工艺同步；在满足图书可供反复阅读、便于传播、保存及其他利用方面，达到当代出版规范的要求。

以上三点是出于图书的社会属性要求，也就是从社会对图书要求的角度产生的。著作者的任务在于将其科学、艺术等的发现或发明书写成文稿，而文稿的形成与图书的形成之间还存在着一段间隔。如何填补这个间隔，使图书的形式臻于完善，以符合传播知识、积累文化、培育人才的社会需要，则属编辑工作的机能。

这个间隔来源于上面所述图书的社会属性的基本特征。一是何者为对社会有用知识的载体，存在一个鉴别评定、选择取舍的问题。二是如何能为公众所理解和接受，存在一个整理编修、加工润饰、增益其可读性的问题。三是如何符合出版规范，存在一个设计加工、增益其可用性的问题。具体地说：

第一，文献资料或私人著述转化为社会共同享有的精神财富，需要经过鉴别选择，定其去取和整理加工的步骤，然后才好公之于众。编辑工作便是代表社会来完成这一步骤，履行这样一种社会机能的。我国第一批流传至今的完整的图书，如《易》《书》《诗》《礼》《春秋》都是由散在的或不成系统的文献资料，经过考证、删取、修纂、编次而形成的。这一事实也说明，在历史上编辑工作是与图书的形成同时产生的。至于个人著述，春秋战国时期诸子百家的学说，大都是由他们的门人或再传弟子整理成书的。我国早期的雕版图书，无论是官刻或私刻，无论无偿传播（公家颁布）或有偿传播（私家市贩），也都须经过任其事者有计划地筛选，定其去取。为他们选中者，自然是主观上认为于社会有用，有利于传播知识、培育人才。当然时移世易，有用也是相对的，有用会变为无用。即在同一历史时期，有用性也只能局限在某种范围之内，受阶级利益的制约。

图书的有用性是它赖以存在的基础。春秋战国时期九流百家著述纷繁，当时书籍尚未成为商品，而且又是竹帛手写，之所以能流传于世，主要是读者认为有用才不惜工本抄录备用。秦皇虽下令焚书，先秦典籍还是有不少流传了下来。从中可以看出，图书能否流传，主要是由它对社会的有用性而定。因此，当图书并入社会传播轨道之前，对其有用性作严格的考察评定，是很必要的。

第二，著者在撰述作品时，往往倾注其心力来表达自己的主张、思想、感情，尽管也注意加强文章的说服力、感染力，但客观上难免存在着某些疏失和缺陷，或因读者缺乏了解，所写文章与群众的理解力水平存在着差距。作为社会性的精神产品来说，应当尽量使其完善，无所缺谬，充实文采，增强可读性，照顾读者思考问题的逻辑习惯、对语言文字和科学理论的理解水平，以及他们的读书兴趣，使更多的读者能够读得懂，而且愿意读。作者与读者之间的这个间距，往往有赖于出色的编辑工作来填补。

第三，图书样式设计，是出版方考虑的问题。尽管著者对此寄予关心，但由于不熟悉这方面的知识和技能，以及由于社会分工的限制，必须通过细致的编辑工作来促其完成。

综上所述，对编辑工作的性质，大体可以作这样的概括：编辑工作是应图书的形成和传播必然产生的，它具有不同于编著工作的特定的社会机能，是社会文化活动中的一项相对独立的专业性活动；其社会机能在于选定可供出版的文献资料和稿本，从内容和形式上完善图书质量，强化其可读性和有用性，使其符合出版规范，实现传播知识、培育人才的目的。

简要地说，在作者与读者之间，在作者写成的文稿或文件和由它转化而成的社会公有文化财富之间，有着一段似通未通的间隔，这段间隔的空间正是编辑们的用武之地。这好比集散农副产品的行庄，对集拢来的产品进行筛选、打磨、加工、整理、包装，使之符合商品的通行规格，然后投放到市场上去。这空间看似不是很宽广，但运用得当，也可演绎出气势恢宏、精彩感人的戏剧来。特别是当图书市场成为传播文化的主要阵地的情况下，编辑在组织精神产品生产的活动中，将对市场需求，即对读者寻求知识和精神消费的取向，发挥积极的导向作用，这在整个民族的精神文明建设中有着举足轻重的地位。

二、编辑的历史沿革

在上一部分对编辑含义的展开中从释义的角度已经介绍了一些编辑的相关历史。这一部分将沿着历史脉络对编辑进行进一步的介绍。中国的编辑工作出现很早，商代已有文字记录的典册，说明已经有人从事编辑整理简策的工作。实际上，中国的编辑业和中国学术文化一样源远流长，正因为有了精湛的编辑技术，灿烂的学术文化才得以保存和发展。司马迁的《史记》中的十表八书便是编辑工作的结晶。善于叙事且具有很强的艺术感染力的《战国策》，是刘向根据《国策》《国事》《短长》《事语》《长书》《修书》等流行的不同本子，整理校订、精选汇集、确定书名而后编成的。他写的《战国策书录》就是一份著名的编辑报告。南朝梁昭明太子萧统和他周围的文学之士编辑了《文选》，写了《文选序》。说明编选的原则和方法，对后世文学的发展很有影响。其后，李阳冰为李白编《草堂集》，李汉为韩愈编《昌黎先生集》，刘禹锡编《文集》，元稹编《白香山集》，杜牧编《李贺集》都是出于倾慕和纪念。司马光精研历史，编成《资治通鉴》，他用了 19 年的精力，领导一个小而精的编辑部，是可谓专职的编辑。从南宋至明代，雕版印刷盛行，商品经济发达，城镇中书市坊铺兴起，出现了受聘于书铺的编辑，明末苏州冯梦龙、吴兴凌、闭初等即是代表。真正的近代职业编辑，在清末戊戌变法及其后，才活跃于学术文化界，成为一种自由职业者。他们中间著名的人物有梁启超、谭嗣同、唐才常、樊锥、章太炎、蔡元培、张元济等。

在现代，随着文化活动和科学技术的发展，除书籍、报纸、期刊、图画等出版物外，还利用声频、视频、符号、图像等提供知识，传播信息，积累文化，交流思想。因此，编辑工作的内涵扩大了。通常编辑又可分为图书编辑、刊期编辑、报纸编辑、广播编辑、电视编辑及电子出版物编辑等。

编辑一词在现代已发展为多义词，一般又指专业性的工作。如出版社的选题、组稿、审读、加工整理等；非出版机构中，文献资料的整理，编撰工作通报、专业刊物等，也是编辑的工作。有些编辑工作工程浩大，是一项复杂的系统工程，如许多国家编纂的大型百科全书、辞书和著作总集等。根据1986年3月30日发布的《出版专业人员职务试行条例》的规定，编辑职务（含美术编辑）设编审、副编审、编辑、助理编辑4种，其中编辑为中级职务。在其他国家的出版机构中，编辑人员多粗分为高级编辑、文字编辑及技术编辑。

对“编辑”的基本概念，20年来争议最大。随着对编辑领域研究的不断深入，研究者提出的解说不下百种，从《编辑学概览》（朱美士主编）和《编辑学概览（续编）》（向新阳主编）两书中就可见一斑。例如，戴文葆认为：“使用物质文明设施和手段，组织，采录、收集、整理、纂修、审定各式精神产品及其他文献资料等，使之传播展示于社会公众。”刘光裕认为：“利用传播工具的传播活动中，处于作者和读者之间进行的种种出版前期工作。”王振铎认为：“根据社会文化需要，按照指导方针，使用物质载体和技术手段，对精神产品进行组织、采集、鉴审、选择和编序加工，并缔构成一定的文化符号模式作为社会传播媒介的活动。”叶向荣认为：“组织、审阅、编选、加工原创作品以在整体上构成就作品（编辑作品）

的再创性著作活动。”张觉明认为：“搜集材料（文章、故事或草稿）将之汇集在一起，加以鉴别、选择、分类、整理、排列和组织等处理过程。”“从工作实情说，是先辑后编。”任定华认为：“编辑是信息，知识有序化，载体化与社会化的业务活动。”①

三、编辑的素养

（一）思想素养

德治思想起源于周代，是特定时空背景下的产物。周朝初年，周公制礼作乐，以宗法制、封建制为国家体制的基石。而周天子成为天下共主及周王朝大家族的大家长，因为统治阶级主要为一个家族，互有血缘亲属关系，故统治上偏重以道德教化，礼、乐的典章制度来治国。周代末年，礼崩乐坏。法家思想兴起，以法治国蔚为风尚，德治思想不行于世，至始皇统一天下。但秦朝统治过于残暴，不恤民力，三代而亡。汉兴，以黄老之术治国，与民休息。汉武帝时，独尊儒术，罢黜百家，儒家思想成为主流意识，在儒家思想的内化下，中国社会成为伦理化的家族社会，政治上成为家国同构，天子成为天下的大

① 任定华、于泳琳：《关于编辑与编辑学对象及概念问题》，载《编辑之友》1995年第1期。

家长。儒家的德治思想复活，延续两千年。至现代民主化时代来临，德治思想才逐渐没落。现代民主政治强调民主法治，一切依法而治，人民服从法律，而政府依法行政。现代社会不再是单纯以伦理道德治理，而是更加倾向于法治社会，人民与人民，人民与政府的关系以法律为依据。在法治社会，德治观念的功能相较于古代有所减弱。道德不再是政治运作的主流，而是维系社会安定与进步的力量之一。政治运作需要道德，但不能完全依赖道德。民主法治才是民主政治的根本。但这并不意味着道德的作用不再重要，事实上，一些传统的优秀道德文化仍然发挥着重要作用。道德和法律一道起着指引社会、约束全体社会成员、划定各行各业行为标准的重要作用。

古语说得好，“徒法不足以自行”。一个优秀编辑不仅是一个守法人，也应该是道德上的好人。编辑工作是一种艰苦而光荣的工作，甘愿为他人作嫁衣裳是编辑基本的职业道德。编辑既要向作者负责，更要向读者和社会负责。随着市场经济的发展，金钱至上、功利主义思想会冲击编辑队伍，强化甘愿为别人做嫁衣裳的职业道德修养、端正编辑的伦理道德取向就显得特别重要。大多数的编辑能够正确使用人民给予的权力，即使在比其他职业相对清贫的情况下仍能洁身自好，不为五斗米折腰。而有少数编辑却经不起金钱的诱惑，利用手中的权力进行权钱交易。例如，个别出版社买卖书号，个别杂志社出卖版面，报纸、电台、电视台的有偿新闻，这类现象屡禁不止，甚至愈演愈烈，严重败坏了编辑的职业道德，腐蚀了编辑队伍。由于受目前社会上不正之风的影响，有些编辑公正和廉洁意识逐渐淡薄，两袖清风、一尘不染的职业道德匮乏，在处理稿件时违背原则，甚至拿原则做交易；有的编辑不论稿件质量如何，只要是亲属、朋友、关系户的文稿，统统大开绿灯；有的编辑只要领导打招呼，熟人搞疏通，一概卖人情；有的编辑凡是协助关系、工作需要的稿件一律给予照顾；有的编辑对于名人、上级领导的稿件总是给予优待；有的编辑对稿子做点文字方面的修改，便毫不含糊地把自己的名字和作者放在一起；有的编辑在组稿时要求与作者“合作”，启发作者将自己的名字加在作者的前面；有的编辑不但接受请客送礼，甚至索要财物……这些不正之风虽只是少数人的不良行为，但却值得所有编辑工作者加以警惕。编辑人员要树立全心全意为人民服务的思想，甘当“为他人作嫁衣裳”的无名英雄。

编辑要把自己摆在和作者完全平等的地位，设身处地为作者着想，满腔热忱地为作者服务。拿起稿件，既要考虑到作者为文的艰辛，又要顾及文章的中心信息，了解文章精神所在和问题缺陷，然后动笔修改。认真修改，改好稿子乃是编辑对读者、作者的最好的服务。热情为作者服务不仅指拟用稿的作者，而且应包括被退稿的作者，要告知作者其稿件未被采用的原因，有些还可提出具体的修改意见或转投他刊的建议。让作者感受到编辑部对他是热情诚恳、认真负责的，感受到编辑所具有的人文情怀和人格魅力。编辑人员务必注意道德养成，自觉强化自我职业道德意识，加强道德自律，遵守出版法纪法规。①

从法律和道德这一角度来看，尽管道德和法律并不是一回事，“于情”和“于理”常常不能兼得，但是法律和道德从内容上来讲还是有很大的趋同性。“凡是法律所禁止和制裁的行为，也是道德所禁止和谴责的行为；凡是法律所要求和鼓励的行为，也是道德所培养和倡导的行为。”从历史渊源上来讲，法律秩序的形成来自道德的法律化。法律和道德的内在关联还表现在法律以道德为价值取向、法律以道德为社会支持。因此，就个体而言，无论公德还是私德所指向的内容同法律所限制与划定的界限有大量重合的部分，道德的内化总是转变为对法律的恪守。从这一点上来讲，法律意识与道德意识有共同的价值取向。法律意识的形成离不开正确道德意识的指引，尊重法律的意识，在很大程度上是道德的意识，而道德的意识也在很大程度上包含了对法律的尊重。对编辑来说，良好个人道德的塑造与培养应该是法律意识培养的重要内容。道德教育要围绕法治展开，引导编辑养成与现代法治价值取向相一致的道德伦理观。注重向公众传递遵纪守法、遵守公共秩序的道德观念，尤其是要培育其“守法”的道德观。这种良好的道德氛

① 张连举：《论编辑人员的道德素养》，载《广东行政学院学报》2003 年第 6 期。

围的营造，有助于编辑和公众道德观念的提升，更有助于自觉地遵纪守法、维护法律的权威，强化自身的法律意识。现代社会，法律意识几乎和社会生活的方方面面都密切相连。

国家知识产权局于2011年3月28日引述《北京青年报》报道指出：“公众的版权保护意识怎么样，决定着这个国家的版权保护水平怎么样。”同年3月27日在北京举行的《大国的较量》研讨会上，时任国家新闻出版总署副署长、国家版权局副局长阎晓宏重提自己的观点。针对百度文库涉嫌侵权事件，他表示，知识产权保护除法律外还需相适应的公民意识，“知识产权必须在权利人自愿的基础上，送给社会，供大家使用”。[①] 由吴海民创作的报告文学《大国的较量——中美知识产权谈判纪实》早在2009年就已经出版，而在刘心武、韩寒等50位作家声讨百度文库之际举办该书的研讨会，有一定的现实意义。阎晓宏坦承，“1990年《著作权法》实施以后，是不是做得就非常好？现在也没有做到。现在我们国家到这样的一个阶段：知识产权的问题不仅是个别问题，也不仅是一个情感问题，我觉得它是一个国家发展根本的战略性问题。”

在阎晓宏看来，中国知识产权的保护首先要有一个好的法律，他指出：“《著作权法》就是一个好法，还要进行修订。”

① 阎晓宏：《在〈大国的较量〉研讨会上的发言》，载凤凰网，http://www.chinaipmagazine.com/news-show.asp? id=3611，最后访问日期：2018年1月16日。

此外，则是和法律相适应的公民意识。他直言，“我们的文化历史很长，但对知识价值了解的历史很短。大家不太重视知识的价值，比较重视有形财产。对无形财产不关注，所以使法律执行有很大问题。”① 他还表示，“从卡拉 OK 版权收费、旭日阳刚翻唱事件到百度文库涉嫌侵权事件，我希望有报告文学反映它们，让大家思考。”② 可见法律意识是整个社会所必需。随着法治教育力度的不断深入，公民的法律意识已经有了显著提高，但仍需进一步加强。这就需要承担社会宣传工作的各部门更好地向社会普及法律知识，宣传法律意识。这显然要建立在各部门自身学习贯彻法律法规的基础上才具有现实可行性。对于编辑工作者来说，日常的工作免不了要经常和法律打交道，因此，具备良好的法律意识是编辑工作的必然要求。编辑在思想上不仅要坚守为人民服务的原则，也要着重培养法律意识，不断提高法律意识，努力做到懂法用法。

首先，要有法学的一般理论修养，了解什么是法，清楚法制和法治的内涵和外延，而且对于一些法律的基本概念要有所了解，只有知法懂法，才能适用法。

其次，编辑应知晓各主要部门法规的适用规定和程序规定。一般来讲，对一些和社会经济、政治、文化生活比较密切

① 阎晓宏：《在〈大国的较量〉研讨会上的发言》，载凤凰网，http：//www.chinaipmagazine.com/news－show.asp？id＝3611，最后访问日期：2018年1月16日。

② 阎晓宏：《在〈大国的较量〉研讨会上的发言》，载凤凰网，http：//www.chinaipmagazine.com/news－show.asp？id＝3611，最后访问日期：2018年1月16日。

的法律要做到基本了解。有些作品涉及未成年人犯罪案件，但在其尚未判决前就把该未成年人的照片公布出来，这些都是违反法律的。

最后，编辑应正确使用法律术语。在处理稿件时，特别是处理一些涉及法律的稿件时，应当正确使用法律术语。例如，被告人、罪犯、犯罪嫌疑人等这些术语要正确地加以区分和使用。编辑在写稿和编稿时，运用法律术语一定要准确无误，逻辑一定要清楚，可以说，能否正确使用法律术语，是衡量一个编辑法律修养高低的一把尺子。

牢固树立为人民服务的工作理念和依法办事的法律意识是编辑工作应该在思想上所达到的要求。

（二）能力素养

目前编辑工作愈趋复杂，编辑的工作日渐符合终身学习的概念，要全方位加强技能。吉尔·戴维斯提到，出版社需要的编辑虽不是“十项全能”，但在一些条件上大部分必须具备很高的分数才行，编辑应具备的条件包括：非比寻常的精力、良好的判断力、强健的神经，要能见树也见林，对于有关出版的一切事情都很好奇，还有很好的社交技巧。①

郝广才在《如何成为编辑高手》推荐序中强调：天下书

① 参见［英］吉尔·戴维斯：《我是编辑高手》，宋伟航译，河北教育出版社2004年版。

种之多，编辑要多方涉猎，如果学养不够丰富，就不能产生创意的文学观，开阔不了文学的新视野。编辑也得了解印刷、广告、媒体、市场、财务等，未必要精通，但一定要能切得进去。此看法与该书作者吉尔·戴维斯相近，认为编辑的能力要提高，学些财务、投资、营销和计算机方面的技能是必要的。黄盛璘认为编辑的工作向来是琐碎的、复杂的，凡与书有关的工作都是编辑的工作。① 而按职位划分，编辑部门的领导就是总编辑，其下是文字编辑和美术编辑。总编辑必须具备“上冲下洗、左搓右揉”的功力，对内负责部门的发展，策划新路线与新书种，确立内部的工作流程，并与下游的印刷厂建立互动互信的合作模式。对外则需要与媒体建立良好关系，以期在新书出版时，新书信息得以透过媒体发布。对上必须面对董事长、发行人，说明每年的出版计划。文编则要有耐心、毅力和热情，要寻找合适的作者、专家，谈大纲、签约，找资料，与美编讨论编排形式，修润文稿、校对；出书后，还得配合企划部举办新书发布会，写新闻稿，上广播或电视宣扬自己对书的理念等，而且在策划新书时，就得想好营销方式。

美编则是书的化妆师，负责书的包装，包括书的版形规格、字体大小、图像之表达、图纹搭配和设计封面等，转换成为图像式的解说。而图文整合顾名思义就是将图和文字以最恰

① 黄盛璘：《传统手工业——编辑》，载《佛教图书馆馆讯》1999年第20期。

当的位置编排在版面上。

许佳铮引用《国际出版原则与实践》说明当编辑必须具备的十二个条件：（1）广泛阅读，富有好奇心；（2）分析书稿，提出建议；（3）拥有说服者的技巧与能力；（4）对工作有热情，并能影响他人；（5）有判断能力；（6）对语言有较强的理解力；（7）保密；（8）积极主动；（9）有应变能力，并且乐于解决问题；（10）能注意细节；（11）努力遵守计划表；（12）了解书稿在离开编辑部后的状况。郑如玲利用职能概念分析文字编辑的专业职能，将之分为四大构面：（1）在专业能力方面，必须具备文字修养、懂校对、谙实务流程，并且具有出书规划的能力；（2）在人际能力方面，需要具备沟通协调能力、团队合作能力、对外联系以及人脉关系等能力；（3）在管理方面，应有统筹规划、分配工作、人员管理等能力；（4）在人格特质方面，文字编辑被期许要有责任感、细心耐烦、认真严谨、有出版热忱，并且具有抗压性。要成为一位好的编辑，必须具备的条件是比较难量化的。根据陈樱慧针对采访编辑的研究，提出好的采访编辑应具备的条件为：学历、文字撰写能力、语文能力、计算机能力、沟通协调的能力、旺盛的好奇心、开朗大方的个性、亲和力。也可以说，编辑要有“三长”，即博学、通识、专能。

一个编辑积极从事编辑工作也罢，自己著书立说也罢，这都不是人生的最终目的。一个优秀的学者、编辑所追求的是具体工作之上的人生目的，这个目的就是作为知识分子，应该是时代精神的捕捉者和历史命运的担当者。而编辑应该通过自己的编辑和著书立说活动，推动能够决定国家命运、促进学术事业发展的学术运动。《史通》的作者刘知几在《自叙》中说过："昔仲尼以睿圣明哲，天纵多能，睹史籍之繁文，惧览者之不一，删《诗》为三百首，约史记以修《春秋》，赞《易》道以黜八索，述《职方》以除九丘，讨论坟、典，断自唐、虞，以讫于周。其文不刊，为后王法。自兹厥后，史籍逾多，苟非命世大才，孰能刊正其失？"

刘知几与其说是一位学者，不如说是一位国史编修学家，所以，他在谈自己的理想时，托付孔子。孔子作为中国文化的伟大奠基者，在礼乐政教诗文史哲诸方面有全面的成就，而刘知几却从删、修、赞、述即古代编修工作的诸方面来概括孔子，足以证明刘知几是要通过编修家孔子来陈明自己执历史之命的人生志向，这对我们每一个编辑来说是有启发意义的。

确实，编辑和一般学者一样，都是以捕捉时代精神，执历史之使命为自己的人生目的，但与一般学者相比，真正靠做编辑工作而出色地完成自己的使命的编辑学家从历史上看少之又少。因为，当编辑把个人的著书立说劳动社会化之后，其学问本身变得困难多了。就拿选题来说，一个独立从事著书立说的作者，他一生中能有十来个独到的感悟，写出十几部有独到见地的著作就可以成为"大家"，而一个编辑，他在三五年内，如果策划不到十来个优秀的选题，那还有什么优秀编辑可言？所以，身为编辑学家的刘知几对此有着深刻的认识。《新唐书·刘知几本传》载礼部尚书郑惟忠尝问："自古文士多，史才少，何耶？"对曰："史才三长：才、学、识，世罕兼之，故史者少。夫有学无才，犹逾贾操金，不能殖货；有才无学，犹巧匠无楩楠斧斤，弗能成室。善恶必书，使骄君贼臣知惧，此为无可加者。"时以为笃论。①

这有两点说明：一是"史才"，就是编辑史籍和撰着史书者，在古代，他们所从事的工作主要是编辑工作，"史才三长"就是编才三长。二是"长"，长久也，远也。《诗·秦风》："溯洄从之，道阻且长。"这就是说当个编辑，要真正地掌握编辑的门道，这是很困难的，与一般的学者比起来，编辑博学难、通识难、专能难。

第一，与一般的作者相比，作者长于专深，而编辑要长于广博。"人不博览者，不闻古今，不见事类，不知然否，犹目盲、耳聋、鼻痈者也。""不览古今，论事不实。"（王充《论衡·别通》）当然王充的这句话对一般作者也是适用的。但编辑要求的"博"和专业学者要求的"博"是不同的，因为编辑面对的是一群作者，而且是涉及多种学科的作者，这样一位普通的作者所必备的"博"就不能满足一位编辑所必需的知

① 浦起龙：《史通通释》，上海古籍出版社1978年版，第604页。

识的要求了。当然，博并不等于对各学科的知识都处在一知半解的状态，他必须理解它们，并把它们融会贯通；博也不是没有边际，然而要想做好一所大学出版社、学术出版社或学术期刊社的编辑，起码要粗知中国和世界文明发展的简史；粗知自然科学和技术科学的主要成就，从而使自己以牢固的理性知识站在当代文明的一般水平上，获得当代文明人类必须具备的理性知识和创造气质。在二个粗知后，还必须通知马克思主义的基本理论，通知党的政策路线和出版政策以及国家的主要法律法规，通知本学科的历史及其在学科前沿阵地上的进展情况，从而使自己的精神状态进入临战状态。在三个通知后，还应该熟知本学科内的知名学者及其主要著作；熟知在前沿阵地上已经取得和正在取得突破性进展的一些观点、学说和论著；熟知这些论著的成就和不足；熟知与本学科相关的权威工具书及其使用方法，有价值的参考书等，从而使自己进入实际上的工作状态。二粗知、三通知、三熟知，博交学者，其标志是可以与离你最远的学科的学者交谈一般的文化问题，讨论重大事件、重大科学发现的意义，在交谈中能够相互得到启发；可以同邻近学科的学者讨论这些学科的宏观问题和方法论问题，在交谈中双方都能得到实际的教益；可以与本学科有学术成就的人讨论具体的学术问题，在深入的切磋后能够共同找到解决问题的关键。编辑能做到这一步是不容易的。梁启超作为现代中国最博学的学者之一，他根据自己的治学经验，提出了三条门径：

勤于抄录、练习注意、逐类搜寻，言博从少来，点滴积累。

第二，与一般的作者相比，作者精于学识，而编辑长于“通识”。“识”，按照梁启超的解释就是判断力。通识就是在理解了历史使命的基础上，通过自己的真知灼见对宏观社会问题和学术问题有卓越的判断能力。郑樵在《史志·总序》中说：百川异趋，必会于海，然后九州岛岛无浸淫之患；万国殊途，必会于诸夏，然后八荒无壅滞之忧。会通之义大矣哉。

通识既是一种才能，也是一种美德。章学诚在讲刘知几的史才三长时，曾认为刘知几少了一项最重要的东西：史德。梁启超也持有同样的观点。可许凌云在《刘知几评传》中说，刘知几的“识”包含了“德”。① 笔者同意许凌云的观点。识，特别是通识，是对历史怀有真切责任感的人对是非善恶的正确判断，这种判断不因他是强者而饰其过，也不因他是弱者而没其是。这就包含了“德”。具有通识的人，要具有敏于世的品格；要有见微知著之能，在大家认为很平常的社会现象和学术现象的背后觉察出即将发生的变故；要有整纷理乱之力，在杂乱无章、漫无头绪的社会现象和学术现象中，能够观察到起主要作用的因素，先于别人抓住解决这些现象的“牛鼻”。许凌云把通识分为纵通（通古今）、横通（通左右），这实际上就是要懂得历史辩证法，懂得辩证思维，通古今世道，通各学科

① 参见许凌云：《刘知几评传》，南京大学出版社 1994 年版，第 3～43 页。

学道，世道和学道贯通，从而具有很强的判断是非，辨别真假善恶的能力。

在编辑的通识中，识人、识文是个重要问题。对于编辑来说，能识一个好作者比编辑十本好书还重要。在众多的作者中，总是良莠不齐的。从眼前看，良者并不一定比莠者的作品写得好，因为他们的作品同时到了编辑的手中，但他们各人在作品上所下的功夫是不同的，他们写作时各人的学术功力还有没有发展的可能是深隐在作品最内层的。怎样透过表层来鉴别一个人，这就像相马的伯乐。汉代的桓谭说过这样的话："传曰：'得十良马，不如得一伯乐；得十利剑不如得一欧冶。'多得善物，不如少得能知物，知物者之臻善珍，珍益广，非特止于十也。"（《群书治要》）

如何做到通世识和通学识特别是识人呢？梁启超在解释"识"的时候曾提出两条门径：从全体到局部，从局部到全体，不为自己的成见所蔽，不为因袭传统的思想所蔽。[①] 实际上，最根本的是要具有时代的使命感。

使命感、义务感，它不是从个人的自然冲动中产生出来的，它是深厚的文化知识长期培植的结果。有读书不知其历史使命的，却没有不读书而有深切的使命感的。读书后食而不化者仍是顽冥愚钝；博学而深体，就能体察到社会需要的意义，

① 梁启超：《饮冰室专集》之九十九，中华书局1989年版，第18~20页。

体察到科学学说的本质就在于求得美好的定在，所以通世识、通学识，融汇世道和学道，是编辑学家取得成就，能够集一世之大成或一门学科之大成的根本性条件。

第三，与一般的作者相比，作者精于本学科的学理，而编辑精于写作的能力和以编辑语言表达思想信息的能力。编辑劳动是一种再生性劳动，任定华说："（1）摒弃文章的非科学成分；（2）提高其有序化程度，即从逻辑、语法、民族习惯、科学用语、通俗化等方面进行处理；（3）简化，即通过删削、组合、精简等使文章更简洁、更精炼；（4）提高论文的检索存贮功能；（5）提高论文被社会接受的程度，即从读者心理、社会心理等方面进行必要的技术处理；（6）编者和作者共同对论文的内容进行必要的修改，提高论文的信息量。"而这六条，恰恰都是从写作能力和表达能力来论述问题的。[①] 人们已经广泛地认识到了由写作学所产生的信息增殖现象，在此不再赘述。而编辑通过自己特有的语言形式所产生的信息增殖在胡海娜提出"编辑语言"的思想后还未能引起大家的广泛注意。她认为编辑语言分两大类：文字语言和形象语言，文字语言如书籍的序跋、内容提要、丛书目录、版权页、扉页，期刊的编者按、目录、版权页等；而形象语言作为编辑反映各类信息的特殊手段，例如，生动的图像、物质实体和编排手段，像蒙太

① 王振铎、司锡明主编：《编辑学通论》，河南大学出版社1989年版。

奇等电影语言一样，是编辑反映各种信息的重要语言形式。这种形式包括开本、纸张、印刷、装订等物质实体，封面样式、照片、图案、手迹等图象，以及版式、稿件的排列组合等编排手法三大类。[①] 在铅字排版的技术条件下，编辑形象语言的作用在报刊上，特别是文艺报刊上已显其用。而电子照排技术推广后，由于字号、字体、字型的无限变化，大体增加了编辑形象语言的表现功能；随着多媒体技术的发展和普及，编辑形象创意一定会有一个划时代的发展，编辑语言作为一般作者不可能具有的一种表现手法，会给编辑开辟一个崭新的天地。

编长三才：博学、通识、专能，这是编辑区别于造诣精深的学者的三项长处，也是编辑学的三个难点。编辑的自我创造，既离不开自己的著书立说活动，更离不开编辑六艺本身。这三点是要造就编辑创造的心理环境、学识氛围和特殊技能。所谓心理环境包含着知、情、意三方面，博学就是要把人类创造的一般知识（包括最新成果）融进一个编辑的心灵之中，使它们在心灵中积淀为“无意识”，即随手可拿、脱口而出的学术信息；通识则是一种高度的理性自觉，它不再是一种“无意识”，而是由“无意识”所孕育出来的特别清醒的理性，即便包含着直觉判断，这种直觉也是理性思维之花，只不过在那一刻它突然开放而已。专能也是属于一种理性操作，到了驾

① 胡海娜：《论编辑的形象语言》，载《学报编辑修养》，吉林大学出版社 1993 年版，第 210～217 页。

轻就熟的地步，一切安排都是预料之中的事。但这是长期心血积累的结果。编辑学也是一座高山，要想耸入云端，只能是一时一事地积累，终身不舍地追求，这样才能立下自己的一家之言，包括著作和编辑出来的、深深打下自己的印记、鲜明地表现你自己特色的属于别人的作品。在作者之后“转圈”者为庸编；能与一般水平的作者齐名者为中编；能与优秀的作者齐名者为良编；能居作者之上，立一家之言者为鸿编。鸿编之稀少在情理之中。稀少并非没有，应该成为编辑从业者共同追求的目标。①

具体来说，编辑在以下方面应该达到一定的要求。

第一，外语水平。要熟练运用英语办公，若有可能，最好能多学习几门外语。要知道很多外国相关信息，掌握第一手资料，是必须要拥有扎实的外语功底的。

第二，计算机专长。办公室系统已经成为绝大多数必要的条件，其中以 Word、Excel、PowerPoint、Outlook 为主，排版软件为辅，除此之外，还要求使用其他应用软件的专长，如 Photoshop、CorelDraw、Illustrator、Dreamweaver 等，少数要求程序方面的专长，如 VB、JAVA 等计算机程系语言甚至是专业工程程序语言。

第三，打字速度。编辑工作普遍对于打字速度都有一定的

① 胡海娜：《论编辑的形象语言》，载《学报编辑修养》，吉林大学出版社 1993 年版，第 327 页。

要求，要求中文打字或英文打字每分钟在20～50字这个范围内。

第四，人格特质。在实际生活中，有些公司有要求，有些公司没有要求，这里我们谈一下有要求的特质属性。例如，有热情、不推稿、配合度高、思路敏锐、细心、负责、善沟通、协调、带领团队、个性稳定、有创意、抗压性高、可独立作业、配合加班等，对应到五大人格特质。第一种是情绪稳定型人格，此种人格的特性要素是：安静、放松、不易情绪化、坚强、有安全感、自我满足等，情绪的稳定性较高，较不易受负面事件的影响。第二种是外向型人格，此种人格的特性要素是：健谈的、好社交的、热情的、主动的、人际取向的、活泼、好动、个性也比较积极。第三种是开放经验型人格，此种人格的特性要素是：好奇的、富有创造力的、独创的、非传统性及开阔的心胸、富有想象力、原创力、喜欢思考及求新求变。第四种是信任合作型人格，此种人格的特性要素是：可信赖的、温和的、助人的、好心肠的、宽恕的、仁慈的。第五种是谨慎负责型人格，此种人格的特性要素是：努力的、自我要求严格的、有组织的、负责的、坚忍的。[①]

此外，无论哪种类型的人格，都还需要具备细心、负责、善沟通、具备协调能力，其他抗压性高、可独立作业、配合加班等条件，是适应编辑行业紧张生活节奏的重要能力。

---

① 黄忠民：《公立高级中等学校总务主任人格特质、工作特性与工作满意度之研究》，台北科技大学技术及职业教育研究所2004年硕士学位论文。

第三章
法律意识的内涵

一、法律意识的概念

（一）意识的概念

社会意识是社会的精神生活过程，是指社会的一切意识要素和观念形态，包括了人的一切意识要素和社会的全部精神现象。“意识”的英文表述是“consciousness”。在汉语中，意识一般有两种含义：一是人的头脑对于客观物质世界的反映，是感觉、思维等各种心理过程的总和，马克思主义哲学唯物论之意识观认为，意识是人脑的机能和属性，人脑是意识产生的物质条件和生理基础。意识是人脑对客观世界的主观映像。二是觉察、感觉的意思。我们这里讨论的意识、法律意识主要取第一种含义。历史唯物主义认为社会存在决定社会意识，社会意识是对社会存在的反映，社会存在的性质和变化决定了社会意识的性质和变化，同时，社会意识对社会存在具有能动反作用。

意识形态是由社会经济条件所决定的，体现着一定社会的阶级、阶层、集团、社会组织和利益群体的政治立场、价值观念和理论体系。它是国家重要的政治文化资源，在国家管理过程中对全社会发挥着潜移默化的思想导向作用，与社会的稳定有密不可分的关系。党的十八大以来，习近平总书记指出："我们要坚持道路自信、理论自信、制度自信，最根本的还有一个文化自信。"① 社会意识的培养作为建立文化自信的重要组成部分，是一个国家软实力的重要方面。

意识形态是一种总体概念，包括政治、法律、哲学、艺术、宗教等方面，其内容是社会的经济基础和政治制度和人与人的经济关系和政治关系的反映。意识形态的各种形式起源于以生产劳动为基础的社会物质生活。随着经济基础的变化而变化，政治思想、法律思想、道德、艺术、宗教、哲学和其他社会科学等，各以特殊的方式，从不同侧面反映现实的社会生活。它们相互联系，相互制约，构成意识形态的有机整体。

（二）法律意识的概念

我国有关"法律意识"的概念最早出现在 1954 年中国人民大学出版社出版的《马克思列宁主义关于国家与法权理论教程》一书中。该书对"法权意识"下了定义：人们法权观

---

① 习近平：《在建党 95 周年庆祝大会上的讲话》，载新华网，http：//www.xinhuanet.com/politics/zbzg952016/，最后访问日期：2018 年 1 月 2 日。

点的总和，也就是人们对某些行为是否合法，对社会成员的权利，对某种法律是否公正等观念的总和，就叫作法权意识。[①]这里的法权意识与后来学界通用的法律意识是相同的。

1981 年法律出版社出版的由孙国华教授主编的《法学基础理论》中，对法律意识的定义是："法律意识是人们关于法和法律现象的思想、观点、理论和心理的总称，是社会意识一种特殊形式。"[②]

1984 年出版的《中国大百科全书（法学卷）》中，对于法律意识的定义是：人们对于法（特别是现行法）和有关法律现象的观点和态度的总称。它表现为探索法律现象的各种学说，对现行法律的评价和解释，人们的法律动机（法律要求），对自己权利、义务的认识（法律感），对法、法律制度了解、掌握、运用的程度（法律知识），以及对行为是否合法的评价等。[③]

刘作翔教授在《法律文化的理论》一书中认为处于法律文化深层结构的法律意识形态可以划分为三个层次：法律心理、法律意识和法律思想体系。法律意识是法律心理向高层次的法律思想体系的一个过渡。法律意识中既有法律心理的成

① 苏联科学院法学研究所：《马克思列宁主义关于国家与法权理论教程》，中国人民大学出版社 1955 年版，第 162 页。

② 孙国华：《法学基础理论》，法律出版社 1981 年版，第 212 页。

③ 中国大百科全书编委会：《中国大百科全书（法学卷）》，法律出版社 1984 年版，第 104 页。

分，也有法律思想的因素，是位于两者之间的一个中间环节。在这个过渡阶段中，既有感性成分，也有理性因素，两者交织在一起。它既不像法律思想体系那样有一种相对明确的、理性化的对法律及法律现象或问题的认识，也不像法律心理那样，完全处于感性、感觉阶段、处于自发的情感体验、直觉的情绪阶段，而是已经逐渐脱离了感性阶段，意识逐步理性化的认识过程。①

张文显教授在其主编的《法的一般理论》中提到："法意识是与群体或个体（个性）心理特征相联的、人们关于法现象的认知、情绪和意志的总和。它在内容上包括人们对法现象的知晓、理解和把握；对法规范和法行为的情感、评价和态度；对法现象的意愿、要求和期待，在形式上表现为人们关于法现象的心态、观念、理论。法意识是一种特殊的社会意识，是法现象的特殊组成部分。"②

在北京大学出版社沈宗灵教授主编的《法理学》中，这样定义法律意识："法律意识泛指人们对于法律，特别是本国现行法律的思想、观点、心理或态度等等。有时也称'法制观念''法治观念'或'法制心理状态'。"③

基于以上我们对于法律意识概念的梳理，可以发现我国学

① 参见刘作翔：《法律文化理论》，商务印书馆1999年版，第23页。
② 张文显：《法的一般理论》，辽宁大学出版社1998年版，第233页。
③ 沈宗灵：《法理学》，北京大学出版社2001年版，第217页。

者对于法律意识的定义沿袭了苏联法学界的基本理论观点，将法律意识以主体、客体、主观方面、客观方面的逻辑形式展开。法律意识的主体是特定社会的人，既包括群体，也包括个体；客体是法律、法律现象等；法律意识在主观方面是主体的认知；在客观方面是法律意识，是一种重要的社会意识，对于社会存在有反作用。本书这样定义法律意识：法律意识是特定社会的个人及群体对于法律及其现象的思想、观点、理论和心理的统称。

人不可能没有法律意识，每一个意识到世界上除了他之外还有其他存在的人，都具有法律意识。人具有法律意识并不取决于他是否知道这一点，也不取决于他是珍视还是漠视这一点。人的整个法律生活所有法律行为都形成于法律意识的参与当中，现代意义的法治就是在法律意识的功能和术语中生活，法律意识是人类伟大而又必要的生活方式之一。

（三）法律意识与法律文化、法治意识的概念比较

有几组与法律意识相近似的概念，如法律文化、法治意识等，它们与法律意识既有区别又存在紧密联系。因此，研究法律意识就必须研究与其相关的几组概念，从具体区别和联系中全面和准确理解法律意识的内涵和范围。

1. 法律意识与法律文化

文化一词由于其抽象性和宽泛性，是内涵非常广泛和最具

人文意味的概念。给文化下一个准确或精确的定义的确是一件非常困难的事情。对文化这个概念的解读也一直众说不一。但东西方的辞书或百科中却有一个较为共同的解释和理解：文化是相对于政治、经济而言的人类全部精神活动及其活动产品。

最早使用法律文化的学者是美国的劳伦斯·弗里德曼。他于1969年出版的《法律文化与社会发展》一书将法律文化定义为："与法律体系密切关联的价值与态度，这种价值与态度决定法律体系在整个社会文化中的地位。"①

当代研究的法律文化一般是指一个民族或国家在长期共同生活过程中所认同的、相对稳定的、与法和法律现象有关的制度、意识和传统学说的整体，包括法律意识、法律制度、法律实践等，是法的制度、实施、教育研究所累积起来的经验，是人们从事各种法律活动的行为模式、传统、习惯，以及对待法律、法律制度的态度和行为方式。

所以，法律文化有广义、狭义之分，广泛意义上的法律文化是人类文化系统中与法和法律现象有关的部分，包括所有与法律有关的制度、思想体系、行为模式、观念、习惯和心理等。狭义的法律文化则仅仅只包括法律实践中在一定地域或特定群体中形成的有关法律和法律现象的观念层面的产物。

通过对法律文化概念的梳理，我们可以简单归纳出法律意

---

① L. Friedman, "Legal Culture and Social Development", Law and society Review, Vol. 6, 1969, p. 34.

识与法律文化的联系与区别。广义上的法律文化是一个系统的整体，法律意识是其中重要的构成部分，法律文化包含了法律意识的主要内容。一个完整、系统、协调的法律文化必然以法律意识作为其重要的精神和价值基础。而狭义上的法律文化与法律意识的概念接近，但在主体和内容方面存在明显区别。第一，从主体上看，法律文化的主体是一个国家、地区、民族，至少是一定的群体，很少针对个体谈及法律文化。而法律意识不仅包括社会群体，也包括个体。第二，从内容上看，法律文化有一定的稳定性、系统性、整体性，而法律意识可能是系统稳定的，也可能是个别随机的。

2. 法律意识与法治意识

法治是这个时代的共识。法治不仅是一种社会信仰，也是一种理性需要。党的十九大报告写道，“我国社会主要矛盾已经转化为人民日益增长的美好生活需要和不平衡不充分的发展之间的矛盾。”而法治正是美好生活需要的内涵之一。在这个意义上，每个人的法治意识与法治素养，不仅构成了全面依法治国的基石，也构成了美好生活的一部分。法治意识是法治的重要构成部分，也是法治得以建立的思想基础。法治意识是指法律意识的高级形态，是社会成员作为独立主体在实践中所形成的关于法治的思想观念、知识、心态和思想体系的总称，是符合建设法治社会的法律意识，是人们对法律和法律现象的看法和法律规范认同的自觉程度最高的一种意识。

法律意识与法治意识的区别主要存在于以下三个方面：第一，从价值方面，法律意识是个中性概念，法律意识中既包括对法及法现象正确的理解，对良法的认同，对现行法律的遵守等积极因素，也包括对法及法现象的误解，对恶法的认可，对现行法律的违反等消极因素；而法治意识则由于法治本身已经要求良法善治，所以法治意识有明显的价值要求，法治意识要求国家、社会、公民具备契约精神、平等意识、守法意识等积极因素。第二，从内容方面，法律意识是社会主体对法律的意识，是对法律及其现象的思想、观点、理论和心理的统称；而法治意识是社会主体对法治的意识，是人们对法律发自内心的认可、尊崇和服从。对法律的思想、观点、评价有正面的，也有负面的，有积极的，也有消极的；而对法治意识，一般有明确的价值取向，包括权力制约、人人平等、契约精神等现代社会推崇的主流意识观。第三，从存在的社会阶段方面看，法律意识是包括原始社会、奴隶社会、封建社会、资本主义社会、社会主义社会都或多或少存在与社会意识形态当中的；而法治意识一般认为只有在资本主义社会和社会主义社会条件下，伴随着一定的民主政治和市场经济才可能生根。

（四）法律意识的历史变迁

法学的发展伴随着法律意识变迁。在中国，从夏、商、周三朝的典籍中可以看出，那时统治者向人民灌输的是以“天命”和宗法观念为核心的法律意识。春秋战国时期的各学术流派中，儒家侧重于宣传法服从礼和刑服从德的法律意识。墨家侧重于宣扬“缘法而治、依法治国、刑无等级”以及“严刑峻法”的法律意识，一时成为显学，并成为秦和汉初占统治地位的学说。但自汉武帝奉行“独尊儒术”开始，以律学为典型代表，大搞以儒家经典注释实定法和“以经入律”，并在事实上吸纳法家的主张。这一工程随着《唐律》和《唐律疏议》的出台而告一段落。这种以儒为主，儒法结合的法律意识，延续达两千年之久。在清末，虽然学者派、洋务派、改良派及革命民主派均在不同程度上接受了西方资产阶级法律意识的影响，但仍没有根本动摇传统法律意识体系。

在西方，情况颇为不同。古代希腊罗马人奉行自然主义自然法，认为法律所体现的是大自然的规律，遵守法律就是“与自然一致地生活”。罗马人尽管适应简单商品经济的发展，空前地发展了实定法，但并没有摆脱希腊人的法律意识。他们认为，不论市民法还是万民法都是自然法的体现。在中世纪，神学自然法意识占绝对主导地位，即使改革家和革命家亦认为法律是神意的体现。随着文艺复兴运动的兴起，诞生了人文主义法学派，人自身的法律意识才上升为现实法律的根据。17～18 世纪的古典自然法学派发扬这一传统，把社会、国家和法律视为理性人的自由意志产物，并为每个人的利益服务。这种学说成为西欧和北美资产阶级革命的精神旗帜。19 世纪是古典自然法理论的实定化时期，以《拿破仑民法典》为代表的法律，把自然法学说中抽象的理性和理想变成实践中的绝对的财产权利，绝对的契约自由和绝对的过错责任制度，前资本主义的法律的整体本位和义务本位变成了个人本位。自由就是市场中资本的自由竞争，平等就是签订契约人的平等地位，权力就是合法地损人利己。功利主义、自由主义和分析主义诸法学流派，无不以此为转移。19 世纪末 20 世纪初以来，随着大规模生产社会化的需要和无产阶级斗争的高涨，西方国家普遍地强化对经济和社会生活的干涉，从而社会本位法律意识的新成分较快地增长起来。其基本表现是社会法学派及各种法学流派无不受到这种法律意识的广泛影响。

早在制定法出现之前，“习惯”和“法律”还未存在之时，“权威”还没有树立、“权利”尚未宣之于口之际，法律意识就已经存在于人们的心灵之中。人有一种朴素的、间接的确信：人们的外在行为并不能简单地以“正确”或“错误”区分，存在一些完全不能接受、容忍的，也存在一些不得不接受的、更多的行为介于“完美”和“谬误”之间。这种对法律与道德上的模糊区分，成为法律和习惯的基础。甚至当法律完全成为强权者的私利，在法律成为“恶法”的情形下，法律意识仍然潜移默化地影响着人们的行为与选择，根据这一内心确信去建立一套得到普遍遵守的规则，以此调整人们的社会生活。

二、法律意识的特征

马克思主义意识观中认为意识具有四个特征：自觉性、目的性、能动性和社会历史性。

自觉性指的是主体能意识到反映的对象和结果，人对客观世界是能够认识的。当人对客观事物的反映具有词的形式，并由语言来表示反映的内容时，他就把自己从周围的事物中区分出来，周围的事物对他来说，就成为被自觉认识的客体。目的性是指主体对于事物出现前就有所预见，任何人做事都具有目的性，并且是根据对象的变化而变化的。能动性指的是主体能根据目的和对客观事物的认识，使客观事物服务于自己；能动性就意识在人的活动中的作用来说，与环境的互动，把经验与现实连接起来，形成自我同一性的基础，同时制定目标，引导行为。正如列宁所说："人的意识，不仅反映客观世界，并且创造客观世界。"① 社会历史性指的是人的意识受社会历史条件和社会关系的制约，意识不仅是生物界长期发展的结果，而且是社会关系的产物，是在劳动过程中产生和发展的。因此，在《德意志意识形态》一书中说："意识一开始就是社会的产物，而且只要人们还存在着，它就仍然是这种产物。"②

---

① 列宁：《哲学笔记》，人民出版社 1956 年版，第 199 页。

② 马克思：《马克思恩格斯选集》第一卷，人民出版社 1972 年版，第 35 页。

法律意识除具有意识的普遍特征外，还存在其独有的特征。对于法律意识从宏观和微观两方面的分类有助于我们把握和理解法律意识的特征。

从宏观层面来看，社会性的法律意识主要具有稳定性、连续性、相对独立性等特征。

第一，法律意识具有稳定性。法律意识作为社会意识的一种特殊形态，与社会意识一样，决定于社会存在，是对社会存在的客观反映。因此，社会存在的变化与发展，在一定程度上决定与制约着法律意识的变化与发展。“无论是政治的立法或市民的立法，都只能表明和记载经济关系的要求而已。”① 社会存在即社会物质生活条件依照某种特定的规律、以特定的速度稳定而持续地发展，决定着法律意识的发展同样是一个持续稳定的过程。在特定的历史条件下，社会的物质生活条件通常具有稳定的特性，除非发生重大社会变革，否则不会发生大的变化。因此，社会意识一旦确定，便具有相对稳定性。甚至在一定程度，社会意识的稳定性要甚于社会存在，因为意识的重大变革不仅由社会物质生活条件决定，更需要教育、时间、文化思潮等诸多条件共同作用。由上，一定的法律意识一经确定，即具有相对稳定的特征，可以使一个国家的法律传统得以延续。

第二，法律意识具有连续性，又可以说，法律意识具有历

① 马克思：《马克思恩格斯全集》第四卷，人民出版社1956年版，第121～122页。

史继承性。具体来说，在主体层面，个人、集体、社会的法律意识都具有历史的延续性；在客体层面，历史上的法律意识及观念可以成为现今人们对法律问题思考的思想材料，历史上凡属正确的法律观念与理论也可以作为现今人们法律观念和法律意识的构成部分与要素。这是由于，任何上层建筑都处于一定的历史文化范畴而存在，法律意识也不例外。法律意识与一国法律制度、法律文化的历史传统有着深刻的内在联系。“人民创造自己的历史，但并不是随心所欲地创造，并不是在自己选定的条件下创造，而是在直接碰到的、既定的、从过去继承下来的条件下的创造。一切已死的前辈们的传统，像梦魇一样纠缠着活人的头脑。”① 传统法律文化、法律思想、法律意识经过历史的筛选与扬弃，逐渐演变成符合时代潮流与社会实际的当代法律意识，其本身是一个连续的、不间断的过程。因此，法律意识理应具备连续性，即历史继承性的特征。

第三，法律意识具有相对独立性。法律意识直接来源于法律这一特殊的社会现象，与法律制度有着密切的关系。法律制度是由人所制定和实施的，是与不同时期、不同地区的具体情况相适应的，因此，法律意识在一定程度上随法律制度的变化而变化发展。但同时，由于法律意识是法的内容、法的形式与法的精神在人们头脑中的主观反映或映像，这种意识可能是正

① 马克思：《马克思恩格斯选集》第一卷，人民出版社 1995 年版，第 585 页。

确的、近似的；也可能是不正确的、扭曲的，因此，法律意识具有意识的本质特征即相对独立性。有时候，法律意识可能先于法律制度而存在。例如，古希腊时期、古罗马时期，在基本的法律制度确立之前，人们就有了较明确的私权利意识、自然主义、理性精神等；有时候，法律意识可能滞后于法律制度的发展。例如，我国目前已经初步建立起一整套社会主义法律体系，但人民群众的法律意识却远未跟上法律现代化的步伐，普遍存在权利法律意识淡薄、诉讼法律意识滞后、遵法守法意识落后等问题，严重阻碍了法律在司法实践中的顺利实施。因此，应正确认识法律意识的相对独立性，结合实际情况，不断在法律实践中总结法律经验、提高法律认识水平、加大法律教育与宣传，使法律意识保持积极性与先进性。

从微观层面来看，每个个体都有着其独特的法律意识，每个人的法律意识与其本人的法律知识有着密切的关系。具体而言，个人法律意识主要有讲法律、讲证据、讲程序等特征。

第一，个人法律意识首先要讲法律。即个人在面对法律问题、运用法律思维时，能够按照法律的规定、原理、逻辑与精神，思考、分析解决法律问题。也就是说，要以法律为准绳来解决和思考法律问题。法律意识与法律同属于上层建筑，同时二者又存在从属关系，从哲学第一性与第二性的原理来看，法律意识的本源只能是法律。在个人运用法律意识进行思考与处理法律问题时，首先要以具体的、确定的法律法规为依据，不能脱离法律条文与法律原则。因此，树立法律至上、法律权威的观点，是个人法律意识中内在的、首先的、必然的要求。但同时，个人法律意识中对讲法律的认知程度也因个体掌握法律知识的多少以及个人法治思维的深浅而有所不同。对于法律知识掌握程度较为薄弱的个人来说，其法律意识中法律至上的意识就比较浅薄；对于法律知识掌握较多、具有良好的法治思维的个人来说，其法律意识中“讲法律”的特征就尤为明显，尤其表现在当法律与道德、情感等因素发生冲突时，要坚持以法律为准，依法律办事。

第二，个人法律意识还要讲证据。证据就是以法律规定形式表现出来、能够认定案件事实的依据。在进行法律案件处理时，要以事实为根据，以法律为准绳。这里的“事实”指的就是法律事实，即通过证据证明出来的法律客观情况。在面对法律实际问题，尤其是在诉讼过程中，证据是直接认定事实发生的因素，如果没有合法有效、客观真实的证据，无论事实是否发生过，都不会得到认定。由此可见，讲证据是个人法律意识中不可或缺的一环。证据意识如何，直接反映了一个人的法律意识如何。同时要注意的是，证据意识不仅包括重视证据的意识，也包括合法取证、严格查证与质证等意识。尤其是随着司法的发展与人民法律意识的进步，人们更是越来越注重证据的合法性问题。例如，2012 年 3 月 14 日第十一届全国人民代表大会第五次会议《关于修改〈中华人民共和国刑事诉讼法〉

的决定》第二次修正后的《中华人民共和国刑事诉讼法》①，从立法层面首次确立了非法证据排除规则，基本形成了中国司法实践中治理刑讯逼供的科学证据体系。

第三，个人法律意识也要讲程序。程序即公民遵循严格的法定时限和时序并按照法定的方式和关系而作出相应法律行为的过程。程序告诉人们在实施某种法律行为时应该先做什么，后做什么，这就构成了个人法律意识中的程序意识。程序决定了法治与恣意人治之间的基本区别。正因为法律程序要求坚持公正标准促进法律问题的解决，利益多元、价值冲突的各方通过正当程序来最大限度地寻求意见的平衡及价值的统一，才能够使实体正义最终得以实现。可以说，程序正义是实现实体正义的前提。程序意识也就构成了个人法律意识中极为重要的特征之一。但同时要注意，由于具体法律问题和法律关系的多变性，个人法律意识的程序性同样有可能存在一定的表面性、直接性、不稳定性等特点。过于追求程序性的正义而忽视实体正义，同样是不合理的。

三、法律意识的分类

法律意识是特定社会的个人及群体对于法律及其现象的思

① 2018年《刑事诉讼法》再次进行了修正。

想、观点、理论和心理的统称。对于法律意识进行分类，可以帮助我们对法律意识的研究建立系统的体系，分类不仅有助于我们对法律意识科学系统的总结，更有利于我们对法律意识的规律性认识，进而有利于社会各主体、法治运行各阶段整体法律意识的进步。

（一）法律意识分类的意义

第一，对法律意识进行分类，既符合认识论的要求，又符合客观现实。通过对法律意识不同的认知阶段，不同的意识主体、不同的专业化和普及化程度以及不同的法律运行环节等进行科学系统的整合，有助于我们全面、系统地把握法律意识的概念、范围、作用方式。第二，法律意识的分类对社会的法治宣传、普法教育具有针对性的指导作用，基于不同主体，法治宣传、普法教育的侧重点各有不同，方式方法也存在一定差异，要求达到的专业化程度也存在明显区别。第三，法律意识的分类，可以为我们提升公民个人及社会整体的法律意识提供切实可行的路径，大力弘扬正确的、符合法治要求的法律意识，批判摒弃不正确的、不利于法治建设的法律意识，完善法治体系的意识层面，丰富法治理论，为实现科学立法、严格执法、公正司法、全民守法，促进国家治理体系和治理能力现代化奠定思想基础。

法律意识需要借助一定的物质形式表现出来，这种表现既存在于人们生活中的观点、语言，也存在于整体的法律理论、法律实践，更存在于人们的行为。对于法律意识的研究与分析可以基于具体的分类而展开。

（二）法律心理和法律思想体系

按照认知阶段的不同，从感性到理性，可以将法律意识分为法律心理和法律思想体系。

法律心理是低级阶段的法律意识，是人们对法及法律现象认识的感性阶段。它的产生基于人们的日常生活、法律生活、社会生活，是人们对法律的直接的、表面的、感性的认识和情绪，是对法律现象自发的、不系统的反映形式；法律思想体系则是人们对法及法律现象反映过程中所形成的系统化、理性化、自觉化的思维形式，它包括人们认识法的一系列概念、范畴、观点、原理、原则等。它处于法律意识的高层次，具有明显的概括性、指导性和体系化的特征。它在一个民族法律意识形成和发展过程中始终起着主导性的作用。

（三）法律认知、法律评价和法律意志

按照心理活动形式的不同，可以将法律意识分为法律认知、法律评价和法律意志。

法律认知是人们基于生活经验与前人知识之上对有关法律各种现象的认知，是对各种与法律有关的事件、行为、性质及其因果关系所作的反映和判断。法律认知的过程实际上就是人

们了解法律和感知法律的过程，因此法律意识的产生与发展必然以法律认知的存在为基础。影响人们法律认知的因素主要有两个方面：第一，认知客体的发展程度，即法律的发展程度，法律在调整社会生活中起的作用。第二，认知主体的主观方面，包括社会中人们参与法律生活的意愿、法律知识的水平和观察分析法律现象的能力等。法律评价是人们在法律认知的条件下，对与法律有关的事件、现象等进行价值判断的意识现象。对法律评价后产生的是非观、好恶观实际上表明了法律意识的价值取向。法律意志是人们在对法律现象有所认知和评价的基础上，自觉地支配其行动以实现预定目的的意识现象。法律意志具有两个显著的特征：第一，它的出现以法律认知和法律评价为前提。第二，它会自觉地支配主体的行为。由于它将直接决定法律行为，所以法律意志在法律意识的心理活动形式中占据着最为重要的位置。法律意志对行动的调节，以积极鼓励或强制要求的方式形成法律意义上的作为模式，以消极被动或否定评价的方式形成法律意义上的不作为模式。法律意志的重要作用不仅在于它最终决定人的外部行为，它还渗透到法律认知、法律评价诸方面，对它们施加强有力的影响。

（四）个人法律意识、群体法律意识和社会法律意识

按照主体范围的不同，可以把法律意识分为个人法律意识、群体法律意识和社会法律意识。

个人法律意识是指每一个公民或自然人所具有的法律意识，它是法律意识在个体中的存在形态，是构成群体或社会法律意识的基本要素。群体法律意识是指基于一定的社会关系或社会活动而形成的一定群体的人们所共同具有的法律意识。社会法律意识主要是指一个国家或一个民族总体上所形成的法律意识，它是法律意识的宏观存在，是个人和群体法律意识聚合后的整体表现。相比个人法律意识与群体法律意识而言，社会法律意识最为稳定，它的产生发展反映了一个地区或国家的上层建筑中有关法律的部分，同时受其他意识，如政治意识、经济意识、文化意识的影响。法律意识的上述三个层次之间相互依赖、相互影响。在提高全民法律意识的进程中，上述三个范围的法律意识问题都不能被忽视。

社会由个人组成，同时个人依附于社会。个人法律意识是社会个体对于法和法现象的主观方面，通常与个人的特性与生活背景有关；群体法律意识和社会法律意识则会在一定时期、一定区域内存在延续性，它与文化的历史积淀、社会的习惯经验、生活的思维方式也具有深刻的内在联系。个人的法律意识是群体法律意识和社会法律意识的基本构成要素，是它们的基础元素，不存在离开个体法律意识的群体和社会法律意识；群体和社会的法律意识在一定程度上是个人法律意识的总和，但不是简单的相加，它们体现了个人法律意识的共通性，反映了个体内在的共同特质。

（五）职业法律意识和非职业法律意识

按照主体法律意识的专业化、普及化程度不同，可以把法律意识分为职业法律意识和非职业法律意识。

第一，公民角色。公民是现代社会最具普遍性也最为基本的社会角色，公民角色看似很平常很简单，但真正做一名现代社会生活条件下的合格公民并非那么容易。仅就现代社会要求公民应具有的基本法律意识要素而言，诸如主体意识、平等意识、权利意识、参与意识、责任意识以及民主法治意识等都是公民意识的基本内涵。恰恰在这诸多方面，我国公民的公民意识现状尚有待提高。

第二，职业角色。因职业角色本身有鲜明特点，进而决定了职业角色法律意识也必然具有与其职业相适应的专业性、具体性、针对性、实效性等特征，因而更易发挥对人们行为的调控指导作用。在社会日趋法治化的今天，各种职业角色诸如政治家，企业家、法官、检察官、律师以及各种职员等，除了要具有公民所应具有的一般公民意识以外，必然还需要具有某些与其职业特点和职业要求相应相称的特殊法律意识。例如，作为国家行政权力的行使者和执法者来说，公务员除了应当具备普通公民的公民意识以外，还应当具备如下的法律意识：公仆意识、服务意识、廉政意识、依法行政意识、合理公正意识、自律约束意识、效率意识等。因此，我们应当像重视职业道德建设那样，来强调重视职业角色的法律意识建设，这应当成为我们今后法治教育的一项重要工作。

第三，家庭角色。由于家庭是构成社会的细胞，是人们生活的第一环境，家庭角色法律意识的好坏会直接影响到家庭的幸福和社会的稳定。因此，培养人们在婚姻家庭关系中的角色法律意识是我们不可忽视的重要方面。

第四，诉讼角色。人们在社会生活中不可避免地会有各种矛盾和纷争，而诉讼是人类自己发明的用法律手段和平理智地解决纷争的一种常规有效的重要方式。因此，正当必要的诉讼是人们维护自身合法权益和文明进步的表现，同时也是社会自我调节和稳定发展的重要机制。重视对诸如原被告、共同诉讼人、诉讼第三人、诉讼代理人、刑事辩护人、证人等角色法律意识的了解和培养，也是推进人们法律意识提高和加快法治化进程的重要方面。在我们日益走向法治社会的形势下，提出加强角色法律意识的培养具有重要的实践意义，它可以使我们的法律教育具有更加实在的着眼点和落脚点。

（六）立法意识、执法意识、司法意识、守法意识和法律监督意识

按照法律运行环节的不同，可以将法律意识分为立法意识、执法意识、司法意识、守法意识和法律监督意识。

这是纵向方面和整个法制系统的运作环节相一致所反映出

来的法律意识，也就是说法制系统的运作包括了立法、执法、司法、守法和监督环节，相应也就有立法意识，执法意识、司法意识、守法意识和监督意识，而每一方面又可以展开许多具体丰富的内容。一般说来，良好的立法意识不但为全社会所需要，更为立法机构、立法人员所必需，因为它是健全法律、完备法制的前提；良好的执法意识为众多的行政执法机关、执法人员所必需，它直接制约着这些部门和人员依法行政的水平；良好的司法意识不但为广大群众所需要，更为司法机关、司法人员所必备，因为它直接关系到司法的公正与效能；良好的守法意识是对全社会成员及各类行为主体的普遍要求，是严格依法办事的思想心理基础，也是衡量判断一个国家法治水准的极重要标志；良好的法律监督意识是关系各类监督主体在内的全社会成员的事，有良好的法律监督意识和健全有力的监督机制是法治成功的保证，没有它再好的法律也会流于形式。总之，我们应当强化科学立法、严格执法、公正司法、自觉守法和有效监督的法律意识。以上方面纵横交错，构成了法律意识客体的基本内容。

四、法律意识的形成条件

我国在建设中国特色的社会主义法治国家的过程中，形成和提高全体公民的法律意识是一项系统、长期、复杂的任务。

虽然较之改革开放以前我国公民的法律意识有了很大程度上的改善，但仍然与法治国家、法治政府、法治社会建设目标的相关要求有着较大差距，同时我国法学界专门针对法律意识的相关理论研究也需要进行更加深入的探讨与分析。在这样的背景下，如何形成和提高公民的法律意识，逐渐成为备受关注的话题，有必要对法律意识的形成条件进行梳理和探究。

对于我国来说，形成完备科学的法律意识，第一，需要外部环境，主要是经济环境、政治环境、文化环境、社会环境和生态文明环境。在经济建设方面，要加快完善社会主义市场经济体制，加快转变经济发展方式，不断增强发展后劲，促进工业化、信息化、城镇化和农业现代化同步发展。在政治建设方面，要坚持走中国特色社会主义发展道路，坚持党的领导、人民当家作主、依法治国有机统一，加快建设社会主义法治国家，建立健全权力运行约束和监督体系，让权力在阳光下运行。在文化建设方面，要加强社会主义核心价值体系建设，全面提高公民道德素质，丰富人民精神文化生活，增强文化整体实力和竞争力，建设社会主义文化强国。在社会建设方面，要以保障和改善民生为重点，多谋民生之利，多解民生之忧，加快健全基本公共服务体系，加强和创新社会管理，推动和谐社会建设。在生态文明建设方面，加大自然生态系统和环境保护力度，加强生态文明制度建设，努力实现绿色发展，努力建设美丽中国。

第二，需要内部环境，主要是指法自身状况。就是在中国共产党领导下，坚持中国特色社会主义制度，贯彻中国特色社会主义法治理论，形成完备的法律规范体系、高效的法治实施体系、严密的法治监督体系、有力的法治保障体系，形成完善的党内法规体系，坚持依法治国、依法执政、依法行政共同推进，坚持法治国家、法治政府、法治社会一体建设，实现科学立法、严格执法、公正司法、全民守法，促进国家治理体系和治理能力现代化。[①]

第三，需要开展系统的法学教育和研究，全面培养公民个人的健全人格和对法律的依赖感、信任感，主动学习法律和运用法律的积极性。

（一）法律至上：养成公民对法律的敬畏感

法律意识应该与社会主义市场经济和民主政治相适应，与法治要求相一致。

我国已将“依法治国、建设社会主义法治国家”载入宪法，而法治的内涵当然应当包括宪法、法律至上。在这一背景下，我们所说的法律至上主要包含如下含义：第一，要维护宪法和法律的权威。宪法是国家的根本法，是治国安邦的总章程，具有最高的法律地位、法律权威、法律效力，具有根本

① 参见《中国共产党第十八届中央委员会第四次全体会议公报》。

性、全局性、稳定性、长期性。任何法律和规范性文件都不得与宪法相抵触。法律也应当成为全社会行动的准则。二是法律要平等地约束所有人，任何人都不享有超越于法律的特权；要保证有法必依，执法必严，公正司法，全民守法。三是任何公权力不得超越宪法与法律。公权力依据宪法和法律产生，并受法律的制约。任何人都不能以言代法，以权压法、徇私枉法。

坚持法律至上并不是一句空泛的口号，而应成为我们行动的纲领。具体而言，第一，要树立宪法和法律的权威。习近平同志指出，新形势下要特别强调依据宪法治国理政。执政党应依法执政，党必须在宪法和法律范围内活动，真正做到党领导立法、保证执法、带头守法。[①] 法律至上，就是要让法律在每个人心中树立崇高的地位，每个人都应该服从制度和规则。任何组织或者个人，都不得有超越宪法和法律的特权。第二，应强化依法行政，建立法治政府。我们的政府是人民政府，表明其宗旨是为了人民的利益。但是，如何才能够保证使政府在任何情况下都以人民利益为出发点和归属地？这就需要法治来进行规制。依法行政核心就是政府的一切行为都应当受到法律的约束，遵从体现人民意志的法律。第三，应强化依法裁判、实现司法公正。马克思指出，法官是法律世界的国王，除了法律就没有别的上司。在各种纠纷解决机制中，司法裁判更应受法

① 参见《中国共产党第十八届中央委员会第四次全体会议公报》。

律的拘束。与其他纠纷解决方式相比，司法裁判更强调依法裁判，即以法律为准绳。在司法裁判之中，裁判者必须服从于法律，严格依据法律来确定当事人的权利、义务和责任。因为法律本身就界定了裁判的标尺，只有依法公正裁判，才能使人民群众从每个个案审判中感觉到公正。第四，应实现全民守法。法律至上能够形成一种平等理念的传播，从而形成人人守法的文化，使法律深入人心，走入人民群众，并真正成为全体人民的自觉行动，才是法治的要义所在。

法治意味着“法律至上”而从来也不意味着“法律唯一”，一个完整的法治体系不仅包含法律，也包含道德、政策、宗教、习俗等多种规范社会成员行为的规则和社会控制手段。而法治，仅仅强调的是在由这些多种多样的社会行为规范和社会控制手段所构成的行为规则和社会控制体系中，法律相较于其他行为规范和社会控制手段，具有最高和最强的权威性。法治或者说法律的至上权威性的产生并不取决于人的意志，而是现代化的必然产物和内在要求。法律由于其天然的、固有的基本属性而更适宜作为多元社会的社会调整和控制手段。

（二）科学立法：树立公民对法律的信仰感

法律意识的形成不仅要树立法律的权威，它还需更为深刻的精神内涵和价值要求，那就是大家所服从的法律是良法。

法学属于人文社会科学，它不像自然科学那样可以量化，既不能透过实验过程的观察，也不能凭借测量或计算来回答和解决，法律难以做到数学上的证明及客观上的精确测量。所谓“科学立法”主要体现在三个维度：科学理念、科学内容、科学方法。

1. 科学理念

马克思曾经说过，立法者在任何时候都不得不服从经济条件，并且从来不能向经济条件发号施令。无论政治的立法或市民的立法，都只是表明和记载经济关系的要求而已。①

那么，立法者如何才能准确地表明和记载经济关系的要求？马克思的观点是“立法者应该把自己看作一个自然科学家，他不是在创造法律，不是在发明法律，而仅仅是在表述法律”。②

显然，这里所说的“表述法律”，就是要求立法者像一个自然科学家一样，在法律中准确地表述社会关系的现状和发展方向，即社会关系的客观规律。

规律是事物的内在的客观必然性，不因人类发现、认识与否而普遍地发挥作用，也不因时间、地域、民族等的不同而有所差异。规律是一种客观存在，不以人的喜好和意志为转移，既不能被创立，也不能被消灭，只能被发现。

---

① 参见马克思：《哲学的贫困》，商务印书馆1961年版。

② 参见马克思：《哲学的贫困》，商务印书馆1961年版。

法律作为一种社会规范，是对社会关系的反映，立法者要对社会关系作出规范，必须准确认识、把握和反映社会关系的客观规律，不能随意地创造，必须受客观规律的影响和制约，不符合客观规律的法律终究会被淘汰。

检验一项立法是否科学，首要的标准就是，是否具备科学理念，是否尊重科学，进一步说就是在多大程度上尊重和体现它所调整领域社会关系的客观规律。所以，科学立法，就是不能超越社会、经济的发展规律，不能盲目制定不合实际、无法实施的法律，就是要把符合规律的东西，把通过实践证明是好的做法固定下来。不顾客观规律，超越社会发展的承受程度，不考虑社会成本都是不科学的立法。

立法在反映和体现客观规律的同时，还必须遵循法律体系自身的内在规律。我国法律体系的内在规律包括三方面的内容：第一，在法律体系的内部，通过划分立法权限，用不同位阶的法调整和规范不同领域的事项。第二，宪法具有最高的法律效力，下位法不得抵触上位法，法制的内容是统一的。第三，不同位阶、不同门类的法，应当保持协调性、系统性、逻辑性，避免法律体系的混乱、冲突和失调。立法贵在衡一，法度不齐，则守法者惑。

科学立法就是应遵循法律体系的完整统一、协调衔接、内在和谐，只有符合法律自身的内在规律，才能有效地规制社会生活、调整社会关系，建构起理想的社会秩序。

认识和把握规律，取决于立法者的认识条件和能力。尊重和反映规律，取决于立法者的责任和智慧。衡量立法活动在多大程度上属于科学立法，有两个重要标准：一是对规律认识、把握的程度。二是对规律尊重和反映的程度。在对待规律和法律的关系上，我们既不能过分夸大立法者的创造作用，认为创制法律可以不顾规律，也不能否认立法者的创造作用，认为规律可以直接地生出法律来。

2. 科学内容

按照《立法法》的规定，立法必须科学合理地规定公民、法人和其他组织的权利与义务、国家机关的权力与责任。可见，科学立法就是要妥善解决好权利与义务、权力与责任之间的关系。

党的十八届四中全会的决定明确提出，“要把公平、公正、公开原则贯穿立法全过程”。[①] 据此，检验一项立法是否科学，一个非常重要的标准就是是否科学合理地规范公民、法人和其他组织的权利与义务，是否科学合理地规范国家机关的权力与责任，是否符合公平正义精神。

关于权利之间的关系，必须坚持权利平等原则，任何组织，任何个人都不能有任何特权，必须统筹兼顾好不同社会群体、不同阶层之间的利益诉求。关于权利与权力的关系，必须

① 参见《中国共产党第十八届中央委员会第四次全体会议公报》。

以公民私权利保障为重点，对公权力进行必要的规范、制约和监督，保持权利和权力之间的平衡。关于权利和义务的关系，权利和义务必须对等，有义务必有权利，义务来源和从属于权利。关于权力与责任的关系，应树立“有权必有责，用权受监督，侵权要赔偿，违法必追究”的观念，坚持权力与责任相统一的原则，做到权力与责任紧密挂钩，权力与利益彻底脱钩。

在对国家机关权力与责任的规定方面，应当注意赋予某一国家机关的某项权力时是否符合我国宪法规定和体制要求，是否符合基本的改革方向，是否符合基本的人权保障需要，是否存在部门利益、部门保护以及地方利益、地方保护的情况。既要避免重权力、轻责任，特别是只有权力、不承担责任的情况，也要避免过于强调国家机关责任而忽视其权力的情况。

科学立法还涉及很多历史的、现实的具体问题，要区别情况，具体问题具体分析。在改革发展的过程中，很多社会关系的发展变化具有不确定性、不稳定性，客观上增加了科学立法的难度。既不宜过于依赖经验，使立法滞后于改革，也不宜片面强调立法的超前和引领。既要准确预见未来的发展走向，用立法引领改革，又要理性认识和敬畏改革，避免立法草率盲动。

必须理性对待风俗习惯、民族、宗教、地区差异。中国是一个有悠久历史文化传统的大国，风俗民情、文化传统等因素在社会生活中具有很大影响，立法时不能回避或轻易改变这些历史遗留因素，不宜简单地用“规律”等认识来干预宗教和民族问题，而应当予以充分尊重。不宜简单地统一划线，简单地用一种“科学标准”去提出要求，而应当因地制宜，充分考虑各种合理差异的存在。所以，科学立法实际上也是一个实事求是，从实际出发的态度问题、认识问题。

3. *科学方法*

科学的内容由何而来？一定是民主。所以，科学立法和民主立法不可分离。

法律，从本质上讲是分配和协调各种社会利益，是不同利益主体之间的博弈。因此，通过立法对利益调整，必须进行理性的沟通与平衡，必须体现和保障各利益主体不同的正当利益，进而达成共识，达成各方均能接受的方案。没有民主的立法程序，就很难有科学的立法内容。所以，必须建立和完善一套最有利于多数人表达意志和利益的民主程序，程序越民主，多数人的意志和利益就表达得越充分，立法的内容就越接近科学。

立法是否科学，一个重要的环节还要看立项是否科学。

立项是立法工作的源头，立项工作做得科学，立法项目的合法性、必要性、可行性、前瞻性、合理性等问题研究得越充分、透彻，立法质量就越高。

实践中，不少地方和部门在编制立法规划时，凭领导喜好决定法规立项，一些部门在法规立项中主观随意性较大，这必然损害科学立法目标的实现。所以，科学立法的本意是实事求是，从地方实际出发，所谓科学，就是结合本地区自然条件、社会经济条件，围绕本行政区域内带有普遍性、全局性、根本性的重点问题，尽量充分掌握第一手的、最原始的、最真实的信息，进行充分的调查、研究、论证，抛弃一切违背科学的主观立法、随意立法、任性立法，真正制定出具有地方特色的可操作的、管用的法律。

立法是难度较大的程序性、技术性工作。党的十八届三中全会提出：健全立法起草、论证、协调、审议机制，提高立法质量。[①] 党的十八届四中全会又明确要求，健全立法协调机制，开展立法协商，充分发挥各方面力量在立法协商中的作用，探索立法中重大利益论证咨询机制，探索立法中公众意见采纳情况反馈机制等。这些都为科学立法指明了方向。

从完善立法的程序讲，有必要制订立法的技术和程序规范，从立法活动的各个环节设定科学的质量标准，统一指导和规范各级立法机关。

因此，科学立法，就是从拟订立法规划、制定立法计划到条例草案的起草、调查研究、征求意见、审议、表决等各个环节都有科学的细化标准，并能采取诸如座谈会、书面征求意见、调查研究、列席和旁听、公民讨论、专家咨询和论证等形

① 参见《中国共产党第十八届中央委员会第三次全体会议公报》。

式和方法，通过健全和完善多数决制度、审级制度、统一审议制度、联组会议、辩论制度、重大问题的事先协调和请示报告制度等，为科学立法提供依据和保障。

立善法于天下，则天下治；立善法于一国，则一国治。法是治国安邦之利器。所立之法要立得住、行得通、真管用，必须科学立法，若立法先天不足，质量不过关，会直接影响到法律意识的形成。

（三）严格执法、公正司法：建立公民对法律的信任感

明代张居正上疏明神宗实行考成法时曾提到天下之事，不难于立法，而难于法之必行。[①] 法律的价值在于落实。如果制定出来的法律只是写在纸上，贴在墙上，不落实，那么，法律就成了一个“没有牙齿的老虎”。有了法律不能有效实施，再多的法律也是一纸空文，依法治国仍会成为一句空话。政府作为执法主体，其执法领域存在的有法不依、执法不严、违法不究甚至以权压法、权钱交易、徇私枉法等突出问题，不但为群众深恶痛绝，更是法治中国的大敌。因此，要建设法治中国、推进依法行政，首先必须做到严格执法。要严格执法，就必须规范政府的职能和权责。政府不能既当“裁判员”又当“运动员”，需要科学界定政府职能和权责，正确处理政府与市场

① 参见张居正著、潘林编注：《张居正奏疏集》，华东师范大学出版社2014年版。

的关系。同时，还要规范政府的内部关系尤其是中央与地方政府的职能和权限关系，正确处理中央垂直部门与地方政府的关系以及地方政府之间的关系，确保政府机构、职能、权限、程序、责任法定化，杜绝法外设权和权力寻租现象，使各级政府“法定职责必须为，法无授权不可为”。要严格执法，就必须健全依法决策机制。决策主体必须依据法律的规定来获得决策权力，然后才能依据自己的权限进行决策。为了提高决策的科学性，减少决策的随意性，避免“长官意志决策”“拍脑袋决策”等现象，决策必须经法定的国家机关审查。同时，要建立决策咨询研究机构对重大决策进行论证；要建立决策审议制度由相关专家组成顾问委员会对决策草案进行审议；要建立听证制度听取各方面意见；要发挥政协、大众传媒和民间组织的作用，促使决策的民主化、科学化；要建立重大决策终身责任追究制度及责任倒查机制，对决策延误或决策严重失误进行追责。要严格执法，就必须严格规范执法队伍。行政执法是行政机关大量的经常性的工作，直接面向社会和公众，行政执法水平和质量的高低直接关系到人民群众的合法权益，直接关系到政府的形象。因此，必须规范行政执法队伍的执法行为，确立严格的执法基本准则、工作程序、办事规则、行政纪律等标准，使执法人员做到执法程序、行为、用语“三规范”。要严格执法，就必须坚持公正文明执法。公正文明执法既是确保宪法法律实施的必然要求，同时也是党和人民赋予政府的神圣职责。人民群众评价法治的好坏，最根本的一条就是看政府自身执法是否公正文明。如果政法机关自身执法不公正、不文明，不仅不能制止违法，还会严重损害政府形象和法治权威，甚至影响社会公众对法治的信心。要严格执法，就必须要阳光行政。阳光是最好的防腐剂。权力运行不见阳光，或有选择地见阳光，公信力就无法树立，也容易出现腐败，政府的执法行为自然难得到群众信服。因此，一定要保障群众的知情权，扩大群众政治参与的积极性，使群众及时了解政府权力的运行过程，便于群众对政府执法行为进行监督。

法律的价值在于落实，落实的关键在于监督。执法监督是严格执法的重要保证。一旦离开了监督，执法过程必然受到权力、金钱和私情等因素的腐蚀和影响，严格执法就会变成一句空话，甚至蜕变为“为权执法、为钱执法、为情执法”。因此，面对权力干预、金钱诱惑、私情影响，只有加强党内监督、人大监督、行政监督、司法监督、审计监督、社会监督、舆论监督制度建设，完善各种纠错问责制度，努力形成科学有效的权力运行制约和监督体系，才能确保权力在法治的轨道内运行，真正做到严格执法。

司法公正是实现社会稳定的基础，也是实现司法为民的前提保证。司法公正能够真正给予民众切实的安全感，从而使得全社会的公正观念得以形成和强化。同时，司法公正真正能够维护民众对公共权力机构的信任，行政机关及其工作人员的侵权行为给行政相对人造成的损害能通过司法得到有效救济。而司法为民作为人民法院工作的根本出发点和落脚点，是“立党为公、执政为民”在人民法院的具体落实。因此，司法公正和司法为民是辩证统一的关系，前者是要求，后者是目的，它们之间相互依存、相互促进，从而实现其司法公正，落实其司法为民。

关心司法公正，评价司法公正与否，是任何文明社会公民的正当权利。公民可以对法院、法官的任何裁判发表自己的意见和看法，这是公民权利对司法权力的一种制约。而在现实社会的审判中，衡量司法公正的标准是什么？人们又是如何评价司法公正呢？笔者认为，评价司法是否公正，只有两个最基本的标准：一是法律标准；二是社会标准。

法律标准是指人民法院的裁判一定要符合法律规定，违法的裁判一定是司法不公正的裁判。司法公正的法律标准以裁判适用的法律分为实体法和程序法两类规范，自然派生出的实体法律标准与程序法律标准是两个既相互依存，又彼此可分，具有各自独立判断价值尺度的标准。适用实体法律是否公正，必须只能根据裁判结果做出判断。人民法院只要是在法律规定的范围内、幅度内作出的裁判，也就是公正的。适用程序法律是否公正，则只能以适用程序法是否严格和正当作为标准，根据案件审理的过程和方式做出判断。只要没有违反程序法，而且程序合法，就是司法公正。

社会标准是指舆论、广大人民群众对人民法院裁判的态度是赞同还是反对。在社会群体对人民法院司法公正进行的评议中，往往采用的是这一标准。但作为司法公正的社会标准，在作为特定标准使用时，必然显示其双重特征：一方面它是客观的，反映了社会舆论对人民法院裁判结果的态度，在一定条件下它是确定的；另一方面它又是主观的，作为思想意识各异的个人，以其个人的价值观念、法律意识等形成自己的感受，对人目的所作出的裁判的评价往往带有很大的随意性，作为司法公正评价的社会标准，其实质和要害恰恰表现在这种不确定性上。

有鉴于此，应当如何正确评价人民法院司法公正？要正确评价人民法院的司法公正，首先应当正确理解人民法院的司法公正。我国虽实行成文法制度，但法官也同样享有无可争议的自由裁量权。司法机关虽有依法办案的严格要求，但是任何法律，不论其规定的多明确、具体，都要给法官个人理解、适用留有足够的自由裁量空间。以《刑法》为例，绝大多数条文所规定的均是一个或数个量刑幅度，法官根据个案的具体情节及各种因素确定适用某一个量刑幅度或在某个幅度内确定相应的刑法都是合法的。因此，不少专家认为，要追求案件实体上的绝对公正往往是不可能的，如在民事审判中，即使是胜诉一方，也有可能认为法院在判决承担民事责任的比例、赔偿的份额、财产的分割等问题上存在不公。

而事实上，法院判决也不可能做到百分之百的精确，我们有时无法作到判决上的绝对公正。基于此，学者们早已理性地把司法的绝对公正概括为司法程序的公开与公正。程序合法正当就是程序公正。程序公正是现代司法理念所追求和所能表达的最基本的司法公正。作为看得见的公正，这应当成为我们追求司法公正的目标。

司法公正，是现代社会民主、进步的重要标志，也是现代国家经济发展和社会稳定的重要保证。关心司法公正，评价司法公正与否，是任何文明社会公民的正当权利，也是对司法权力的一种制约。然而近年来，为司法的程序外监督不断升级。程序外的监督在一定程度上遏制了一些司法不公现象。但是，由于程序外的监督大多是从普通的生活逻辑出发，主要关注的是实体结果的合乎正当。而司法的过程却是严谨的和理性的，更注重的是审判过程的正当性，这就使得司法人员与其他社会主体在法律思维方式上产生了差别，并在一定程度上导致了监督司法与司法独立的冲突和对立，损害了司法权威。因此，追求和维护司法公正，在任何国家，不可能也不应当仅仅是司法机关和法官们自己的事情，维护司法公正应当成为全社会公民共同的任务。维护司法公正不仅需要法院自身的努力，更需要全社会的理解和支持；不仅需要培养并不断提高全社会的法治意识，更需要维护司法公正的现代司法理念。

树立维护司法公正的现代司法理念，要求法官只依照法律和良心办案。法律体现一般的社会公共理念，是对法官权力的支持、限制与制约。良心是保证法官独立、公正地行使审判权的基本条件，良心是法官依据个人的理念对社会公共理念的理解和解释，法官的良心是社会公共理念、个人良知和价值观的综合体。法官的个人理念包括对道德、政治、常识、哲学的价值选择。对于法官而言，职业道德比理念更重要。目前，法官的首要素质要求是道德素质的提高，然后才是技术层面的问题。公正是法官职业道德的要求，也是法官司法理念的最本质要求，公正才能对良心精心守护，由此，才可能成为一个真正意义上的法官，因为判决是经过法官道德过滤后的法律。

司法的权威性是指司法机关应当享有的威信和公信力。司法机构代表国家执行法律、裁决纠纷，司法具有权威性，实际上表明了法律的权威性。司法的权威性正是司法能够有效运作，并能发挥其应有的作用的基础和前提。司法权是国家统治社会的重要公权力。在现代社会、司法在社会生活中扮演着重要的角色，几乎所有的法律领域，司法都可以介入，各类冲突和纠纷都可以通过诉讼依循一定的程序转化为技术性问题进行处理。正是由于司法作用的突出而使司法的权威得到加强。自中华人民共和国成立以来，司法历来强调民主性，而司法的权威性并没有得到高度重视。然而，由于中国几千年来一直沿袭政审合一、司法从属于行政的体制和观念的影响，司法并不具有足够的权威性。随着民主与法治建设的加强，法院处理案件在数量和范围上的不断扩大，其在社会生活中的作用也在提高，尤其是随着行政诉讼法等法律的颁布，法院已经享有对行政机关的行政行为的审查权，从而可以监督政府依法行政，这就使其权威性大大增强。另外，要树立司法的权威性，必须要求司法机关严格执法、公正司法。司法的权威性首先要依赖于司法的公正性，这就是说，只有当司法是高度公正的时候，人们才能对司法产生信赖和尊重。这所谓“惟公生明，惟廉则生威”。

人民法院的司法权是一种判断权，它不同于国家其他机关的行政权，它是以特殊的方式为人民提供服务的。具体表现在：

第一，司法权从总体上看是一种以判断为功能的服务方式。它既然是判断权，所以原则上总是被动地为人民提供服务。司法权是消极地而不是积极地去干预人们的生活，可是行政权的运行是积极主动地干预人们的社会活动和个人生活。司法权以“不告不理”为原则，非因诉方、控方请求不作主动干预。在没有人要求法院作出判断的时候，显然是没有判断权的。否则其判断结论在法律上属于无效行为。

第二，司法权中立地为民提供服务。司法权在国家权力结构中特地让它具有适度的超然性和中立性。司法中立原本是就司法者态度而言的，司法判决是依法作出的，行政决定是依行政政策作出的，两者有着依法和依政策的界线和区别。行政权在它面临的各种社会矛盾面前具有鲜明的倾向性，使行政人员根据公共利益找出最有利、最理想的答案。而司法权在社会矛盾面前，是处于中立位置，由司法人员从法律规则和原则中找出正确的答案。所以，二者的思维方式完全不同。法官的方法相对是客观的；行政人员的方法相对是经验的。因此，司法中立就是指法院以及法官的态度不受外部因素干扰，包括官员、公众、媒体等影响，至少在个案的判断过程中不应当受这些非法律因素所左右。

坚持司法为民，确保司法公正，就是要使新时期人民司法的职业性与人民性得到统一。但是，人民性与职业性的结合需要通过符合我国社会主义的司法职业伦理来实现。司法的伦理是职业性和人民性的高度统一的体现。司法伦理是职业伦理，而不是大众伦理或人文伦理，它结合司法官的职业性工作，是对其职业化工作的每一具体细节所作的要求。法官如何既保持职业特点又为人民服务，都体现在司法伦理之中。

由于司法公正、司法为民正是司法机关和司法工作者为人民服务的宗旨；是讲政治、讲正气及代表最广大人民根本利益思想在司法工作中的要求与体现；是建设中国特色社会主义，构建和谐社会、打造平安中国、发展社会生产力和各项社会事业要求与保证；是新时期司法工作的最高准则与价值追求。因此司法工作是为人民服务的，在创建平安中国、构建和谐社会的目标面前，我们的司法机关和司法工作者就要以此作为司法工作的目标任务与价值追求，必须做到公正司法、文明办案、树立司法权威、提高司法效率，体现司法公平、正义与良知，将司法为民意识化作我们工作的热情、信念与追求，最大限度地追求人民的满意。

社会和谐离不开司法公正。司法的价值在于正义与秩序，而其价值的实现需要通过法院、法官的公正执法来实现，良法还须良治。没有司法公正，就不能形成统一的、权威的社会规则与社会规范，社会纠纷就得不到解决、社会矛盾就得不到化解，社会关系就得不到调整，社会秩序就得不到维护。因此，平安中国离不开和谐社会，和谐社会离不开公正司法。人民的满意、人民的支持要以我们的司法为民、公正司法作为前提，所以，坚持司法为民，确保司法公正是我们司法机关和司法工作者的价值追求和实现目标。

（四）法律教育：塑造公民对法律的神圣感

在法律教育方面，应将公民法治文化观念现代化作为普法教育的目标。当前我国全民普法教育的最重要的改革任务是转变法治教育导向，变单纯的守法教育为公民法治文化观念的培养，特别是普法教育，宣传媒介等更应把引导和强化公民对国家制度、法律制度的合理性、合法性认同，作为重中之重，进而塑造公民积极的守法精神。在普法教育的内容方面，应由原来以具体法律规范和条文的教育为主转化为以现代法治化观念的教育为主，主要给公民灌输现代法的基本观念和主要内容，如法律的概念、价值和作用、法律上的权利和义务、现代的法律体系基本框架以及我国主要法律部门的主要内容等。通过普法教育告诉广大公民，如果遇到法律问题，发生纠纷应当如何寻求法律保护，如何通过法律途径解决问题。

通过法律仪式形成人们对法律神圣感的意识，法律仪式是一种特殊的仪式，具有特殊的权威性，它是法律形式化的重要侧面和表征，是法律权威和法律神圣性的重要体现。举办各种法律仪式，通过法律活动或法律运作的规范形式，依法律、法官获得一种神圣的、不可侵犯的地位和权威。根据不同的法律性质，制定不同的法律运作规则，并加以严格执行。当前在司法改革中，应当十分重视法庭规则的建设，使法庭真正成为法律的神圣殿堂，以维护法庭的严肃性、神圣性、权威性和不可侵犯性。大力开展法官服饰背后的法律文化精神的教育，宣传法官法袍加身的法律文化意义和所蕴含的法律精神底蕴，使法官形成一种以司法的中立性、超越性、公正性和神圣性为主要内容的特殊的法官文化和法官职业道德意识，自觉规范和制约自己的行为。对全体公民进行法律权威性、神圣性和不可侵犯性的教育，使公民通过对法律仪式的了解和体验，对法律仪式的尊重乃至敬畏，确立法律的神圣性理念。对各种破坏法律仪式，扰乱法庭秩序，在法庭上侮辱、攻击法官，藐视法庭、无视司法和法律的权威性和神圣性的行为进行严厉的制裁，维护法庭的纯洁性，确保法庭的严肃性和权威性、法官的神圣性和不可侵犯性。

第四章
编辑法律意识的价值基础

自党的十一届三中全会以来，改革开放成为中国社会经济发展的主旋律，中国经济实现了质的飞跃，现已成为世界第二大经济体。经济体制的深入变革带来的是社会生活的各个领域空前广泛而深刻的变化。市场经济的蓬勃发展促进了民主、自由、平等、开放、法治等意识的产生与传播，人们越来越注重对个人权利、财富的保障。在这一时期，我国的法治建设得到很大的进步。

尤其是近年来互联网技术的飞速发展，因著作权、商标权产生的争议越来越多，引发了人们对知识产权保护的思考。编辑工作与知识产权的保护密不可分，编辑在其中扮演着至关重要的角色。编辑作为著作权人与读者之间沟通的桥梁要想平衡冲突、保障权益，需要学法、知法、守法、用法，增强法律意识，这样才能在最大程度上既保护著作权人、读者和自己的合法权益，也能够防备随时可能遭遇的盗用版权、欺诈出版等侵害。编辑法律意识的背后是对法治、契约、知识产权价值的坚守。

一、法治信仰

（一）法治信仰阐释

法治信仰是信仰的一种特殊表现形式，是一个国家法律制度、法律发展模式、法治建设情况等在本国民众精神领域的体现，并因各个国家和地区国情的不同，而最终呈现出不同的形态。我国是社会主义国家，法治信仰在我国表现为符合我国国情和发展需要的中国社会主义法治信仰，研究法治信仰离不开对中国特色社会主义法治信仰的分析探讨。只有当全社会都能形成法治的思维方式，遵从法治信仰，并把法治自觉地当成一种生活方式的时候，法治中国才能建成。

1. 信仰

信仰产生于对终极意义的追求，是深入其灵魂的一种信念。信仰是指人们对某种主张、主义和价值理想的极度信服和尊崇，寄托着人的精神的最高关怀①。从哲学意义而言，信仰是指特定社会文化群体和生活于该社群文化条件下的个体，基于一种共同价值目标期待基础上，所共同分享或选择的价值理

① 张曙光：《“信仰”之思》，载《学术研究》2000 年第 12 期。

想或价值承诺①。从心理学意义而言，信仰是指人们对一定的世界观、人生观、价值观等的信奉和遵循，它居于人的精神世界的核心地位，与人的知、情、意相联系，并且贯穿于整个意识领域和精神活动之中②。简单地说，信仰是对某种理论或理念的完全信服，并且会在很大程度上影响实践活动。

信仰的形成与社会环境相关，且在某种程度上影响社会的发展方向，对社会的发展进程起推动或者阻碍作用。例如，在原始社会时期，由于人类对自然认识不足、改造自然的能力低下，自然灾害成为威胁生命财产安全的最大因素，人的生存依靠自然界的“恩赐”。这时，人类认为自己的命运被一种超自然的力量主宰，对自然这种只能服从、祈求，对不能反抗的异己力量产生盲目信仰和膜拜。这就是早期以自然膜拜为核心的宗教起源。宗教信仰产生后，直至今天，仍对人类的生产生活有着潜移默化的影响，并且随着社会环境的改变而被赋予新的内涵。

契诃夫曾说：当喉咙发干时，会有连大海也可一饮而尽的超凡气概，这种气概就是信仰，这信仰让我们无所畏惧，让我们可以超常发挥我们的能力。信仰在人的发展过程中具有情感

① 万俊人：《信仰危机的“现代性”根源及其文化解释》，载《清华大学学报（哲学社会科学版）》2001 年第 1 期。

② 李幼惠、张镇：《精神信仰的心理学含义》，载《天津师范大学学报（社会科学版）》2002 年第 6 期。

依赖、价值确立和实践指引三大功能[①]。在情感依赖方面，主要表现为人们对其生存环境的一种敬畏、屈服、遵守与信奉等情感的集合。例如，原始社会时期，自然环境恶劣，天灾频发，当人们对周围的环境产生畏惧，需要寻求庇护，这时他们的情感就寄托在对大自然的信仰。在价值确立方面，信仰对人的日常活动和实践当中起着价值确信和定位功能的作用。信仰对人的世界观、人生观、价值观的塑造产生直接的影响，体现在为人处世的态度之中。在实践指引方面，人们的行动往往以信仰为标准，指引着日常实践。例如，传统封建社会尊崇的儒家礼仪规范，“三纲五常”“君君臣臣父父子子”等被奉为士人的最高行为规范，落实到实践当中。

根据主体、内容、学科等的不同，信仰可以被划分成若干种类。信仰根据主体的区别，可分为个人信仰和社会信仰，前者强调的主体是个人，后者强调的则是群体。信仰根据内容的差异，可分为物质信仰、精神信仰、伦理信仰、国家社会信仰、宗教信仰等。信仰根据涉及学科的不同，可分为民间信仰、政治信仰、道德信仰以及法律（法治）信仰等，所关涉或侧重的分别是社会学与人类学、政治学、哲学、法学等。在此主要阐述法治信仰。

① 汪岳：《法治信仰社会化：一个长期而艰难的过程》，载《社会科学研究》2016 年第 5 期。

2. 法律信仰

自伯尔曼的《法律与宗教》被译成中文后，“法律信仰”这一命题在我国引发热议和讨论。法律信仰是指主体在精神上和行为上只能仰视法律之规定，而不允许对法律有任何心里怀疑与诘问①。法律信仰是由法律认知、法律情感、法律行为、法律意志和法律敬畏等要素构成的，强调信仰对象的主体为法律，要使法律可能成为信仰的对象，信仰的主体——人和客体——法律需分别满足三个条件，即“人的利益感受、价值认同与法律信念以及法律的规律——科学性、人道——正义性、方便——效益性”②。

法律信仰是“知”与“行”的统一，是主体将内在的法律知识、认知或思维外化为法律行为，是将法律认知与法律行为紧密连接在一起，用法律知识指导实践生活中遇到的法律问题，在法律关系中能够以法律的思维模式对法律关系的内容和客体进行科学合理的处理③。法律信仰同样具有价值确立、实践指引、精神动力和约束整合的功能，法律信仰是我国法治建设的前提，“法律信仰成为民众法律实践的精神支柱，而且具

---

① 谢晖：《法律信仰与法律怀疑精神》，载《法律科学（西北政法大学学报）》1995 年第 6 期。

② 谢晖：《法律信仰：历史、对象及主观条件》，载《学习与探索》1996 年第 2 期。

③ 徐淑慧、苏春景：《法律信仰的特点、结构与培养策略》，载《教育研究》2016 年第 6 期。

有团结和凝聚的意义”。[1]

基于中西方法律传统的差异以及对伯尔曼的“法律必须被信仰，否则它将形同虚设”的不同解读，形成了赞同和摒弃两种观点之争。赞同者认为由人治到法治，法律信仰发挥着至关重要的作用，对法律的敬畏、尊崇之心是推动法律发展、进行法治国家建设的重要力量。反之，则认为法律信仰存在概念理解上的歧义，所信仰的法律是自然法还是制定法，包不包括过时的法律规范以及恶法应不应当是信仰的对象等，会把我们引入误区并给法治建设带来危害。

无论从什么角度描述法治，都离不开法律有效发挥作用这一点[2]。而人们从内心认可法律、遵守法律、信奉法律是法律发挥持久作用的关键前提。因此，伯尔曼所说的法律必须被信仰，指向的正是法律有效发挥作用的前提条件[3]。但这一论述适用于法律是生长出来的而非构建的这一语境之下，在中国的法治语境中，法律更带有构建色彩。改革开放以来，我国采取了急速立法措施，“批量”立法，带来了法律规则变化迅速、新旧规则交织共存的局面。于此背景下构建出来的法律规则，要想成为人民的信仰，难度不言而喻。因此，“法治信仰”概念的

---

① 耿瑞珍：《法律信仰的价值及培育》，载《中国特色社会主义研究》2015年第6期。

② 傅达林：《小议法律信仰与法治信仰》，载《检察日报》2018年8月22日。

③ 赵丹阳：《法治目标下司法公信力提升路径研究》，齐齐哈尔大学2016年硕士学位论文。

提出，符合中国法治建设的现状，是超越于法律信仰的中国式命题。

3. 法治信仰

亚里士多德曾在《政治学》中指出："我们应该注意到邦国虽有良法，要是人民不能全部遵循，仍然不能实现法治。"①2014年10月，中国共产党第十八届中央委员会第四次全体会议首次专题讨论依法治国问题，作出的《关于全面推进依法治国若干重大问题的决定》强调，"法律的权威源自人民的内心拥护和真诚信仰"②。习近平总书记也曾指出："法治精神是法治的灵魂。人们没有法治精神、社会没有法治风尚，法治只能是无本之木、无根之花、无源之水""只有内心尊崇法治，才能行为遵守法律。只有铭刻在人们内心中的法治，才是真正牢不可破的法治。"③

法治信仰强调的是对法治的认同、尊敬和依赖，法治至少包含了良法和善治两层意味。"法律是治国之重器，良法是善治之前提"④。亚里士多德在两千多年前就提出"法治"的概念："已经成立的法律获得普遍服从，而大家服从的法律本身

① 郁建兴：《法治与德治衡论》，载《哲学研究》2001年第4期。

② 尹东斌：《监狱人民警察应率先铸牢法治信仰》，载《云南法制报》2015年4月15日。

③ 李雄：《论平等就业权司法救济体系的构造》，载《河北法学》2017年第10期。

④ 刘剑文、耿颖：《财税法治体系：理财治国之重器》，载《经济参考报》2014年11月11日。

又应该是制定得良好的法律。"[①] 法治的精神意蕴在于信仰，一种宗教般虔诚而真挚的对法的信仰[②]。法治作为一种理性的办事原则和文明的生活方式，体现的不仅是普通民众知法懂法用法护法，更是法治意识、法治观念、法治精神深入人心[③]。当社会民众从内心接受、遵从法治，那它就成为一种全民信仰，自然而然地在全社会形成尊崇法治、遵守法律的风尚，直接推动法治建设和全面依法治国的进程。

要实现法治信仰的社会化，就要做到良法善治，这就要求既要"硬"又要"软"——既要有完备的良法体系作为硬件支持，又要有良法的有效运行机制作为软件保障。目前，中国特色社会主义法律体系是以宪法为核心，国家经济、政治、文化、社会生活的各个方面的专项法律为补充完善，并通过法律清理工作，清理与我国基本国情、改革发展不匹配的法律法规，总体上是科学的、统一的、和谐的。此外，通过政府机构改革、监察体制改革等一系列措施，有效提高了我国法律运行机制的效率，在立法、守法、执法、司法、监督等各个环节都可以看到法治信仰的身影。

共同体的法治认同也是实现法治信仰的社会化进程中需要

---

① ［古希腊］亚里士多德：《政治学》，商务印书馆2015年版。

② 姚建宗：《信仰：法治的精神意蕴》，载《吉林大学社会科学学报》1997年第2期。

③ 冯玉军：《把社会主义核心价值观融入法治建设的要义和途径》，载《紫光阁》2016年第11期。

强调的问题。一方面，只有让共同体能够切实感受到法治带来的实惠与益处才会主动去拥护它，只有让共同体体悟到法或法治的价值才会在精神上认同它，从而真正促进法治认同的形成；另一方面，只有共同体在内心里真正拥有对法律或法治的依赖和认同的情感，才会在日常生活实践中真正需要、评判、审视和检验法治，并通过法治检视、内省自己的观念和行为实践是否符合法治的标准，才会自觉地、主动地参与法律相关的实践活动，真正地将法治内化为人们内心真诚的信仰①。

4. 法律信仰与法治信仰的异同

“法律信仰”和“法治信仰”这两个概念经常被当作同一概念来使用，两者确实有着共通之处，但实际上，如果仔细加以揣摩，就会发现其实它们有着不同的指向和含义。即便法律信仰和法治信仰都强调“法律至上”，“法律至上”使得法治值得信仰，但其在二者中具有实质性的区别②。

在法律信仰中，价值被实质性一元化，社会活力取决于权威所留出的活动空间的大小；法治信仰中，价值理念得以多元共存，相互砒砺，利于理性精神的培育③。法治信仰不同于法

① 汪岳：《法治信仰社会化：一个长期而艰难的过程》，载《社会科学研究》2016 年第 5 期。

② 张永和、孟庆涛：《法治信仰形成路径探析》，载《人民论坛》2013 年第 14 期。

③ 张永和、孟庆涛：《法治信仰形成路径探析》，载《人民论坛》2013 年第 14 期。

律信仰，不只是简单地遵从法律，而是包含了对所信仰法律的价值判断。在法治信仰中，法治为多元化的理念竞争提供平台，为社会成员提供了更多对价值度与量的选择机会，包容了价值理念之间的差异。法治信仰暗含着对良法的价值选择，隐藏着对制定法的评判精神，并不排斥我们以批判的眼光来审视法律、改良法律，始终追求合乎人性、合乎规律的“制定良好的法律”。

法律信仰常使民众衍生出对法律规范的权宜态度和功利心态，法治信仰则使民众从内心认同法治，并外化到行动上，指导实践活动。法治本身就是一种实践活动，它并非静态的规范。因此，法治信仰不只是要求信仰者被动认同，更需要信仰者为之行动。法律信仰，虽然也含有关键时刻选择为法律而献身的精神，但对多数人而言往往停留在被动的心理活动层面，即尊重、遵守、不违背法律，其归依更在于个人行为上的遵从，倡导每个人都将自身行为纳入法律规范之中。而法治信仰较之法律信仰更具实践指向，包括了主体的实践性要求。可见从实践角度看，法治信仰的概念优于法律信仰，也更契合了当下法治中国建设的要义。

（二）中国特色社会主义法治信仰的基本内容

人民群众之所以广泛支持党和国家提出的“依法治国，建立社会主义法治国家”的方针政策，是因为它符合社会主义现代化建设实际的治国方略和价值选择①。而一套能够反映社会关系及其发展规律的法治制度体系和社会公众对法律秩序所内含的伦理价值的信仰，即社会公众对法律忠诚②的信仰是实现全面依法治国、建设社会主义法治国家必须具备的两个方面，单靠现有的法治制度、法治原则和法治理念是远远不够的，因此，培养独具中国特色的法治信仰是重要的基础。

社会主义国家人民对法律的敬畏和法律文明秩序的向往与自觉就是社会主义法治信仰③。党的十九大报告指出："全面依法治国是国家治理的一场深刻革命，必须坚持厉行法治，推进科学立法、严格执法、公正司法、全民守法。"④ 培育中国特色社会主义法治信仰与全面推进依法治国进程相协调，也要从立法、执法、司法、守法四个方面入手，将坚持党的领导、以人为本、崇尚科学、立足实践作为基本内容。

1. 坚持党的领导

党的十八届四中全会提出"坚持依法治国首先要坚持依宪

---

① 王秀鹏：《论法律信仰的培养》，载《桂海论丛》2008 年第 3 期。

② 王琪：《论法律信仰与和谐社会》，载《法制与社会》2007 年第 1 期。

③ 王金玉：《社会主义法治信仰的特征》，载《吉林省教育学院学报》2018 年第 7 期。

④ 《习近平：决胜全面建成小康社会 夺取新时代中国特色社会主义伟大胜利——在中国共产党第十九次全国代表大会上的报告》，载新华网，http://www.xinhuanet.com//2017-10/27/c_1121867529.htm，最后访问时间：2019 年 1 月 8 日。

治国，坚持依法执政首先要坚持依宪执政”①，以“坚持中国共产党的领导”为基本原则，全面推进依法治国。党的十九大报告指出：“全面依法治国是中国特色社会主义的本质要求和重要保障。必须把党的领导贯彻落实到依法治国全过程和各方面。”②全面依法治国与党的领导既分离又相通，连接点在于人民意志、人民利益。中国共产党代表的是最广大人民的根本利益，所以社会主义法律的根本使命也就是维护和保障广大人民群众的根本利益，因此将党的领导贯穿到全面依法治国的全过程和各方面是民心所向的公意。坚定不移地坚持中国共产党的领导是培养中国特色社会主义法治信仰，全面推进依法治国的重要内容。

马克思主义中国化是中国特色社会主义法治信仰的核心，在马克思主义的指引下，坚持中国共产党对社会主义法治建设的思想领导、政治领导、组织领导，坚持不断完善党内法规制度体系③。党的十八大以来，在以习近平同志为核心的党中央的坚强领导下，转变党的执政方式，坚定不移地推进全面依法治国、全面从严治党，党内法规体系的建设全面铺开、有条不紊，保证中国共产党始终发挥总揽全局、协调各方的领导核心作用，促进了国家治理体系和治理能力现代化。同时在全党开

① 参见《中国共产党第十八届中央委员会第四次全体会议公报》。

② 吴玉晓、吴德慧：《新时代开启新征程的政治宣言——党的十九大报告之理论意蕴》，载《淄博师专学报》2018年第6期。

③ 蒋树伟：《论江泽民依法治国思想》，浙江农林大学2012年硕士学位论文。

展学习“八项规定”“廉洁自律准则”等活动①，反腐倡廉的力度在不断加大，党纪和国法关系处理得越来越具有科学性。在党的集中统一领导下，以全面依法治国新理念新思想新战略为指导，贯彻科学立法、严格执法、公正司法、全民守法的十六字方针，不断丰富和完善中国特色社会主义法治信仰的内涵，中国特色社会主义法治建设格局必将如期建成。

2. 以人为本

中国是人民民主专政的社会主义国家，人民就是国家的主人。中国特色社会主义法治信仰是人民的信仰，核心就是以人为本，坚持人民立场，体现为以人民为中心的法治思维。社会主义国家的人民民主专政在法治层面体现为法律是为人民而设立，以人民的利益为法律的评价标准的准则。只有这样才能保证中国特色社会主义法治信仰是以人民为中心的法治思维。

社会主义法治的权威来源于人民内心的拥护和信仰，中国特色社会主义法治信仰的重要内容就表现为全民知法、懂法、守法、护法。知法要求具备一定的法治素养，了解一定的法治知识；懂法要求懂得善于运用法律武器来维护权利、保障利益；守法要求在法律允许的范围内办事，不触碰法律红线；护法要求从内心尊崇、拥护法治，勇敢与破坏法治的敌对分子作斗争，誓死捍卫法治权威。基于群众路线的新时代中国特色社

① 王兴盛：《整治“滥政与懒政”的路径探析》，载《中国领导科学》2016年第11期。

会主义法治信仰的培养就是通过普法宣传教育工作，使社会民众能够知法、懂法、守法、护法。通过一系列、多层次、多维度、多元化的法治普及工作，真正让人民知道、让人民通晓、让人民遵守、让人民传播，做到让人民认可、让人民拥护、让人民信仰、让人民守护，真正丰富和健全中国特色社会主义法治精神文明建设。

中国特色社会主义法治信仰还不断丰富人民运用法律的意识，丰富法治诉求的途径。一方面，我国社会主义法治信仰的群众性保障要发挥市民公约、行业规定等自治的作用。另一方面，要健全群众性利益诉求机制，通过体系制度的完善，保障人民的合法权益。通过中国特色社会主义法治信仰的培育，群体之间问题有了多元化的解决途径，通过社区、社会组织、司法机关等，不断调节群体与群体之间的关系。中国特色社会主义法治信仰使知法、懂法成为民众的一种普遍共识，使按规矩办事成为社会的风气，使人与人、人与社会和谐共处。

3. 崇尚科学

法治强调法律规则的普适性、稳定性和权威性，且法律的制定、执行和修改都必须严格按照法律，具有严谨的、科学性的特点。中国特色社会主义法治体系内含法治的基本要素，满足了“能够构建法治体系的框架和主体，彼此之间应该具有一定的相关性，能够相互联系和配合”的要求[①]，是科学的、比较完备的法治体系。中国特色社会主义法治信仰作为中国特色社会主义法治体系的基本内容之一，以马克思主义为指导，自然是科学的信仰，崇尚科学是它的重要内容。中国特色社会主义法治信仰的科学性主要体现在强调法治体系诸要素之间的协调配合，统筹立法、执法、司法、守法以及法律监督等各方面的关系。具体来说，就是从当前我国面临的形势、任务以及社会急需解决的矛盾和纠纷出发，坚持协调公民与国家、个体与集体、居民与社区、群体与群众的和谐[②]。

中国特色社会主义法治信仰具有“人民主权、公平正义、良法善治”[③] 的价值内涵，要求关注和保障个人的合法权益。如何避免个人与集体的利益冲突，维护好双方利益，协调好双方关系是中国特色社会主义法治信仰是所要解决的问题。党的十八大以来，随着依法治国的不断深入，在总结党领导社会主义法治建设的经验基础上，不断完善公民的权利与义务，规范国家各级机关单位的职能与法则，不断协调公民与国家之间的和谐关系。中国特色社会主义法治信仰随着中国特色社会主义

---

① 李爽：《论中国特色社会主义法治体系》，河北师范大学2015年硕士学位论文。

② 吕廷君：《建设中国特色社会主义法治体系》，载《新视野》2013年第1期。

③ 王松苗：《准确把握中国法治的六个要素》，载《中国检察官》2015第1期。

法治建设的稳步推进而不断被赋予新的内涵，更加注重保障个人的权益，凸显“以人为本”的核心理念，以集体的力量保障个体，完善个人各项保障体系，使个人与集体利益得到优化处理。

4. 立足实践

“科学立法、严格执法、公正司法、全民守法”[①] 是中国特色社会主义法治体系建设的核心内容，法治信仰的建立必须立足于当前法治建设的实践，满足法治建设的实际需要，服务于法治建设。因此，中国特色社会主义法治信仰必须立足于立法、执法、司法、守法，与时俱进，不断完善自身，为中国特色社会主义法治建设保驾护航[②]。

科学立法是建设中国特色社会主义法治体系的重要前提。要实现“法治”首先就必须实现“良法”，这是一个基本逻辑前提。立法是法治的根本逻辑起点，只有立法机关制定出“良善之法”，执法机关才能有“良法”可依，司法机关才可有“良法”可判。由此可见，科学立法是中国特色社会主义法治信仰的形成与确立的重要阶段，决定着整个法治的意蕴和品格。

中国特色社会主义法治体系关键是严格执法。严格执法要

① 陈金钊：《法治共识形成的难题——对当代中国“法治思潮”的观察》，载《法学论坛》2014 年第 3 期。

② 张霖：《中国特色社会主义法治理论及其教育研究》，华中师范大学2016 年博士学位论文。

求公正文明，这是法律面前人人平等的宪法原则和以人为本的执政理念的基本要求①。作为执法者，首先要做好表率，以中国特色社会主义法治信仰指导执法工作，在内心信仰并坚守法治，在工作中知法、懂法、守法、护法，只服从事实和法律，铁面无私、秉公执法，才能做好人民利益的守卫者。

公正司法是中国特色社会主义法治体系的重要保障。司法工作者作为丰富中国特色社会主义法治信仰内涵的推动者，要把握法治的核心要素，从理念层面深刻认识法治建设的核心价值，构建法治的内心确认，自觉、坚定的履行法律监督职能、维护司法公正，践行全面依法治国的国策，推动中国特色社会主义法治体系建设和治理能力现代化，做建设中国特色社会主义法治国家的捍卫者②。

全民守法是中国特色社会主义法治体系社会环境的基础。人民的内心拥护和真诚信仰是法律权威的来源，法律保障人民权益，人民维护法律权威，两者息息相关、相辅相成。弘扬中国特色社会主义法治信仰、法治精神，增强全社会厉行法治的积极性和主动性，形成守法光荣、违法可耻的社会氛围，使全体人民都成为社会主义法治的忠实崇尚者、自觉遵守者、坚定捍卫者。

---

① 曹戈、齐晓明：《论中国特色社会主义法治体系科学内涵》，载《经济研究导刊》2015 年第 20 期。

② 曹永盛、秦德君：《〈五月花号公约〉中的法治精神分析》，载《郑州航空工业管理学院学报（社会科学版）》2015 年第 20 期。

（三）中国特色社会主义法治信仰的功能价值

如前文所述，信仰是对某种理论或理念的完全信服，并且会在很大程度上影响实践活动。同样，中国特色社会主义法治信仰是对中国特色社会主义法治体系的信服和拥护，会对社会发展的各个方面产生影响，如国家治理、法治建设、经济发展等。正确认识中国特色社会主义法治信仰的功能价值并加以运用，对于促进国家发展、实现中华民族伟大复兴的中国梦有着重大意义。

1. 中国特色社会主义法治信仰是国家治理的观念支撑

国家治理以顶层设计为重要理念，从总体和战略上进行谋划，追求投入和效益之间的最佳比例，也就是追求成本最小化和效益最大化。中国特色社会主义法治信仰作为一种科学而现代的理念，能使国家治理沿着中国特色社会主义道路前进，符合我国着眼于全局和局部规划，从战略上谋划治理的现代化的国家治理格局，是国家治理的必然选择。中国特色社会主义法治信仰对国家治理产生积极影响、提供观念支撑的实践路径为通过培养人民群众的法治意识、规范他们的法治行为、提高他们的法治意识，对国家治理过程发生影响和作用，减少治理阻力，激发治理活力，提升治理能力，凝聚治理力量，使国家治理效益达到最大化，是国家治理的应有之义①。

中国特色社会主义法治信仰作为提升主体素质最稳定有效的方式，有着普及法律常识、提升个人法治素养、树立法的权威的作用，促进形成公平正义、惩恶扬善、良法善治的社会氛围，能够帮助民众确立规范个人行为、严格依法办事、追求人生理想的社会价值观念。这能够有效地避免在国家治理过程中因缺乏表达机制而治理阻力的增加。无论是对于治理者还是被治理者，在培养中国特色社会主义法治信仰的过程中，将促使他们从内心深处产生对法的信守和追求，不仅会理解和信仰法治，同时也会自觉地增强对法治理念的认同和践行，并在现实生活中自觉地将法律视为行为准则和衡量行为及社会现象的价值尺度，这将为国家治理提供坚实的社会基础②。

此外，因为建设完备的国家治理体系和实现治理能力现代化的核心要求就是中国特色社会主义法治信仰中所内含的现代法治精神，同时需要得到大多数民众的心理认同和行为支持。所以要想提升国家治理主体的治理能力，凝聚国家治理所需要的力量和资源，就必须加强对中国特色社会主义法治信仰的培养。

---

① 钱秋月：《国家治理与中国特色社会主义法治信仰》，载《中共宁波市委党校学报》2015 年第 5 期。

② 赵龙、朱诗蕊、赵明明：《以人为本：良法善治的内质与形态》，载《太原理工大学学报（社会科学版）》2014 年第 5 期。

2. 中国特色社会主义法治信仰是法治建设的推动力量

中国特色社会主义法治信仰来源于我国特色社会主义法治建设过程中，随着我国法治进程的推进而被赋予了更加丰富的内涵。同时，中国特色社会主义法治信仰实质上是一种对法治建设心理认同感，对法治具有自己的认知并形成了独立的价值选择体系，因此不可避免地会对法治进行批判选择，于是就产生了先进的法治建设理论观念。这种理论观念一旦产生，就成为推动中国特色社会主义法治建设的重要力量，指导和影响着法治建设的方向。所以，要实现全面依法治国、实现法治中国的宏伟目标，既需要法律原则、规则与制度的保障也需要法治精神、观念和信仰的支撑。

中国特色社会主义法治信仰在法治建设中发挥的具体作用主要表现在立法、执法、司法、守法、法律监督五个方面：第一，促进立法科学民主的精神动力，信仰法治的来自社会各个阶层的主体会积极通过各种立法途径参与立法者的立法活动，表达自己的政治诉求，增强立法的民主性和科学性。第二，推动执政依法严格的观念力量，信仰法治的执政主体会明确执政的权力内涵和范围，避免滥用行政裁量权，做到严格执法、依法行政。第三，确保司法公平正义的思想基础，信仰法治的司法工作者不是机械简单地适用法律规则，而是要根据自己的良心和法律的精神价值来作出符合案件实际情况的判决。第四，保障全民遵纪守法的文化内涵，信仰法治的民众会从内心认同和维护法律，并转化为行为规范来约束自己的实践活动，尊重法律，做到知法懂法守法护法。第五，促使法律监督到位的理念支撑，信仰法治的法律监督主体会将法律作为最高的行为准则，严格依法办事，对待违法犯罪行为做到铁面无私、毫不留情。

3. 中国特色社会主义法治信仰是经济发展的精神动力

中国自改革开放，尤其是加入世界经贸组织以来，随着市场的对外开放、可利用资源的增多，经济发展有了质的飞跃，成为世界第二大经济体。但同时也带来了经济竞争的加剧、价值观念冲突的问题，西方价值观念大量涌入，与我国传统思想文化产生激烈碰撞。一方面，自由平等、公平竞争、人民主权等法治精神文明与我国优秀传统文化精髓和中国特色社会主义法治实践相融合，形成了中国特色社会主义法治信仰。另一方面，利益本位、金钱至上的扭曲价值观也在对我国市场经济产生了很坏的影响，如假冒伪劣产品层出不穷、盗版侵权现象屡禁不止，阻碍了经济的进一步发展。

在这种情况下，更需要我们强化中国特色社会主义法治信仰的作用，增强法治意识，提高法治素养，抵制外来消极思想的侵蚀。尤其是在文化产业领域，最容易受到外来文化的冲击，要用法治信仰武装头脑，提升文化自觉和文化自信。文化产业竞争的核心在于自主研发新产品，抢占市场先机，中国作为制造业大国必须由“中国制造”向“中国创造”转变，鼓励创新。这就更加需要重视对知识产权的保护，激发市场创造活力，这主要体现在文化出版行业。这就要求编辑具有主人公意识，自觉承担起维护编辑行业依法依规、创新发展的责任。编辑要自觉树立法治信仰，以法治的思维去看待编辑工作，以法治的理念去进行编辑工作，注重保护作者的著作权，坚决抵制侵犯知识产权的行为，保护好读者的合法权益，促进编辑出版行业长远稳定的发展。

二、契约精神

（一）契约精神概述

契约精神与契约是一种抽象与具体的关系。契约是契约精神形成和传播的实体依据，如果没有契约的存在，契约精神不会成为社会中的一种交往准则，同时如果没有契约精神的遵守，那么契约这种合意形式便不会有那么长久的发展历史。了解契约精神，首先便要对契约有一定程度的理解，其次才能去理解为什么契约精神可以成为社会价值、法律意识以及道德意识的一种价值尺度。

1. 契约

契约的内涵在不同社会可能有所不同，经不同学者从不同视角解读，它也具有不同的内涵。但是从哲学角度来看，契约是指社会与个体、个体与个体之间遵循自由、平等、守信等原则的书面规定和心理尺度，它是人们之间进行人际交往的一种产物，而在传统自然社会里它是不存在的，所以契约是在经济社会产生后诞生的。契约的发源地并不是在古老的东方，而是在西方古罗马和古希腊时期，产生了世界上最早的契约。古罗马和古希腊地处西欧半岛，由于受特殊地理位置影响，城邦国的人民仅仅依靠自己的生产劳作并不能够满足自身的生活需求，他们需要与相邻国家进行物品交换才能够维持各自的生活，在此交换过程中，由最初单纯地追求同等交换，到后来发展的交易行为中渐渐形成了最早的契约意识和契约内容。

契约，从词源上是由拉丁语 Contractus 发展而来，契约在英文、法文和德文中的原名分别主要是“Contract”“Contrat”和“Kontrakt”，其含义大致相同。霍布斯为人类找到了一条自然律“寻求和平，信守和平”① 从而形成了比较系统的社会契约理论。英国著名的法律史学家梅因通过对西方契约的历史发展研究表明，从古罗马契约发展到现代观念的契约经历了一个漫长的历史进程，而在这个过程中契约的发展大致经过了“口头契约”（the Verbal）、“文书契约”（the Literal）、“要物契约”（the Real）、“诺成契约”（the Consensual）四个阶段。每一种债的类型称谓都是依据在缔约双方当事人合意之外的某

① ［美］霍布斯：《利维坦》，黎思复、黎延弼译，商务印书馆 1995 年版，第 98 页。

种吸引“债”的东西，具体说就是某种程序或者手续。[1] 通过研读历史可知，契约在西方的适用范围是逐渐扩大的，从最初因为在物物交换的场合被频繁使用而变成一个经济概念，到后期立法者为了使契约精神得到保护而将契约纳入法律成为法律概念，近现代西方社会将契约概念的适用范围扩大到宗教、政治、人文伦理以及文化等方面。

在我国最初并没有“契约”这个词，“契约”二字最初在我国是分开使用的。其中“契”是作为动词使用时，它的意思是契刻，当“契”作为名词使用时，具有符信的意思，而“约”具有约束、协约等含义。直到三国时期才把这两个字连在一起使用，但是西周时期就已经出现了“契约”形式，这一点可以从发现的青铜器上篆刻的史料中参考到。当时民间就出现了“质剂”[2] 和“傅别”[3] 这样的“买卖契约”和“借贷契约”。公元 284 年，也就是西晋太康五年，有一个叫《西晋杨绍莂》的隶书碑刻，其最后一句话是“民有私约如

---

① 彭诚信：《主体性与私权制度研究》，中国人民大学出版社 2005 年版，第 74 页。

② 《周礼·地官·质人》曰：“质人掌成市之货贿，人民（奴婢）、牛马，兵器，珍异，凡卖价者，质剂焉。大市以质，小市以剂。郑玄注：“大市，人民、马牛之属，用长券；小市，兵器，珍异之物，用短券。”

③ 《周礼·天官·小宰》曰：“听称责以傅别。”“责”通“债”，“称责”即借贷合同。“傅”是将债的标的和双方的权利义务等写在契券上；“别”，是在简札中间写字，然后一分为二，双方各执一半，札上的字为半文。合起来理解，“傅别”乃指在契券（简牍）的正面、反面都写以大字，然后一分为二，借贷双方各执其一，以为凭证。

律例”，就是说，老百姓私下签定的合同就犹如官府颁布的法令一样有效。这说明，中国古代民间就有某种市场契约精神。两汉时期，我国人民已经开始用文字书写契约，主要的契约形式还是判书制度，到了魏晋以后，纸契在我国社会中出现，之后便被广泛使用。汉以来“有私约者当律令”“民有私约，如律令”，唐代的“官有政法，人从私契”等套语，视契约如法律，显示了当时契约的特殊地位，以及中国古来即有的契约意识，在中国契约史上具有特别的意义。① 当然，在不同历史时期，契约都在我国得到了不同程度的发展，但应用范围主要还只是集中在经济和法律法规方面。完全可以说，调整中国传统社会秩序，带动整个社会运转的，不是民法或其他法律，而是活跃的契约活动。对契约的敬畏、尊重和信守，强调“和同”的自由和“两共对面平章”的平等，是中国古代契约生活实际奉行的契约精神，而中国的契约精神，既是法律精神，也是一种文化精神。② 而中国古代之所以可以不需要那么多国家法去干涉民间秩序，其奥妙之一也正是因为存在着如此大量和成熟的契约活动。中国古代契约制度产生于几千年传统文化与专制主义并存的古代社会，必

① 参见霍存福：《中国古代契约精神的内涵及其现代价值——敬畏契约、尊重契约与对契约的制度性安排之理解》，载《吉林大学社会科学学报》2008年第5期。

② 霍存福：《中国传统法文化精神论纲》，载《吉林公安高等专科学校学报》2009年第5期。

然受其影响不甚发达，古代的契约与今天的契约有很大的区别，但我们依然可以找到一些相似的地方，中国古代契约精神是一种值得今天学习和借鉴的精神。虽然契约在中国的历史发展过程中得到的普及范围并不像西方社会那样广泛，契约具备的内涵也不如西方解释的那般丰富，但契约在中国社会中也存在其意义和价值。从契约的渊源上看主要包括两个方面“一是实践层面上的契约的形成和发展。二是理念层面上的契约观的形成和发展，在这一过程中契约所蕴含的精神实质从具体的经济交易活动中剥离出来，并被贯彻到政治制度和社会生活的方方面面。”①

契约随着社会的发展，不断被赋予新的价值含义和法律依据，契约不仅成了人与人交往的一种书面文件，也成了法律制度中重要的概念。和谐社会的发展离不开契约的使用，在不断完善的市场经济制度过程中，契约思想应当被大力地弘扬，传播契约概念，培养普通民众的契约意识，对和谐社会的建设和人际信用制度建设都有着巨大的促进作用。

2. 契约精神

契约精神是在契约运用过程中形成的一种蕴含价值理念和哲学依据的文化现象。有学者对契约精神作了如下定义：契约精神是指商品经济所派生的契约关系及其内在原则，是一种平

① 何怀宏：《契约伦理与社会正义》，中国人民大学出版社1993年版，第11页。

等、尚法、守信的心理态度、价值观念和人格品质。契约精神从本质上说就是一种尊重规则和重视规则的意识。[①] 在马克思主义哲学视野中，所谓精神是指“同物质相对立，和意识相一致的哲学范畴，是人的意识、思维活动和一般心理状态的总称”[②] 可知，精神是意识的一种体现，契约精神也是契约在社会发展和人际交往中在人们内心形成的一种有关公平与平等、诚信与守法的契约意识。

契约精神在任何一个文化环境下都不是偶然产生的，在西方是商品经济的发展使得契约被广泛运用，在社会不断的发展中逐渐形成了契约精神。在我国小农经济和计划经济时期，契约精神并没有顺利地形成和发展，但是在改革开放以来，中国特色社会主义市场经济体制在中国逐步确立，西方契约精神随着改革开放被广泛地传入我国，为我国市场主体和普通民众所理解和接受。契约精神在市场经济体制下的发展更具有中国特色，也不断地融入了中国传统契约理念内涵，同时契约精神也为促进市场经济体制下企业的发展、社会的进步和人民生活幸福做出了重要贡献。

（二）契约精神当代价值内涵分析

契约精神在西方现代文明社会中是一种主流精神，它对西

---

① 张小军：《契约精神及其培育研究》，华南理工大学 2013 年硕士学位论文。

② 李淮春：《马克思主义哲学全书》，中国人民大学出版社 1996 年版，第 306 页。

方社会文明的发展和社会的进步起着巨大的推动作用，契约精神在西方有私人契约和社会契约两种分类。私人之间的契约推动了商品自由流转，维护了交易秩序，商品经济发展快速。社会契约使得公民和国家之间存在着一种天然契约，国家为公民福利服务，公民为国家统治提供统治基础，并由此推动国家制度、社会制度、法律变迁以及道德理念的发展。契约精神虽然是由古典自然法学派的法学家提出，但是它在当代建设自由、民主、法治社会的过程中仍然显得尤为重要。

1. 契约精神的个人意义

第一，个人本位被重视。契约在一定程度上也可以说是人与人之间交往的行为规范，而契约精神是个体在人际交往中能够保持平等、自由与权利的地位的体现。现代契约精神的本质是对之前以个人契约自由为主的局限性进行了修改，增加了以信用和利益为基础的道德范畴，这样的修改不仅体现了现代契约精神的人道主义色彩，也更加体现了人作为社会主体的主体性存在。社会的发展使得神灵本位思想被个人本位思想所取代，个体的社会价值不断被肯定，契约精神中也可体现个体本位思想。

梅因在《古代法》中写道："所有进步社会的运动在有一点上是一致的。在运动发展的过程中，其特点是家族依附的逐步消失以及代之而起的个人义务的增长，'个人'不断地代替了'家庭'成为民事法律考虑的单位。……用以代替的关系就是契约。"[①] 契约的发展使得个体本位思想在西方文化中不断得到体现，"在传统上，西方社会一直强调对个人价值的承认。在基督教和人道主义这两大有关人与社会的欧洲思想体系中，个人价值都占有中心地位。"[②] 在经济交易过程中，如果不能充分尊重个体本位，那么人们就会没有动力去创造财富、改变自身生活，进而推动社会的进步与发展。契约精神尊重了个体的价值，从而能够更好地鼓励个体去发展生产，增加交易，促进社会各方面的发展。

第二，个人自由被实现。自由是不占统治地位的个体在每一个社会形态中都在不断追求的，因为自由能够直接体现个体价值，因而在契约精神的含义中就包含了自由之义。正如梅因所说"最后出现了'诺成契约'，其中唯一被重视的是缔约人的心理状态，至于外界情况除非作为内在企图的证据外是不予注意的。"[③] 这是个体自由在哲学中最早的体现，而在契约精神出现之后，个体自由伴随契约在实践中得到广泛运用。《法国民法典》还对契约作出了注释，法学家们认为，"人的意志是生来自由的，而契约便是由当事人双方自由意志的合致而形成，既不是出于外界的强迫，亦不是出于对方的一厢情愿，而

① [英] 梅因：《古代法》，商务印书馆1959年版，第96页。

② [英] 彼得·斯坦、约翰·香德：《西方社会的法律价值》，王献平译，中国法制出版社2004年版，第162页。

③ [英] 梅因：《古代法》，商务印书馆1959年版，第187页。

与发自内心的自由的意思表示相一致。”① 个体自由意味着在契约交易中，个体可以自由选择交易对象，可以自由约定交易事项和内容，可以自由约定交易无法正常履行后的责任分担等。个体享有自由的选择权利，但是也需要承担相应的义务，这也体现了个体价值中平等和公平的内涵。

第三，个人平等被推崇。个体平等体现现代契约精神中，就像哲学家黑格尔所说的“契约关系起着中介作用，使在绝对区分中的独立所有人达到意志统一。”② 事实上，在契约出现之前，个体在交易过程中很多时候都是不平等的，但是随着契约的出现和适用范围的推广，个体间的平等在逐步实现。因为契约的本质就是公平和平等，在契约签订过程中，个体双方是完全平等合意协商的，如果不是基于平等的意思协商，那么契约就不能达成，交易就不可能发生。“从更深层次的思想渊源上来说，即使在中世纪时，在人与神的关系中，所有的人都是一样的人，一样的罪人，世俗视野中的等级观念隐退了，人性的罪性使每个人在上帝面前都不比他人更尊贵。”③ 契约社会中能够保障个体平等，使个体可以实现个体价值，这样个体更能积极地进行生产交易，也能自觉维护交易秩序，促使生成和谐稳定的社会。

① 傅静坤：《二十世纪契约法》，法律出版社 1997 年版，第 172 页。

② ［德］黑格尔：《法哲学原理》，商务印书馆 1982 年版，第 8 页。

③ 陈秀萍：《契约的伦理内核——西方契约精神的伦理解析》，载《南京社会学》2006 年第 8 期。

2. 契约精神的社会意义

契约意识从我国古代相关文书或者风俗规定都可窥见一斑。契约精神是人与人、企业与企业甚至国与国之间交流、交往以及交易中都被无比重视的。契约精神是一个社会正常运行不可或缺的重要因素，是促进一个社会良性持续发展的助推器。契约来源已久，它包含着人们对公平、诚信、权利义务等的追求，不仅在经济交往方面，在道德建设、法治建设和社会建设方面，契约精神都具有非常大的意义。

第一，建设和谐社会需要契约精神。契约精神在社会价值层面，是整个社会的价值追求，正如《马克思恩格斯全集》中提道："国家起源于人们相互间的契约，起源于社会契约，这一观点是伊壁鸠鲁最先提出来的。"① 私人契约随着社会历史发展成为社会契约，由推崇个人价值到注重契约精神在整个社会中的运用，追求契约精神的社会意义。卢梭在《社会契约论》中阐述："这个社会公约，一旦遭到破坏，每个人就立刻恢复了他原来的权利，并在丧失约定的自由时，就又重新获得了他为了约定的自由而放弃的自己的天然的自由。"②

建设和谐社会一直是我国社会建设的目标，而和谐社会的内涵也是非常丰富的，和谐社会的价值客体主要涵括了以下四

① 《马克思恩格斯全集（第3卷）》，中共中央马克思恩格斯列宁斯大林著作编译局译，人民出版社1965年版，第147页。

② ［法］卢梭：《社会契约论》，何兆武译，商务印书馆1982年版，第23页。

类关系，即人体不同部分之间的关系（身心和谐），人与人之间的关系（人际和谐），人与社会之间的关系（群己和谐），人与自然之间的关系（天人和谐）。和谐社会与契约精神都包含了平等、自由、守信、尚法的理念，契约精神的倡导可以促进和谐社会的构建。① 和谐社会是法治社会，也是契约社会，契约精神与一个国家法律的价值追求都包含了民主化与法治化，精神是意识的一种体现，所以契约精神与法律意识之间具有密不可分的关系。契约是一国法律不可缺少的部分，而因为法律不是万能的，所以在有些场合下需要契约来弥补道德和法律功能的缺失，代替道德和法律指导人们交易，约束人们的行为。契约精神引导着市场经济的良性发展，也帮助社会诚信体系的建设，更为国家治理提供着引航的作用，契约精神虽然看不见摸不着，但是当它成为一种深刻在公民心中的意识，那么它将会更好地维护社会秩序，促进社会的发展与进步。

第二，市场经济的发展需要契约精神。契约最初就是因为经济行为而产生，在不断的发展中，契约精神对经济发展的作用越来越大。市场经济也就是契约经济，市场主体在经济交往过程中，两方利益主体之间进行商品交易，在交易中，双方都有着相同的市场主体身份，利用契约来进行交易也说明他们双方是处于平等地位的。保证双方的平等地位，不仅是缔结契约

① 张万洪：《和谐社会需要契约精神》，载《光明日报》2005 年 11 月 30 日。

的基础，还可以将其视为契约实现的过程和结果。此外，利益主体在缔结合同等类似契约时，他们可以充分按照自己的自由意志来表达合意和对合意提出不满。市场主体的双方就是以这种契约形式，来为对方提供商品服务，从而使自身利益得到实现。

市场经济是资源配置效率最高的一种经济模式，它不仅能够让市场主体充分发挥自身才能，也能让资源得到最大程度的利用，还能自发调节市场交易行为中的不当行为。“契约精神是公民社会公共生活领域的公共精神，作为公民社会的‘自然法’，它展开于公共生活的泛化趋势，建基于公民社会的制度存在，是公民在公共生活领域处理‘首属群体’内部、‘陌生人群’之间的行为规范与价值守则。”① 可见契约精神可以成为市场经济中市场主体行为的一种规范准则，而且契约精神使市场主体对各自的权利和义务有了一个具体的认知，之后通过契约来完成交易，原则上不会产生分歧。契约是市场主体交易的媒介，契约精神是市场主体行为的精神指引和约束，契约精神不仅指导着正确的契约行为发生，同时也对违背契约精神、不恰当行使权利、不如实履行各自义务的行为进行妨害排除，引导道德或者法律对其进行制裁。市场经济中的契约关系是契约精神的首要维护对象，维护市场经济中正常的经济交往

① 林修果：《论中国现代化进程中的契约精神》，载《福建论坛（人文社会科学版）》2006 年第 1 期。

秩序是契约精神最直接的体现，它使市场主体能够根据契约精神的指引，自觉调整自身行为以适应市场经济环境，从而形成良好的社会经济关系。

（三）契约精神的培养路径

随着市场经济的蓬勃发展，社会成员在各方面尤其是经济方面的交往日益增强，难免会产生诸多利益纠葛。在此背景下，契约这种“通过承诺明确双方权利义务关系”的方式为人们所广泛采用，在社会生活中扮演着极为重要的角色。契约崇尚自由、民主、平等、诚实、守信，重视和肯定个人对社会所发挥的作用。与此同时，作为市场规范的一种表现形式，对每个市场主体的行为都有一定的约束力。契约精神是契约发展到一定阶段的产物，本质上是规则意识和诚信意识的体现。契约精神对于个人、社会、国家，对于民主、法治、经济，对于社会主义和谐社会建设具有重大意义。契约精神是现代公民法律意识的重要内容，也是中国特色社会主义法治信仰的重要组成部分。由于契约精神的积极作用，从个人、社会、国家三个层面构建契约精神是可行且有必要的。

1. 个人层面

个人是构成社会的最基本单位，个人层面社会契约精神的培育主要针对契约的本质内涵，从道德和法治两个方面入手，培养公民的诚信意识和规则意识。

第一，道德方面：诚信意识。诚实信用原则作为民法世界的“帝王条款”和“君临全法域之原则”，是商品经济领域的核心精神。就社会中作为个体单位的个人而言，契约精神的实践路径首先应该主要体现为道德方面的诚信意识的构建，包括遵守承诺的奖励与失信违约的惩罚。经济社会强调契约精神是对传统社会“身份精神”的一种批判，身份精神强调的是个人的身份，而契约精神主要是想构建一种以平等、自由为前提条件、以诚实信用为核心意识的价值观和认识观。

树立契约精神，其一，应该体现为个人对契约的核心精神——诚信意识的认识。当事人在订立合同时必须将诚实信用原则放在核心地位，而不是在合同中设陷阱、搞诈欺，通过损害他人的合法利益来达到自己的目的。诚实信用的建设存在于社会的各个方面，不仅仅是经济方面的合同，譬如社会生活中最简单的要约与要约邀请都应该体现诚信原则。其二，由于人的贪婪性和市场经济中的逐利性，所以有必要加强对失信违约的惩戒，增加失信违约的成本代价。这种代价可以体现为经济方面的、社会舆论方面的、人格自由方面的，甚至是行政或刑事等方面的，以加强契约精神的构建。

第二，法治方面：规则意识。契约精神的构建虽然主要以道德建设为主，但是鉴于法治与德治之间密不可分的关系，我们不可能抛弃法治只单纯考虑道德方面的契约精神。法治社会本身就是一个大的社会契约，就如卢梭的《社会契约论》中论述的那样：社会、政府、国家都是由人民让渡一定权利而组成的。虽然这种让渡只是虚拟的存在，但是现实中可以体现为各个国家的宪法及各种法律和规则。契约精神的构建在法治方面主要体现为对法律规则的认同和遵守，我们这里探讨的契约精神中的规则是广义上的规则，不仅仅是法律规则，还包括各种社会规则、乡规民约、合同中当事人自拟的规则等。如果说诚信意识主要体现在思想方面，那规则意识应该主要体现在行为方面，即言行一致的遵守。社会加强法治建设的本身就是一个培养公民法治意识、增强对契约遵守的过程。个人对规则的内在遵守首先应该体现为对规则的认同，良法善治，内心与规则达成一种契合，这样会强化对规则的遵守与履行。

2. 社会层面

党的十八届三中全会通过的《中共中央关于全面深化改革若干重大问题的决定》明确指出，要推广政府购买服务，凡属事务性管理服务，原则上要引入竞争机制，通过合同、委托等方式向社会购买。这是我国第一次将“政府购买服务”写入党的文件之中，并要求以合同、委托等方式向社会力量购买服务。同时还强调要“正确处理政府和社会之间的关系，加快实施政社分开，适合由社会组织提供的公共服务和解决的事项，交由社会组织承担。”

第一，政府与企业之间的契约精神。契约要素决定了契约精神是以平等、自由、公平、合理为前提下的相互制约，这种制约表现在契约的内在约束力（合同的履行）和契约的外在约束力（法律的强制）[①]。因此，从善治的法治性特征出发，以契约精神的要素为立足点，强化法治建设背景下契约关系对政社双方的刚性约束，强化主体的独立性和自主性，明晰政社边界与角色定位，乃是推进政社合作，构建独立平等政社契约关系的重要保障，也是社会公共服务得以顺利实现的有效举措。由此，政府、社会关系中契约精神的培养关键在于完善《政府采购法》和《政府采购法实施条例》，规范相关主体的权责义务，为政社契约关系的确立与实践提供法治保障。此外，还要规范政社双方的合作行为，完善实施与操作细节，做到有法可依，依法善治。

第二，企业与企业之间的契约精神。在我国现行的社会主义市场经济体制下，企业是市场的主体。但是由于我国的社会主义市场经济是通过经济体制改革由计划经济转变而来，是建立在不发达的商品经济基础上的，这就决定了我国的市场经济的不完善性[②]。所以若想建立契约式的经济制度，要改变的就是市场主体缺乏自律意识，从规则和管理漏洞中谋取利益的状况。我国目前的许多企业参与市场竞争的行为不够规范，总是出现唯利是图、不择手段牟取暴利的情况，若要改变此类状

---

① 高丽、赵环：《契约精神与友善制度：善治视角下新型政社关系的构建》，载《浙江工商大学学报》2016 年第 7 期。

② 刘胜梅：《契约精神及其培育路径》，载《学术探索》2012 年第 10 期。

况，方法就是通过订立合同的方式来规范市场主体的行为，规避“钻空子”行为。只有培育企业的契约精神，才能保障社会的经济生活按照其内在的经济规律正常运行并得到持续的发展，才能充分显示出社会主义市场经济制度的优越性。

第三，个人与企业之间的契约精神。公民和企业作为社会生活的两大主体，二者总是会发生许多联系与牵扯。培育契约精神自然要将此领域作为重中之重。公民与企业之间的契约关系多如牛毛，存在于我们生活的方方面面，但是相较于企业而言，个人多数时候都是契约关系的弱势一方，社会生活中“店大欺客”的情况屡有发生。所以，针对于此，培育契约精神的关键如下：其一，要将公民和企业置于平等主体的地位，坚决杜绝一方凭借优势地位欺压另一方的情况发生。其二，规范合同行为的订立、履行等过程中的行为。个人与企业之间发生的契约关系大多是建立在格式合同的基础上的，格式合同适应了市场经济条件下快速、便捷的特点，但是格式合同仍然需要被严格审查，因为其存在的漏洞会扰乱市场秩序。契约精神的培育非一朝一夕能完成之事，需要政府、企业、公民多方的合作努力。

3. 国家层面

按照社会契约理论，“我们每个人都以其自身及其全部的力量共同置于公意的最高指导之下，并且我们在共同体中接纳每一个成员作为全体之不可分割的一部分”①，由全体个人结合所形成的公共人格被称为国家、主权者或政权。社会契约本质上是个人与个人构成的结合体即国家缔约，两者之间存在这样一种契约关系：每个个人将自身奉献给结合体，反过来，从任何一个结合体那里，都得以获得自己所丧失的一切东西的等价物及更大的力量来保全。因此，国家层面契约精神的培养，落实在实践中，就是要在立法、执法、司法等公权力部门采取措施、加强防范，建设有限政府、保证依法行政、做到权责一致，保障人民的合法权益。

第一，有限政府。有限政府是指政府自身在规模、职能、权力和行为方式上受到法律和社会的严格限制和有效制约。有限政府体现的是规范权力的运作以及防止权力恣意滥用。在有限政府中，政府的权力范围受到宪法和法律相关规定的约束，仅限于为了调节和保护财产所需要的制定法律和执行法律的权力以及保护国家免受外来侵犯的权力。同时，政府必须依据法律行事，法律不仅是规定公民行为的规范，而且也是限制政府行为的所必须遵循的准则。在有限政府中，不仅政治权力是有限的，政府的行为也要受其成立宗旨的约束，即保护人的生命、自由和财产。政府权力不能任意侵犯人们的生命、自由和财产，税收、征地等直接与人民利益相关的事项。因此，国家

① ［法］卢梭：《社会契约论》，何兆武译，商务出版社2003年版，第30页。

要想长治久安就必须认识到政府的目的是服务民众，扮演好“守护者”的角色。

第二，依法行政。依法行政，简单概括起来就是“法定职责必须为，法无授权不可为”。行政机关的职权设定和行使职权义务必须以法律规定为依据，行政机关的法律能力和行政职权应当来自法律的授权。依法行政包括合法行政、合理行政、程序正当、高效便民、诚实守信、权责统一等内容，是实现依法治国的核心和关键。从政府权力来源来看，政府与公众是一种契约关系，公民将权力授予政府，但并没有将所有权力都转让，而是保留了相当一部分，所以政府权力天然是有限的。如何限制政府的权力、防止权力的滥用，使其始终拥有的是有限的权力，关键在于法治的实现。法治之下的权力是一种受监督、有制约的权力，严格依法行政的政府权力必然是有限的权力。在法治社会，宪法和法律为政府行为划定了明确的界限，行政权力的行使受到法律的限制和监督，政府职能的设置依据法律的规定，政府机构的规模来自法律的约束，所有这些要求政府依法行政，保障公民的合法权益。依法行政的实现离不开人民的监督，提高公众参与度，听证制度、专家咨询等政策都是公众参与决策的重要途径，也是推动依法行政的有效手段。

第三，权责一致。权责一致主要包括五个部分内容：有权必有责、有责要担当、用权受监督、违法须追究、侵权须赔偿。有权必有责，即政府通过契约获得民众让渡权力的同时也必须承担与权力等价的责任，权力与责任相伴而生，权力有多大，责任就有多大，有权力必将承担责任。有责要担当，即政府身负责任就要敢于担当，肩负法定职责而不履行、不尽职、不作为，就是失职渎职。要牢记政府的宗旨，承担起应尽的责任，保障人民的生命、自由和财产。用权受监督，即政府的权力来自人民，自然受到来自人民的监督，包括权力机关的监督、立法机关的监督、其他政党的监督等，促使政府依法行政、谨慎用权。违法须追究，即政府必须依法行政，在宪法和法律规定的职权范围内活动，一旦违反或超出宪法或法律的规定行使职权，必将受到追究和制裁。侵权须赔偿，即政府在行使职权的过程中，应遵循依法、合理、诚实信用等原则，保障人民的合法权益，一旦实行了侵权行为，必须进行合理的赔偿，尽可能弥补因侵权造成的损害。

4. 编辑契约精神的培育

契约精神在个人、社会和国家三个层面均有体现，作为文化产业的重要组成部分和推动力量，编辑是新闻出版及其传播的设计师，是大量稿件的再创作者，是出版发行行业各项业务的集大成者。编辑的法律意识不仅影响法治建设进程，也直接影响新闻出版业健康发展。因此，无论编辑是作为独立的个人，还是作为编辑行业的从业者，或是作为国家的公民，均应具备契约精神。对于一名合格的编辑而言，不仅需要具有扎实的文字编辑功底，还需要拥有专业理论知识，特别需要具有契约意识。无论是与作者的直接沟通和合同签订中，还是向读者发出阅读邀约时，维护自己合法权益的同时也要保障他人的合法权利，要保障作者获得合理的酬劳和广告宣传等权益，也要用优秀的作品回报读者，促进有序和谐的文化出版市场的发展。

三、知识产权

（一）知识产权概述

随着电子技术的发展，越来越多的知识型产品被创造出来，知识产权的概念也被使用得越来越频繁，世界范围内掀起了专利申请和创造的热潮，知识产品的创造使得普通百姓从中获益很多。知识产权带来的收益已经在一国的国民经济中占有突出的地位，有关知识产权的理论和实践研究也在快速发展。依据通常认知，我们对知识产权的定义是：知识产权是指知识产权人对其在科学技术、文化艺术等领域从事智力活动所创造的精神财富在一定地域、一定时间内所享有的独占权。[①] 但是这仅仅是对知识产权概念的宽泛理解，我们有必要从深层次去

① 陈澄：《知识产权的概念和法律特征探究》，载《科技展望》2016 年第 35 期。

理解知识产权，包括它的概念、性质以及特征，等等。

1. 关于知识产权概念的各种观点

国际上知识产权概念的出现，是在1970年生效的《建立世界知识产权组织公约》（简称WIPO公约）[①]，WIPO公约将知识产权分为科学作品和文学艺术的权利；表演艺术家、录音和广播的演出权利；在人类一切领域内的发明权利；科学发现的权利；外观设计的权利；商标服务标记、商品名称和牌号的权利；制止不正当竞争的权利；在工业、科学、文学或艺术领域内一切其他来自知识活动的权利八大类。[②] 1993年通过的《与贸易有关的知识产权协定》（简称《知识产权协定》），列出知识产权的7项内容：版权及相关权利、商标、地理标识、工业设计、专利权、集成电路布图设计、未泄露之信息（商业秘密）。[③] 这两个国际公约虽然没有明确地给出知识产权的概念，但是通过列举式的方式指出了知识产权概念的内涵。

英文“Intellectual Property”其意为“知识（财产）所有权”。主张将一切来自知识活动领域的权利概括为“知识产权”的理论最早出现在17世纪中叶的法国学者卡普佐夫的著

① 马忠法：《知识产权制度引进与互动：WIPO与中国》，载《国际观察》2009年第4期。

② 周泽夏：《知识产权法经济分析的理论基础——基于〈知识产权法的经济结构〉的讨论》，载《中州学刊》2018年第4期。

③ 王全齐：《我国外商投资法律保护问题研究——以贵州贵安新区为例》，载《贵州民族大学学报》2016年第12期。

作里。后来在比利时著名法学家皮卡第的发展下，这一理论逐渐在全世界范围内被熟知，它帮助世界各国逐渐形成了如今的知识产权体系，为保护知识产权的权利人提供了有效的法律保障。[①] 知识产权在它的分类上存在广义和狭义之分，从大体上来说，狭义的知识产权指的是我们日常熟知的著作权（包括邻接权）、专利权和商标权[②]；广义的知识产权范围就更大了，它在常见的三种知识产权的基础上又扩大到了很多领域，如商号权、地理标志权、商业秘密权等[③]。它收纳了各行各业的各方各面，也为知识产权的广泛保护奠定了坚实的理论基础。[④]

国内学界对知识产权概念的研究也各有说法，刘春田教授认为，知识产权是人们对其创造性的智力结果以及商业标识依法享有的专有权利[⑤]；而吴汉东教授则认为，知识产权是一种人们对自己的智力活动所创造的成果和经营管理活动中的商业价值等依法享有的权利。[⑥]

公民和法人都享有著作权（也称为版权）；对自身依法取

---

① 吴汉东：《知识产权本质的多维度解读》，载《中国法学》2016 年第 5 期。

② 汪怡婷、罗金云：《奥运会电视转播权法律属性》，载《重庆科技学院学报（社会科学版）》2008 年第 7 期。

③ 刘雪凤：《知识产权全球治理视角下 NGO 功能研究》，中国矿业大学 2011 年博士学位论文。

④ 陈澄：《知识产权的概念和法律特征探究》，载《科技展望》2016 年第 35 期。

⑤ 刘春田：《简论知识产权·知识产权研究（第 1 卷）》，法律出版社 1995 年版。

⑥ 吴汉东：《知识产权基本问题研究》，中国人民大学出版社 2005 年版，第 3 页。

得的专利权，依法受我国法律保护；法人、个体工商户、个人合伙等依法取得的商标专用权也受法律保护；公民对于自己的发现依法享有发现权及自己发明的其他科技成果，依法有权申请领取荣誉证书以及奖金或者其他形式的奖励等，这些内容在我国《民法通则》中都有明确规定。[①] 尽管《民法通则》的内容没有对知识产权下明确的定义，但是从法条规定我们也可以看出，法律保护的是权利人创造的智力成果，是一种无形的物。

2. 有关知识产权性质的学说

关于知识产权的性质，历来有各种理论在法学界沉浮，有学者认为知识产权是“精神权利”，有学者认为知识产权是“非物质财产权”，还有学者认为知识产权是“民事权利”，每种学说都各有其支持的理论基础，具体说来，有以下三种。

第一，“精神所有权说”。精神所有权是在知识产权性质定性中最常见的一种学说。精神所有权说是在知识产权性质划分中最常见的一种理论，在“知识产权即精神所有权”这一理论中，相关学者主张，创作人为一件作品付出了时间、精力以及其他方面的努力，且这项创作为社会作出了贡献，那么社会就应当给予创作者一定的奖励和肯定。这种奖励和肯定在实物上说可以是物质奖励，在精神层面可以是授予荣誉，但是在法律

① 孙世彦、姚建宗：《比较法学丛书——比较法的力量与弱点》，清华大学出版社 2003 年版。

层面，应当承认创作者的这种创作是一种权利，并且是可以体现社会所宣扬的公平与等价理念的。那么从这种程度说，知识产权是一个人因为创作了一项具有社会价值和意义的作品，进而为社会承认，赋予其一种精神荣誉，这种荣誉在法律上的表现就是将他在创作中付出的创作精神作为一种权利保护。

第二，“非物质财产权说”。非物质财产权说是学术领域不常见的一种理论，这项理论由学者约瑟夫·科勒提出。在他看来，传统的物权理论只能包含物质财产，而知识创作者的权利具有和物质不一样的性质，知识产权作为一种权利，它的权利内容来源于创作者创作的可以在经济上带来收益的非物质财产，所以它的创作者享有的就是一种具有经济性质的权利。一国法律的主要目的就是保护作者的著作权，进而保证作者可以将他的知识“变现”，获得一定的利益。此外，有学者认为创作者还享有被称为“个人权利”的其他非经济性质的权利。个人权利在著作权中并没有规定，而是由创作者总的人身权利之中的一部分组成，个人权利的提出同样对作品的保护具有帮助作用。鉴于此，科勒提出，我们很有必要创造一个新的法律类别，那就是非物质财产权，并且应该首先就把创作者权利的客体作为应该被单独研究的一个问题加以说明和论述。①

第三，“产权的制度安排说”。知识产权制度（产权）经

① 李华威：《知识产权与国际竞争力的关联效应研究》，武汉理工大学2005年硕士学位论文。

济学派（现代产权学派、新制度学派、新经济增长理论）主要侧重研究知识产权法律制度对经济增长所作出的贡献或者说是所起的作用。该理论的支持者提出的观点是：知识产权是制度产品，它是经济产权的一种类型。产权的制度安排这一学说又具体由新经济增长理论、“产权安排”和诺思、林毅夫的制度变迁分析三种理论作为支持①，此处不作过多赘述。

（二）知识产权的性质

1. 知识产权是具有经济性的权利

生产力的发展使知识成为生产要素的核心。根据现代经济理论，知识并不是独立的物质财富主体，而只是在创造价值的过程中参与的生产要素，必须应用在生产实践活动中才能转化为生产力，实现其使用价值。哈贝马斯认为，科技属于一般社会生产力（潜在的生产力）而不是现实生产力。这种问题产生的原因主要是由于科技没有与生产结成一体，科技没有转化成现实生产力。② 现代技术的发展已经基本上解决了科技转化为直接生产力的一系列阻碍，打通了科技转化为直接生产力的途径，使科技与其在工业方面的应用融为一体。由于知识在生

① 陈斯宁：《浅议知识产权的现实作用》，载《企业家天地》2007 年第 6 期。

② 陈燕娟：《基于知识产权视角的中国种业国际竞争力提升方略》，载《中国贸易救济与产业安全论丛（2010）——第六届中国贸易救济与产业安全研究奖获奖论文集》，国际贸易出版社 2010 年版，第 12 页。

产中改变和优化创造价值的生产形式、规模、效率和质量等内容及关系，而创造出比原有生产力更大的生产力。所以知识必然成为核心生产要素，在经济活动中必须像使用机器工具那样使用知识。虽然土地（自然资源）、劳动力资本并没有因为知识资本的出现而消失，但它们的资源地位已经逐渐被知识资源和其他具有更高价值的资源所取代。知识作为一种参与生产的要素，它需要像劳动力资源和土地资源一样，进入市场，适应市场选择。但是由于知识自身与土地、劳动力等有形资源有所区别，知识固有的天然属性对它自由在市场中流转造成一定的阻碍，对知识的自由流转有所限制的天然属性表现在三个方面：第一，抽象性。知识的抽象性包含两方面内容：一方面是对事物的抽象。包括对自然事物、社会事务以及其他个体的抽象，知识作为一种意识，它是客观实在的物质形体或者在人脑汇总形成的固定存在。另一方面是形而上学的抽象，即通过人脑自身结构，创造出人类思想体系。第二，可复制传播性。犹如树木嫁接一般，一种知识母体，可以通过复制传播并发散形成其他类型的知识，随着科技的发展，这种可复制传播性的体现会越来越明显。第三，可共同消费性。可共同消费性是建立在可复制传播性的基础之上的，因为知识可以被复制传播，那么就可以同时间被多人使用。时间上使用年限可以有持续性，空间上知识可以在不同环境下各自展现不同的形态，从而实现知识的共享。

知识可以在同一时间内，由不同的人共同使用，如在专利权中，只要专利权人没有禁止其他人对其专利的使用，那么其他人就可以与专利权人一起使用该项专利，不分时间和空间。由于现代即时通信技术的发展，知识在传播上更加方便快捷，分享知识也变得越来越普遍。知识的三种天然属性决定了知识也具有非排他性。对于物质资源而言，排他性是其自身的属性，所有者可以通过自身的占有、使用而排除他人占有、使用的可能。知识很难通过自然地使用实现排他，无法通过占有来控制对它的利用，先掌握的人并不能完全占有，也不能阻止他人进行同样的创造性活动，加上知识的迅速传播、易于掌握的特点，使得他人可轻易地获得别人创造的知识而进行利用和收益。① 因此，知识在被创造出来并且被公开传播的时候，就已经为人们共同使用这种知识提供了可能，并且这种使用是无偿的。市场经济条件下，能够成为商品的产品必须具有使用性和专属性两个特征，才能够成为有价值的资源在市场中流通。而在这种情况下，如果只是想要进入市场经济中进行自由流转和使用，并获得收益，那么知识就必须让自身具备这两种属性。知识的天然属性为它具备这两种属性提供了基础，此外它的非排他性特征为知识进入市场自由流转奠定了关键一步。

知识的产权制度安排使知识能够在市场流通，从而使知识

① 彭民安：《知识产权保护影响经济增长方式转变的实证研究》，湖南大学2012年硕士学位论文。

在生产中的利用更有效率更高，有效解除了经济基础与生产力发展之间的矛盾。科斯曾认为，产权概念对于任何一种资源转化为商品并在市场流通具有特别的意义。产权是关于谁有权利用该种资源权利的表述，通过规定产权归属，可以更有效地实现资源配置。总体说来，产权是市场主体竞争的产物。产权成立的条件是权利人以外的人的认可，若社会和他人对你的创作行为没有异议，表示认同，那么你就可以享有产权。知识在使用主体和范围上的非排他性特点使得市场中不能自发地形成产权机制，这也是市场失灵的一种表现。

2. 知识产权是一种民事性的权利

知识产权是一种与经济利益有关的权利。仅仅以产权制度的理解来分析知识产权的性质是不充分的，现代制度（产权）学派的制度安排的基本分析研究揭示了知识产权形成的经济动因，也可以说是在经济基础层面上对法律制度中的知识产权概念作出了另外一种合理化解释。从经济学的角度研究知识产权制度问题是另外一种学术视角，对于实现不同学科之间的对话与联系是一种很好的尝试。但是，我们也应该认识到一点，现代制度（产权）学派的研究分析方法是从经济学角度出发的，是对在宏观范围内，一个国家之内、一个社会形态之下如何才能充分发挥知识产权制度效用最大化的一种探索。知识产权是将知识作为生产资料在法律层面的反应，而知识产权作为民事权利，它的目的是禁止除了权利人之外的第三人利用权利人的知识创新成果，也是社会关系中人与人之间交往的一种行为规范。而现代制度（产权）学派的产权范畴反映的仅仅是经济关系（经济基础）而不是财产关系，不能与法律上的权利画等号（上层建筑）。经济学上所说的产权关系必须通过民事法律制度的确认，认可其可以作为一种财产关系，才能够得到法律的保护。美国学者 Y. 巴泽尔曾作出论述：一般说来，法律权利会使经济权利强化，但是对于后者的行使与存在来说，前者既不是必要条件，也不是充分条件。

3. 知识产权是一种私有性质的权利

知识产权作为一种新型的民事权利类型扩大并且丰富了民事财产权权利体系。在 18 世纪以前，知识是人类共同享有的财富，并不受到民事法律的保护。直到 18 世纪初，知识产权在生产领域被广泛使用，为了获取物质利益，知识创造人才要求通过法律确认的形式来确立知识的私人专有使用权。很多国家为了激励知识创造者的创造热情，在民法典中对知识产权进行了确认，并且制定了权利受到侵害后的救济规范，因此诞生了知识产权法律体系，随之也有一种新型民事权利产生，那就是知识产权。对于知识产权的主体来说，知识产权是为特定主体（知识创作者的创作行为）而设置的权利，但是这并不意味知识产权的权利属性就是一种特权，因为每个人在法律上都有可能成为知识产权的权利主体，并享有法律上的主体地位和相应知识产权权利。知识产权法律制度自从产生以来，作为获取物质利益财产的新方式及作为附有人身和财产双重属性的法律权利，已经被各国法律所承认，并且都收纳进财产权的保护范围之中，成为现代民事法律权利不可或缺的一部分。知识产权制度的确立，与承认知识的私人所有制并且将知识产权权利分配给不同的创造者，最终的目的都是防止权利乱用和侵权行为的发生，并且通过物质利益机制鼓励公民进行发明创造，鼓励人们不断进行知识创新，创造出更多有利于社会的创新产品。

知识产权与所有权是不一样的。知识产权并不是一种私人占有权。所有权的概念和所有权的客体在大陆法系法律的规定中是非常清楚的，如《德国民法典》中第 903 条的规定。此外，《德国民法典》还把有关“物”的概念限制在有体物范围内，不承认虚拟物。知识产权是知识产权权利人对他在知识创作、商业经营、管理等行为中产生的具有知识性质的产品享有的专属性权利，法律制度承认知识产权的私有性。但是，知识产权不是私人占有权，知识不可能完全被某个人完全独占，知识应当是人类共同享有的财富，任何人都可以分享和使用。事实上如果要把知识变成私人所有的生产资料，就要通过知识产权的制度安排，但这并不是将知识限制为独占所有。

（三）知识产权的特征

知识产权的法律特征仍旧缺乏有效的依据，现阶段通过对相关的法案的搜集和整理得出他们无外乎具有以下的特征：无形性、时间性、地域性等。另有观点认为知识产权应具有被支配权和受公共利益限制权，持有人能够在法律允许的范围内对其进行转让、获取利益等权利，但同时又不能够侵犯公众的利益。

1. 知识产权的无形性

知识产权作为一种权利，是以一定客体为基础的，而知识产权的客体就是各种凝结了创造性思维的知识产品。知识产权与其他民事权利的区别在于他们依附的客体有所区别，如人格权的客体是存在于权利人身上的一定人格利益，身份权的客体是一定的身份关系的利益，债权的客体是债务人的给付履行行为，物权的客体是一定的有体物，而知识产权的客体是没有物质形态的智力成果等。这一特点使得知识产权的权利保护对象不受时间等消耗因素影响。知识产权的权利客体在法律保护期满之后，由法律保护的私权范围进入公共所有领域，不再被知识产权制度所限制，但是有形物质财产却会随着时间的推移在使用中损耗甚至消灭。

2. 知识产权的法定性

知识产权的取得方式与其他财产权的取得方式有所不同，这是因为智力成果内容的无形性导致的，智力成果本身的无形性决定了它本身并不能直接产生知识产权这项权利，反之必须到知识产权确认部门，依照法律规定和程序确认，才能够产生知识产权。例如，在专利权的获取场合，人们对自己的发明创造，想要申请专利保护，就必须按照知识产权法相关规定，向有关部门提出申请，经专利管理部门审查批准，颁发专利证书，获得专利权。而有形财产权的取得却是依据有形物所处的法律事实状态来取得，并不需要每次都依照法律规定的原则、条件和程序向国家主管机关申请授予权利或确认权利。

知识产权之所以需要根据专门法律直接授予或确认，第一个原因是不同的人可能先后或者同时创造出相同的智力成果，但是智力成果在知识产权法上又要求知识产品具有独创性，所以就需要有专门的法律确认机关。第二个原因是智力成果的非物质性特征。智力成果的内容是无形的，不像有形财产那样可以直接占有和使用或者宣告权利所属。由于知识不是独享的，智力成果的创造人想要在实践中推广其创造成果，就需要像社会公开创造成果的内容，而创造成果的公开，就容易导致侵权行为发生。所以就一定要有专门的法律规范来约束智力成果推广应用过程中产生的各种社会关系，从而保护智力成果创造人的合法权益。

3. 知识产权的专有性

知识产权的专有性，也可以称为知识产权的独占性，它是指知识产权的所有权人对他申请的知识产权具有独占权。知识产权的专有性突出表现在两个方面：第一，知识产权所有人独占地享有相关权利。没有法律规定或者知识产权所有人的授权许可，任何人都不能擅自使用知识产权所有权人创造的智力成果。不然知识产权所有权人就可以以其侵权而提起诉讼或者其他请求结束侵权行为的行为。第二，相同的智力成果，只有一个可以成为知识产权法保护的对象，绝不许有两个或两个以上的同一属性的知识产权同时并存的现象。例如，我国专利法上对专利权授予的规定。

应当指出，知识产权的独占性知识是相对的。其缘由为：第一，从许多国家法律规定中可以看出，确认或者授予创造者知识产权，只是为了防止其知识产权被侵犯，但是并不反对他人采用授权许可的形式而使用知识产权权利人的智力成果。第二，现代国家，如我国为了国家科技的进步或文化的发展繁荣，在知识产权法律中还例外规定了非知识产权权利人可以进行智力成果的合理使用、法定许可、强制许可等制度，并且对知识产权所有人在行使知识产权时作适当的约束。

4. 知识产权的地域性

知识产权的地域性，是指知识产权受保护的范围是有限的，这个范围一般是限于承认其权利存在的国家或者地区，而超出这个范围，其他国家不一定会对其进行保护，也没有保护的义务。这也说明，知识产权的权利人对他创造的智力成果的法律效力在空间上并不是无限的，而是受到一定地域范围限制的。知识产权的地域性特征也是它和其他有形财产权的另外一个重要区别。一般说来，各国法律对有形财产权的保护是不受地域范围限制的，有形财产权不会随着有形财产的地点转移而发生权利效力的质疑或者消灭。可是知识产权却不一样，依据一国知识产权法律规定而被确认的知识产权，只在该国地域范围内受到法律保护。也就是说，除权利授予国与其他国家签订知识产权保护的国际公约或双边协议的情况外，知识产权原则上在域外没有法律效力。

5. 知识产权的时间性

知识产权仅在知识产权法律规定的时间范围内受到法律保护，一旦超过了法律规定的保护有效期限，这一权利就自行消灭或者依法丧失，这是对知识产权时间性的最准确表述。这也说明，虽然知识是永久性的，但是知识产权的权利人对他享有的智力成果的权利不是一种永久性权利，它和诉讼法上的一些权利一样，要受到法定期限的限制。

知识产权在时间上具有限制性，这是世界各国知识产权立法、知识产权国际条约或者双边协定都默认遵守的规则。对知识产权的权利保护期制定时间限制，第一，主要是由于现代科学技术不断进步，各种发明创造犹如雨后春笋一般涌现，文学艺术创造也不断更新，知识的新陈代谢速度加快。对知识产权保护设定期限，可以防止社会中的知识和创造故步自封，难以前进。第二，为了知识产权所有人与社会公众之间的利益关系得到合理的安排，同时也可以有效缓解知识产权专有性与智力成果社会性两者间的矛盾。知识产权的时间性，既能充分体现知识创造的科学规律，也能让知识产权权利人利用他创造的知识产品获得一定物质利益，同时还可以加速社会新知识的发展，让全社会公众都从中受益。

（四）保护知识产权的重要性

伴随着改革开放的脚步，我国与世界接轨程度不断加深，为了跟随世界各国对知识产权保护的脚步，我国于20世纪70年代末便开始筹备、酝酿知识产权保护制度。我国第一部知识产权法律是1982年出台的《商标法》，1984年和1990年又先后出台了《专利法》和《著作权法》，这三部法律的出台标志着我国知识产权保护制度的初步形成。我国政府高度重视知识产权的保护，不仅是因为知识产权特殊的法律属性和特征，还因为知识产权与公众的日常生活具有无比密切的利益关系，这是知识产权法应当保护的法律关系。

1. 著作权保护对公众利益的意义

著作权是知识产权法中最常保护的一种权益，尤其是现在第三产业中，社会文化产业不断丰富，且为社会经济发展作出巨大贡献，在经济发展中具有重要价值的现代社会中，了解和认识著作权法变得十分必要。我国的《著作权法》对著作权的保护具有明确规定，创作者在行使自己的著作权时，必须是基于对我国社会公共利益的维护，公共利益限定着著作人行使著作权，也称为其行使著作权的基础。由此可以看出，著作权的行使不能损害公共利益，这是著作权得以实现的重要基础，较好地协调了著作权与公共利益之间的关系。1996 年开展的与公共利益有关的会议也明确表示，著作权的行使应维护作者的权益与更大化的公众利益。那么，如果知识产品所带来的社会影响不具有积极效应的情况下，创作者的著作权是无法行使，或者根本不存在的。公共利益不仅是著作权法得以成立的基础，还体现在《著作权法》中的知识产品在社会中的扩散性，著作权法可以较好地维护作者的知识产权，促进具有积极意义知识的传播，这也是体现著作权法公共利益关系的一个方面。

2. 商标权保护对公众利益的意义

我国最早的《商标法》是 1982 年颁布的，至今已经三十多年，经过多次修订，《商标法》在这三十几年的发展中得到了很大的完善。《商标法》颁布以来，保障消费者能够自由选择消费方式，使得一些垄断经营的情况被打破，维护了企业以及消费者的正当权益。消费者自由选择消费的方式与促进商标企业竞争的良性循环，构建了一个相对公平、公正、和谐的商业竞争环境，这在一定程度上维护了我国的公共利益。也由于竞争关系的存在，激励了相关企业在产品生产、制造等方面均必须保证产品质量以及服务质量，对大众消费者的利益具有较好的保护作用，从而体现了对公众利益的维护价值。

3. 专利权保护对公众利益的意义

相对于知识产权法中的其他细分内容来说，专利法与公众利益的关系更密切。专利法对社会群众在发明、创造以及创新方面的激励作用更是对社会发展具有很高的推动价值。这些专利还有可能对人类的整体进步与发展具有较高的意义。从客观角度出发，专利法对于某项技术方案具有垄断的含义，只是这种垄断不是一种决定性的垄断，这是由于一旦一项专利技术在社会生产中得到应用，很可能会引起市场上的模仿或突破，这使得专利产权与知识产权存在很大的差异，竞争者很有可能经过对该项技术的研究，找到其中的核心技术，再发明创造出超出该项技术本身价值的新技术，使得一些发明、创造得到不断的革新，从而更好地服务社会的生产发展，这一层面的进步对于社会群众的整体利益提升是非常有利的。所以，用专利权对发明者的激励作用吸引更多的人来发明、创造新技术，给社会发展带来更高的价值，使得注重专利保护对公众利益的意义越来越重大。

4. 编辑行业重视知识产权保护的意义

编辑工作与法律是密不可分的，因为编辑既要保护著作权人的知识产权也要保护读者的相关合法权益，同时也要警惕自身编辑成果遭遇盗用等侵权情况。作为编辑行业的工作人员，如果对法律知识没有一定的学习和研究，那么在这个知识交互联系的时代，是很难胜任工作的。法律意识是在社会意识的范畴之内的，法律是调节一个社会中各种利益主体之间的社会关系的准则和规范，出版物涉及的主体包括出版者、作者及第三者等不同角色的利益主体，它们都享有各自不同的权利，也要负担不同的义务。编辑如果不能强化自身法律意识，那么在具体出版编辑工作中就很难辨别各种权利义务的承担方。市场经济体制的确立和依法治国方略的推行，使得社会各个主体之间的联系不断加强，并且和法律的关系也更加紧密。可以说，当前社会中几乎任何一种利益关系都可以纳入法律的保护框架之中，对法律知识没有研究，不具备法律思维的编辑就很难适应工作。

编辑行业重视知识产权保护的一个表现，就是要学会使用法律，力求在涉及法律的编辑工作中准确使用法律，不会混淆法律概念，或者凭借主观推断去报道或者编辑相关稿件。编辑工作人员除了要对编辑行业的知识精通，也应当对编辑内容涉及的专业知识加以学习和研究，这样才能不断增强自身法律意识，避免在编辑工作中出现基本的、常识性错误。

第五章 编辑法律意识的内容

一、掌握法律知识

所谓知识，是指来自社会实践的人类认识的成果，是在实践基础上产生又经过实践检验的，对客观实际的正确反映。从本质上说，知识属于认识的范畴。而法律知识是指人们对法律现象的认识以及一个国家和地区法律实践经验的总和，它是人们对于社会法律现象和法律实践科学认识的结果。法律知识是一定的法学理论、法学思想赖以形成的源泉，是人们对法律意识理性认识的产物。不同的阶级、个人，由于在社会中所处的地位不同，在法律实践中涉及的领域不同，经历不同，因而会产生不同的法律知识，形成不同的法学思想和法律态度。

基于此，法律知识具有如下特征。

第一，法律知识具有较强的专业性。法律知识不同于其他知识，法律知识具有较强的专业性。其一，体现在语言方面。法律语言具有的准确、凝练、庄重、朴实、严格规范的现代汉语语体特色，在词语、句法结构和句式选择乃至语篇结构方面，都形成了区别于其他语言使用领域或语体的特殊结构规律和选择规律。[①] 由于法律语言具有高度的专业特色，这就造成了非法律专业人士对法律知识理解与适用上的困难。其二，在术语的使用上，法律术语有着特定的含义，部分术语尽管与日常生活中使用的是相同的词汇，但是内涵大相径庭。因此，法律术语需要通过系统化、专业化的学习才能够加以掌握，体现了较强的知识密集性和学科专业性。

第二，法律知识包含内容的广泛性。法律知识涉及社会生活的方方面面，包括政治、经济、文化、社会生活等领域。可以说，法律无处不在。法律知识的内容相当广泛，包括关于法律的历史演进、价值、功能与社会政治、经济、文化之间的关系等方面的知识和观点；关于法律形式的知识，如法律规范、法律渊源、法律规范的结构、法律秩序等；法的运行等方面的知识，如立法、执法、司法、守法等；一个国家法律的主要内容以及相关的国外和国际法知识等[②]。法律知识内容的广泛性也在一定程度上说明了学习法律知识的必要性，身边的众多行为都与法律有关，都受到法律的规制，学习法律知识是使我们生活更有条理的重要途径。

第三，法律知识具有一定的抽象性。法律知识是从一般社

① 谢爱林：《论法律语言的特点》，载《南昌大学学报（人文社会科学版）》2007 年第 1 期。

② 公丕祥主编：《法理学》，复旦大学出版社 2002 年版，第 161 页。

会现象中，抽象、概括、总结或约定出法律现象的概念并使之理论化和系统化，如主体、公民、自然人、法人、人格、能力、物权、所有权、债、合同、标的物、权利、义务、犯罪、累犯、正当防卫、行政行为、管辖、原告、被告、诉讼第三人、准据法等。并赋予其特别的意义与内容，从而使之从一般社会现象与世俗概念中逐渐独立开来，进而形成以法律概念为内在元素，以法言法语为外在特征的法律知识图谱和理论逻辑结构。①

第四，法律知识具有严密的逻辑性。严密的逻辑性是法律知识的生命和灵魂，正因如此，法律知识成了人文社科领域中最具有科学特征的知识。在体系方面，法律知识是一个逻辑严密的系统组织体系，既包括实体性的知识，也包括程序性的知识。各个部门法之间既存在一定的衔接，又存在一定的边界，形成一个层次分明、内容清晰的法律知识体系。在行文表述方面，法律知识强调周密的行文，在说理时注重区别与联系，全面、客观地看待问题，分析问题的特征与本质，摆脱主观臆断和自相矛盾。法律知识所传递出的逻辑理性的精神是现代文明发展和社会进步所必需的一种精神，在这种精神的指引下，人们重视理性的思考与判断，不偏信、不盲从，树立怀疑与批判的意识。

---

① 肖海军：《从法学的研究对象与论证思路看法学研究方法》，载《时代法学》2016 年第 6 期。

第五，法律知识具有高度的实践性。法律知识主要由两部分构成，其一，制定法中的关于规则的知识。其二，法律学问中的关于原理的知识。法学属于应用型科学，法律的形成来源于社会实践，同时也规范着社会实践活动。在实践中发展，也在实践中体现价值，为社会实践提供某种指引，因此法律知识的运用需要实践性的体验。这一方面需要充分了解、及时掌握社会法治动态。另一方面要求在学习法律原理方面的知识时，不可片面地强调知识的灌输和纯理论的探讨，忽视对分析和处理实际法律案件和纠纷的能力培养。而应需要做到理论联系实际，做到从实践到抽象，再从抽象回归实践。例如，对于法制新闻编辑来说，要使得法制新闻内容有法治性，就要求新闻栏目编辑要具有法律意识与现代法治观念，熟悉当前实行的法律法规以及司法程序，能够善于通过细致的调查采访、符合逻辑的分析与准确的语言来挖掘事件中的法律新闻价值，力求做到以法论事。

作为法律意识的构成要素之一，法律知识是社会关系参加人通过对法律的专门学习或其他社会实践活动获得有关法及法律现象的认识。法律知识的传授和积累是提高社会成员依法办事的意识和能力的一个重要途径。与此同时，法律知识的积累和所达到的水平是法律文化进步的重要方面。法律文化中这一知识的部分是另一价值观的部分基础。总而言之，没有一定的法律知识，就不可能树立正确的法律价值观。对于编辑来讲，要成为一名优秀的编辑，既应重视对编辑的新知识补充、专业知识学习等职业素养的培训，也应加强对编辑的法律知识和法律意识的培养，提升法律素养。当然不同领域的编辑对法律知识的要求程度并不相同。例如，法学期刊编辑、法制新闻编辑对于法律知识的掌握程度显然要比其他领域的编辑要求更高，甚至要达到专业的法律从业人员的水平。总的来说，编辑人员需要具备如下的法律知识。

第一，掌握与编辑行业相关的法律法规。对于编辑来说，法律知识最主要的体现就是学习与编辑行业相关的法律规范。掌握必要的法律规范，不仅能够使编辑在法律规范的框架下开展工作，行使自己的权利，同时也能够在其法定权利遭受侵犯时，通过法定途径维护自身的合法权利。由于编辑出版涉及出版方、稿件作者以及第三方等多方权利与义务，与之相关的法律法规也同时贯穿编辑出版工作的始终，因此作为编辑，则必须在工作中不断地学法、守法、用法。具体来看，在选题策划环节涉及《保守国家秘密法》和《图书、期刊、音像制品、电子出版物重大选题备案办法》等法律法规；在组稿审稿环节涉及《合同法》《著作权法》等相关法律；在出版环节发行环节涉及《出版管理条例》《期刊出版管理规定》《电子出版物出版管理规定》《新闻出版行业标准化管理办法》《著作权行政处罚实施办法》《图书质量管理规定》《图书质量保障体系》等法律法规。在任何一个环节，编辑都要恪守法律法规，以国家法律和行业法规为准绳，规范自己的编辑行为。①

第二，能够掌握和区分并能正确使用法律术语。法律术语是法律知识的载体，通过法律术语将纷繁复杂的社会生活加以概括和提炼，形成具有自身特色的语言风格。法律术语主要分为实体法术语和法学理论术语。前者是通过实体性的法律条文加以表述，后者则是法律学者在法学研究中广泛使用并达成共识的相关概念和定义。随着我国法治建设步伐的加快，法律在我国经济社会生活中的分量日益加重，媒体涉及法律案件的报道明显增加。与此同时，编辑错用法律术语的现象也日趋严重。实践中法律术语使用不当有三种情况，分别是错误使用、混淆使用以及省略简化使用。出现这些错误的最大原因就是编辑缺乏法学专业性，同时忽视了撰写编辑法律新闻所需要的严谨性。例如，赔偿、补偿是两个常用法律术语，编辑应当认真加以区分，避免出现把“赔偿”当“补偿”或把“补偿”当“赔偿”这类常识性差错。同时，鉴于法律语言的行文特点，就要求法律编辑在编辑工作中，必须要祛除文学思维，法律语言的表达必须具备用词准确、色彩庄重、周密严谨的表述风格特点，只有这样，才会真正确保法律语言使用的准确规范。②

---

① 叶利荣：《期刊编辑的法律意识及其培养》，载《长江大学学报（社会科学版）》2011 年第 11 期。

② 李多：《编辑的法律语言修养浅谈》，载《学理论》2014 年第 29 期。

因此，学习和掌握相关的法律术语是学习有关的法律规范和法学理论的重要基础，是否正确使用法律术语是法律知识是否扎实的重要体现。但是，由于法律术语一般具有特定的含义，不经过系统的学习并不能全面、深入地理解，这也是学习法律知识的难点所在。

第三，掌握相应的法学理论知识。法学理论知识是众多知识中的一项，以周密性、严谨性、逻辑性著称。没有深厚的理论知识的积累，就无法对卷帙浩繁的来稿进行深入的鉴别。编辑工作实践作为精神生产的过程，虽然不是挥汗如雨的体力劳动，但是所耗费的是精力，还需要文化储存、知识积累及心血。学习法学理论知识是锻炼法学思维、提高法学素养、培养法学情怀的重要途径，这也是编辑综合素养的重要组成部分。作为一名编辑，不仅需要具备足够的科学知识、文学艺术知识以及职业知识，同时也还必须具备一定的法学理论知识。通过了解法学理论知识，出版编辑能够在业务过程之中，站在法学的价值视角，养成理性的思维习惯，对工作中各类纷繁复杂的稿件作出理性的分析与判断，使出版的书刊更具思想深度和理论深度，这是提高编辑出版物质量的内在要求。

掌握相关的法律知识，是构建法律意识的基础。法律知识的学习、法律意识的培养、法律能力的运用以及法律信仰的形成之间的关系是层层递进、逐步深入的关系，实现法律知识的内化，最终形成对法律的信仰，使编辑成为知识、技能和价值观相统合的高素质的精神文明的传播者。也就是说，编辑在掌握相关法律知识之后，在实践中不断建立起来的理性意识是法律意识的本源。传统媒体时代，“内容为王”是编辑竞争的基本法则。在互联网时代，“内容为王”的基本规则没有改变，编辑的综合素质仍然是政治素质、思想素质、法律素质、文化素质、职业素质的综合体，只不过随着整个社会文明程度的提高，对编辑各项素质都提出了更高的要求，编辑的法律素质也是如此。培养运用法律武器预防、处理业务纠纷的意识，提高运用法律武器预防、处理业务纠纷的能力，都离不开对相关法律知识的学习与掌握。因此，编辑不但要提高专业素质与编辑业务素质，而且要充分利用各种学习机会和互联网便利的学习条件自觉加强对相关法律规范的学习，规范使用法律用语，深刻理解相关法学理论和立法精神。编辑在掌握一定的法律知识后，应当学会举一反三，有目的地探讨稿件的文笔水平、政治质量、学术质量和表达形式好坏，同时还应该从公法角度和私法角度审查稿件的合法性。

编辑学习法律知识，应当联系实际。理论是用来指导实践的，学习相关的法律知识，也是用来指导日常工作和生活的。随着社会生活的发展和时代的进步，各种各样新事物的出现也带来了社会生活的丰富多彩和复杂多样。编辑人员在从业过程中所面临的社会实践更加复杂多变，因此，需要掌握的法律知识的深度和广度也有着比以往更高的要求，编辑更要善于学习各类法律知识，坚持正确的原则和立场，在面对“互联网+”为背景的新科技浪潮中，保持正确的判断，作到与时俱进，善于运用法律知识解决工作中遇到的相关问题。

二、培育规则意识

法律意识的精髓就在于规则意识，规则意识是公民对社会规则认知情况的重要体现，即公民通过认识并遵守即有的社会规则而形成的深入内心的意志力。从广义上讲，规则包括法律规则、道德规则、习俗规则、行业规则等许多内容，但是在法律意识的语境下，规则意识中的“规则”则主要指的是法律规则。法律规则是法律最主要的组成部分，法律规则的存在和运作发挥着法律的指引、评价、预测、教育和强制等作用。

规则意识是所有公民于社会中首先应当培养的意识，只有具备规则意识的公民，才会深刻体会法律意识对于国家与法治的重要性。规则意识从本质属性来看，它是法律意识的一部分，同样为社会意识的一种类型，具有社会意识的一般特征，即对社会存在的主观反映。

从规则意识与法律意识的关系来看，规则意识是法律意识的基础，法律意识最为突出的体现就是规则意识，可以认为，规则意识是法律意识的核心要义。从规则意识与法律意识存在于人脑中的先后顺序来看，先有规则意识，后有法律意识。[①] 法治是规则之治，法治社会就是规则社会，各个单位的内部规则、行业规则、法律规则构成了社会规则的全部内容。可以说，规则意识以法律规则为作为基础，是人们在社会实践中认识规则、遵守规则、运用规则进行分析、评价和判断的思维方式。具体来看，规则意识主要体现在三个方面。

第一，规则意识体现为对既有的规则全面、客观的评价。认识是评价的基础和前提，这种规则的认知是一种对“规则是什么”的认识，既包括公民对基本规则内容本身的认知，还应包括公民对规则重要性的认识以及制定、修改、监督规则的认知。基本的规则知识一方面是以法律为代表的规则知识。这就要求人们了解包括宪法在内的各种法律知识，在生活中做到依法行事。还要树立权利意识，只有公民的各项权利得到保障后，才能促使公民更有动力、更自觉地遵守规则。编辑人员则需要对与编辑工作相关的《合同法》《侵权责任法》《著作权法》《保密法》《国家安全法》等相关的法律知识充分掌握，形成全面、客观的认知。另一方面是以道德为代表的各类规则的认识。这一部分主要是编辑人员的个人品德、职业公德等方面的内容。

第二，规则意识体现为一种合法性意识。法治就是规则之

① 刘大勇：《论法治建设中公民的规则意识、法律意识、宪法意识的相互关系》，载《法制与社会》2018 年第 15 期。

治，规则意识是法律意识的核心，是一种合乎法治要求的思维方式。就法治而言，合法性是判断人们行为、社会关系正确有效与否的最重要的依据和标准，法律思维方式的重心在于合法性的分析，即围绕合法与非法来思考和判断一切有争议的行为、主张、利益和关系。因此，规则意识必然要考虑合法性问题。规则意识意味着编辑人员在工作中遇到各种问题时，要考虑的是行为或社会关系是否合法合规，将法律规则作为评价自身行为、社会关系合法正当与否的首要标准，严格按照既有的法律规则来行使自身的权利，履行自己的义务。即规则意识实际就是合法性判断的思维。

第三，规则意识是一种形式理性意识。作为法律意识的规则意识是一种遵守法律规则、依据法律规则、运用法律规则的意识。这种意识将既有的法律规则看作是第一位的，采取的是一种稳定的、规范的、可预测的价值取向，它虽然承认价值评价的实质正义的重要性，但是更强调规范评价的形式正义性。也就是说，规则意识强调以实在法规则为基础，以忠实于法律文本载明的规则进行思维。不能动辄以价值判断和利益衡量等方法来替代规则作为思维依据，即使价值判断、利益衡量的思维结果具有实质意义上的妥当性。[①] 这样一种形式理性意识否认了人格化的权威，而将规则本身作为应当恪守的价值尺度，

---

① 庞凌：《作为法治思维的规则思维及其运用》，载《法学》2015 年第 8 期。

真正做到自己的言行合乎规则的要求。编辑人员要养成这种形式理性的思维逻辑，在报道、撰写、编排相关的稿件时，理性分析来稿中的观点，依法行使编辑的相关权利，做到不偏信、不逾矩。

对于编辑来说，培养规则意识具有重要意义。培育规则意识是实现编辑自身发展的必然要求。编辑是一个比较自由的行业，无论是在思想上还是行动上都有鲜明的体现。但是这样一种自由是相对的自由，编辑从事相关的选题、策划、约稿、审稿、组稿、排版等工作都受到各种规则的约束。也就是说，编辑的工作既需要感性的、发散的、自由的思想与环境，同时也需要由规则所构成的理性的、规范的、逻辑的思维和制度的约束。因此，编辑要实现自身的发展，就要遵守各项规则，从编辑部门内部的规章制度，到编辑行业的规范标准，再到国家的法律法规。在充分了解各项规则的前提下，遵守各项规则，在不违反规则的同时充分发挥自身的主观能动性，围绕既有的规则进行创造创新，减少各项冲突，提高行为的效率，规避各项风险。

培育规则意识是保障编辑行业规范运行的现实需要。一个行业要实现可持续的稳定发展，除了要发挥行业的创造力，激发行业发展的创造活力以外，还应当注重行业的规范有序发展。而要实现编辑行业的规范有序发展，需要这个行业中各个成员的行为具有可控性、可预期性。整个行业的守规矩的氛围和风气归根到底是由行业中的每一个个体共同来实现的，因此培养编辑人员的规则意识能够使整个编辑行业形成讲规矩、按照规则办事的良好氛围。这就要求编辑在平时的工作中，应当恪守各项规定，避免各种特权思维、权力崇拜思维、关系思维等不良习气，不收“关系稿”“人情稿”，推动行业的健康发展。

培育规则意识是促进社会理性的必要手段。规则本身就是社会理性的产物，无论技术怎样进步、社会如何发展，规则都是“基础设施”①。编辑人员作为社会精神文明建设的重要力量，起着“连接”与“纽带”的关键作用。总的来说，编辑人员对社会风气的影响主要体现在其导向功能。编辑出版物作为精神文化的载体，对社会的价值导向有着重要的引领作用。一方面在出版物中，宣传社会主义法治思想，传播规则意识，引导人们树立正确的价值观，是促进社会理性的直接方式。另一方面编辑行业作为社会职业之一，其规则意识的养成是社会职业群体规则意识养成的不可分割的一部分。培养编辑从业者的规则意识是培育全民法律意识，建设社会主义法治国家的应有之义。

对于编辑而言，培育规则意识，需要在充分认识和了解各项规则的基础之上，形成遵守规则的意志力，通过不断的实

① 《培育深入人心的规则意识》，载《人民日报》2018 年 11 月 14 日。

践，将这种意志力转化成为一种内化于心的价值倾向。具体来看，分为三个层次的条件，这三个条件有着较为固定的逻辑顺序。

要培育规则意识，第一，需要认识到规则的存在。对于编辑来说，有许多规则需要了解、认识和掌握，这其中包括法律规则、行业规则、编辑部门的内部规则等，但最为重要和关键的是法律规则。认识各种规则，了解各项规则的具体内容，是树立规则意识的前提。前文已经提到，学习并掌握相关的法律知识是培养法律意识的前提，那么作为法律意识之一的规则意识，也必然要以相应的法律知识作为基础。基于此，编辑部门的法律培训工作就显得必不可少。除此之外，为了提高自身的综合素质，编辑自身也应当主动加强法律知识的学习。

第二，在认识到规则存在的前提下，需要有遵守规则的意愿。规则本身并不能形成秩序，它需要人们通过遵守才能形成秩序。公民对法律的尊崇不可能一蹴而就，它有一个发展的过程，只有公民行为已经规则化，并在内心对规则真诚信仰，才会在受法律约束的社会中承载着对法律的信仰，法律意识才可能顺利建立。[①] 认识到规则的存在，和产生“遵守规则”的意志力是紧密联系的两个阶段。意识到规则的存在，是个体在思想和意识中对规则的认知，并且当作出具体行为决策时，所意

① 刘大勇：《论法治建设中公民的规则意识、法律意识、宪法意识的相互关系》，载《法制与社会》2018 年第 15 期。

识到的规则成为未来行为选择的前提和依据；遵守规则，就是使自己的行为符合规则的设定和要求。[①] 编辑人员的规则意识的培养，不仅仅是要普及相应的规则内容本身，同时还应当强化对遵守规则这种意识的引导，形成遵守规则的意志。

第三，规则意识是一种内化于心的意识，也就是说，规则意识是一种将遵规守约作为一种习惯，并产生对违反规则的非正义、非理性行为的愧疚感和负罪感。从这一点我们发现，要形成自觉遵守规则的意识，则需要有相应的心理强制机制，即需要人们认识到违反规则的后果，人们基于对这种不利后果的认识，从而促使自己遵守规则。违反法律规则必将受到法律的消极评价，从而承担不利的后果。这种后果可以分为直接后果和间接后果，对于编辑人员来讲，直接后果包括引起相关的版权纠纷、人格权侵权纠纷、合同纠纷以及其他的民事责任、行政责任甚至刑事责任。间接后果则包括自身社会评价的降低、给他人及社会造成的不良影响等。通过法律条文、相关案例来了解这些不利的后果，从而认识到违反规则的成本会比遵守规则的成本更大，那么编辑人员在作出行为选择时，就会树立违反规则不可为的信条。编辑人员需要将遵守规则内化为自己的需要并上升为自己的意志。但仅依靠法律的外在强制力来维系的规则是不能长久的，要想公民能够持久自觉地遵守规则，还

① 周兴国：《公民的规则意识与培养》，载《广西师范大学学报（哲学社会科学版）》2018 年第 5 期。

需要将这种对规则的敬畏与理解转化为内在的需求。对包括编辑在内的公民的监督不可能是时时刻刻的，这就要公民将这种外在强制性转化为内在意志，自己提醒自己、自己监督自己，即使在隐蔽的环境中也可以做到慎独，真正做到内化于心、外践于行。

当然，我们也应当看到，培育编辑的规则意识，不是培育只要规则的意识，不可将规则意识理解为一种僵化的、教条的意识。编辑人员的编辑工作需要有创新、发散的思维，教条化的倾向则会阻碍编辑的自我发展。因此，正确理解规则意识的目的就显得极为重要。归根到底，培养编辑人员的规则意识是为了实现编辑人员的自我发展和编辑事业的长足进步，为社会主义现代化建设创造良好精神文化环境。

三、培养权利意识

权利意识，是指人们对于权利义务的认知、理解及态度，是人们对实现其权利的方式的选择，以及当其权利受到损害时，以何种手段予以补救的一种心理反应。[①] 公民权利是国家法律所规定的公民应该享有的权利，也是国家政府及法律应该保障的权利。相对于道德或习俗上的权利而言，公民权利

---

① 曾坚：《对中国公民权利意识的历史考察及反思》，载《贵州大学学报（社会科学版）》2001 年第 1 期。

的内容和界限通常是由法律规定的，是已载入法律而且供所有公民行使的普遍的权利，而不是非正式的、未载入法律的或仅供特殊群体行使的权利。它直接来源于法律，存在于可以援引的法律规则之中。法律为公民权利的实现提供了条件和保障。公民可以自己采取积极的行为，也可以通过法律防止、排除其他公民或政府对权利的侵犯，还可以通过法律获得有效的救济。

我国《宪法》规定，凡中华人民共和国公民均享有如下基本权利：（1）政治权利与自由，即选举权和被选举权、参与国家管理、监督国家机关，表达权等。（2）宗教信仰自由。（3）人身自由权。任何公民，非经人民检察院批准或者决定或者人民法院决定，并由公安机关执行，不受逮捕。禁止非法拘禁和以其他方法非法剥夺或者限制公民的人身自由。禁止非法搜查公民的身体。中华人民共和国公民的人格尊严不受侵犯，禁止用任何方法对公民进行侮辱、诽谤和诬告陷害。中华人民共和国公民的住宅不受侵犯，禁止非法搜查或者非法侵入公民的住宅。（4）社会经济权利，包括公民的劳动权、劳动者的休息权以及残疾患者和丧失劳动能力的公民获得物质帮助的权利。（5）文化教育权利。以上权利分别涉及公民的民事权利、政治权利、社会权利。其中，公民的生命、自由、财产等民事权利是公民最基本的权利。

权利意识主要包括四个方面的内容：第一，公民对权利的认知。即认识自己和他人拥有哪些权利。一般来说，公民的法定权利包括公民的政治权利，人身权利，社会经济权利和文化权利，宗教信仰权利等及其他权利。[①] 这是权利意识的根基，在某种程度上也是衡量一个公民权利素养的重要标志。第二，公民对权利的主张，即主动确认自己的权利和积极维护权利的意识，简言之就是“确权意识”和“维权意识”。前者主要体现为公民依照法律的相关规定，积极行使自己的法定权利，如公民行使自己的选举权与被选举权，对于国家机关及其工作人员工作的提出批评与建议等；后者则主要体现为当公民的合法权益受到侵害时主张权利救济。法谚云“无救济就无权利”，对自身合法权利通过法定途径予以救济，这是权利意识最突出的体现。第三，公民对他人权利尊重的意识。这就要求公民基于对权利行使边界的认知约束自己的行为。第四，公民对新的权利进行主张的意识。随着社会的进步和发展，诞生了许多新的权利。例如，在当下大数据、云计算等新兴技术发展的背景下，公民的数据权作为一项新的权利被主张，因此，需要法律对于这种新权利予以确认和保障。

对于权利意识和法律意识关系的探讨，应当回归到对于权利与法律二者关系的探讨上。法律的根本目标是追求实现公民的权利，它通过维护秩序、维护正义和保障自由来实现。在现

① 韦遐：《论公民权利意识的培养》，载《法制与社会》2008 年第 1 期。

代社会，法律已经被人们公认为实现权利的最为重要的保障，公民的个人权利成了现代法律制度的主要内容。权利与法律之间的天然联系也就决定了权利意识与法律意识二者之间密不可分的关系。可以认为，权利意识是法律意识的内核，对权利的一系列态度和看法实质上是对与之相对的法律规范的态度和看法。

法治视野下，公民权利意识的培育对目前我国的法治实践而言具有重要的意义。而对于编辑来说，树立正确的权利意识，意义重大，主要可从以下四个方面诠释：

第一，编辑权利意识的养成有利于维护自身的合法权益。权利意识体现了个体人格的独立意识和人格尊严感，维护自身的合法权利是权利意识最主要的作用，对于编辑来说也是如此。编辑的权利意识可以从不同的视角予以阐释。作为普通公民，编辑拥有政治、财产、人身自由、人格尊严等方面的权利。作为出版单位的职员，编辑的性质是一名劳动者，则应当依据《劳动法》《劳动合同法》等相关的法律维护自己作为一名劳动者的合法权利，如取得劳动报酬的权利、享有社会保险和福利的权利、接受职业技能培训的权利、休息休假的权利以及提请劳动争议处理的权利。作为编辑行业的一员，编辑则拥有作为编辑的对稿件进行编辑、修改、排版等相应的权利。

第二，编辑权利意识的提高有利于净化从业环境。行业的进步有赖于每一个个体素质的提高，而整个行业的进步同时也能反作用于每一个个体，从而对个人素质提出更高的目标和要求。培养编辑的权利意识，编辑通过积极行使自身的合法权利、维护自身权益，能够对其他编辑从业者带来良性的影响，从而带动整个编辑出版行业养成尊重权利、遵守规则的良好风气。也就是说，编辑为了维护自身权利作斗争的过程，同时也就是为维护行业秩序作斗争的过程。

第三，编辑的权利意识的提高有利于促进法治舆论的进步。编辑作为精神载体传播者，其是否具有权利意识，以及正确的权利意识的培养，对于社会法治建设具有重要影响。书刊杂志等出版物是传播精神文明的产品，具有鲜明的导向性，特别是时政方面的出版物，已经构成了渗透社会生活各个领域的强大宣传舆论阵容，它通过报道时政新闻、传播政策导向，直接反映和引导着社会舆论。对于法治图书编辑、新闻编辑来说，内化于心的权利意识能够使其在策划选题、选稿审稿过程中，更多地从权利的角度出发进行策划、选稿和审稿，将自身的价值追求通过这种方式予以传播，从而对受众产生精神上的影响。这也说明，编辑人员是出版工作的核心，肩负着传播法治文化、始终坚持正确舆论导向的重大社会责任。

第四，编辑权利意识的提高有利于建设社会主义法治国家。法治国家的实践证明只有法律制度而没有公民的普遍的权利意识，是无法建设法治国家的。① 公民的权利意识既是社会主义法治国家建设的前提条件，同时也是法治国家建设的结果。在这个意义上说，权利意识在法治国家的建设中具有重要的地位和作用。而公众权利意识的培养，正确的权利观念的树立，离不开大众传媒的积极引导。编辑权利意识的提高具有一定的先导性作用。编辑正确的权利观念的树立，对于建设社会主义法治国家既有其本身的价值，同时又通过出版发行而具有工具价值。

要培养编辑的权利意识，则必须清楚：编辑有哪些权利、如何实现自身权利、权利受到侵犯时如何救济自身权利，以及如何防止编辑滥用权利。这里的权利意识，应当从多个方面进行理解，既包括作为一般公民所具备的权利意识，同时也包括编辑行业所特有的权利意识，主要体现在以下三个方面：

其一，规范行使编辑权利，维护自身权益的意识。就规范行使权利来说，作为编辑，不仅要知道自己有哪些权利，还要清楚如何去实现和维护自身的权益。例如，编辑在审读稿件时，对与相关涉及剽窃、抄袭的稿件不予采用是编辑的权利，同时，在出现作者侵犯他人知识产权给出版方造成损失时，编辑有权通过追究违约责任、起诉抄袭剽窃者。同时，为了保证出版方独家出版的权利，编辑在与创作者订立合同时有权禁止

① 解添明、于文静：《法治视野下的公民权利意识研究》，载《太原师范学院学报（社会科学版）》2017 年第 4 期。

对方“一稿多投”，以此来防止创作者滥用发表权。就维护自身权益来说，编辑与其工作单位的关系，大多属于劳动关系。在出现劳动报酬纠纷、工伤等情况时，编辑应当通过法律途径，对自身的经济权利、人身权利予以救济。

其二，不滥用编辑权利，不侵犯他人权利的意识。就法律层面而言，随着全民法律意识的普遍提高，作者运用法律武器捍卫自己各项权利的案例越来越多，杂志社、总编、社长、编辑成为被告的纠纷层出不穷，编辑在编辑过程中涉及政策法规时屡屡出现受到处分的状况。编辑作为编辑出版方的一员，应当维护出版方的合法权益，具体包括出版方对作品的专有使用权、删改权、摘编权、标注作者身份权、转载权等方面的权利。但同时，公民在积极维护自身权益的同时，也应当尊重他人的权利，这不是对公民权利的限制，而是为了保障权利更好地实现。因为如果公民行使权利超过了必要的界限，那么小到他人的合法利益遭受侵犯，大到国家、集体利益遭受损害。如果人人都突破这种界限，那么社会秩序将会失范，个人的合法权益也必将难以得到应有的保护。对于编辑来讲，编辑在审稿、用稿过程中，应当严格遵守法律的相关规定，避免侵犯他人人格权、知识产权行为的出现。编辑不能在自己的作品中抢先使用尚未发表的稿件，即使注明出处地引用在自己审稿中获知的内容，也不符合编辑的职业道德。

其三，及时发现处理侵权行为。编辑在审稿、组稿、出版过程中若发现稿件存在侵犯他人著作权、名誉权、肖像权、隐私权等合法权利的，应当及时作出处理。侵权责任的主要方式在我国的《民法总则》《侵权责任法》《著作权法》中规定的有：停止侵害、返还财产、赔偿损失、赔礼道歉、停止侵害、消除危险、返还财产等。

随着互联网技术和社交媒体的发展，编辑成为信息流的中转站，各种信息经由编辑进行审阅、编排从而得以传播。作为站在信息最前沿的从业者，编辑的权利意识已经不再是“有没有”的问题，而在于“正不正确”的问题，在编辑权利意识全面觉醒的前提下，如何规范和升华这种意识才是我们所要重点关注的问题。就目前来看，首先，许多编辑的权利意识还停留在感性认识的阶段，对权利的范围、实践的途径、维权的途径等缺乏一个比较系统的理解，权利意识还未上升为一种法律性的理性认识。其次，编辑的权利意识的关注点不平衡，一些人将关注的焦点放在了维护自身权利方面，而对于履行自身义务、尊重他人权利、关注群体权利等方面仍然比较薄弱。因此，当下培养编辑的权利意识，应当更多地从树立责任与义务意识、不滥用权利、培养政治权利意识等方面出发，树立正确的权利观。

四、养成契约意识

契约意识毫无疑问是法律意识的重要组成部分。英国法学家梅因把法律发展史总结为“从身份到契约”，无疑是对契约在法治中重要地位的肯定。① 契约意识是在商品经济的发展过程中基于自由、平等、等价有偿原则而逐渐形成的一种价值取向。无论是在中国古代的历史长河中，还是在西方文明的发展脉络中，契约意识始终占据着重要的地位。从前述可以看出，契约意识在长期的社会实践中，成为东西方文明共同的价值追求，在人类的文明发展史上具有重要地位，是衡量一个国家和社会文明程度的重要标志。

从本质上讲，契约意识主要分为两个方面，一是诚信意识，二是规则意识。也就是说，契约意识是道德意识与法律意识的有机统一。一方面，私法合同中诚实信用原则的兴起正是源于契约发展与变化所带来的增强交易安全的需要，双方根据意思自治订立契约，对于双方当事人来讲是一种心灵的道德约束，而双方依照事前的约定履行契约的过程，也是双方诚信意识的体现。另一方面，契约就是一种合同，体现了双方主体的地位平等和意思自治，正如罗马法彦所云，“契约必须被遵守”，契约一旦订立就对双方具有约束力，双方必须按照契约行使权利、履行义务。从这个意义上讲，契约意识是法律意识的基础，二者在“遵守既定规则”方面具有一致性。

对于编辑来说，培养契约精神具有重要的现实意义和实践

① 何勤华、宋宇宁：《初步建成法治社会：全面小康的重要标志》，载《人民论坛·学术前沿》2016 年第 18 期。

价值。体现在如下三方面：

第一，契约意识关乎编辑的个人信誉。自觉履行契约是高尚人格的标志，契约意识作为一种内心信念，要求有约必守，用实际行动去履行自己的约定。个人按照契约的要求，履行自己的责任，就体现出个人的人格和道德品质，人生的价值是责任和贡献的统一。而人正是通过责任感和纯正人格，才具有自身的尊严，人只有在尽到自己的责任，对社会和他人作出贡献，才能真正感受人生的尊严和价值，才能为世人所尊重，体现出人生的崇高。编辑在工作中，需要与很多人打交道，订立各项合同。若编辑能够遵守合同约定，严格履行合同，则体现出自身高尚的人格，不仅会给编辑带来良好的道德声望，获得客户的信任，创造更多的发展机会，更有利于工作业务的开展，同时也会为自身带来人生价值得以实现的充实感与满足感。而背离了契约精神，任意毁约，则不仅会受到来自各方的道义谴责，同时也会受到行业规范和法律规范的制裁。

第二，契约意识有利于增强业务安全。作为编辑，通过事先订立书面合同，可以将业务往来中不确定的风险以文本的形式固定下来，从而形成相应的预防措施。在实践中，编辑会代表出版方与作者签订和著作权相关的授权和使用合同，因此应当在订立书面的合同时，确认对方是否拥有作品的知识产权，并应当在合同中约定稿酬标准、计算方式、总金额和支付方式，同时对双方违约的责任和争议解决方式作出相关约定，从而提前规避相关的风险。若缺乏相应的契约意识，在与作者等沟通协商过程中，没有订立相关契约或者不按照合同约定的要求履行，则会为后续纠纷的发生埋下隐患。

第三，契约意识能够规范行业秩序。契约是现代法治社会的基石，党的十八届四中全会通过的《中共中央关于全面推进依法治国若干重大问题的决定》就指出，要“增强法治的道德底蕴，强化规则意识，倡导契约精神，弘扬公序良俗。”契约意识是现代社会和谐有序发展的根基，出版行业的发展需要编辑养成良好的契约意识。如果缺乏契约意识，则会造成出版行业秩序的混乱，不仅会使知识产权得不到相应保护，同时也会打击创作者的创作热情，不利于编辑行业的可持续发展。例如，针对“一稿多投”的现象，与作者签订著作权许可使用合同，增强报社、期刊社与作者之间的契约意识和法律意识，是制约一稿多发现象的根本良策。介绍编辑出版行业相关政策法规，学习相关的典型案例，有利于促进编辑出版从业者契约意识和法律意识的提高，促进整个行业规范、有序、专业运行。

编辑的契约意识主要分为订立契约的意识、履行契约的意识和契约救济的意识三个方面，具体如下：

第一，订立契约的意识是指编辑在日常开展业务的过程中，应当尽量订立书面的合同。尽管口头合同和书面合同均是合法的合同形式。《合同法》第十条第一款规定：“当事人订立合同，有书面形式、口头形式和其他形式。”但是，口头合同无法将双方约定的权利义务固定下来，在发生纠纷时，难以提供相应的证据。而订立书面合同，则是将双方磋商的过程反映在一定的载体之上，不仅为各自履约提供了明确而规范的依据，较好地约束违约行为，同时也为违约救济提供了主张权利的来源。同时，并非所有的合同都能以口头的形式订立，根据《合同法》规定，法律、行政法规规定采用书面形式的，应当采用书面形式。我国现行《著作权法》及其实施条例规定，图书出版者出版图书应当和著作权人订立出版合同，订立合同应采取书面形式。这也就意味着，出版方与著作权人所达成的口头合同不受法律所保护，一旦发生相应纠纷，双方的合法权益都无法得到应有的保障。在市场经济条件下，法律强调采用书面形式，是为了平衡契约自由与交易安全，以便更好地保护当事人的合法权益。

第二，履行契约的意识要求编辑严格按照合同约定行使权利、履行义务。行为人是履行契约还是违约属于其意志的范畴，履行意识是契约意识最为核心的要求，是契约精神的本质和灵魂。履行契约，即要求当事人依照合同约定作为或者不作为，它既是一种道德约束，同时也是一种法律义务。对于编辑来说，应按照合同约定处理来稿，并且按时支付作者稿费。

第三，契约救济的意识则意味着当合同相对方违约时，应当通过法定的手段和途径及时予以救济。常见的违约情形有当事人对于合同义务不履行、错误履行、迟延履行等。在出现合同违约情况时，守约方应当按照合同约定的违约责任主张自身的合法权益。对于出版发行的作品，当出现知识产权纠纷时，出版方可以根据合同要求作者承担相应的违约责任。

但是，目前一些编辑的契约意识养成方面仍然不足，对契约的理解比较片面，同时在实践上还有很多编辑没有订立合同契约的习惯，违约的情况时有发生。例如，2016 年全国与编辑相关的合同纠纷就有 1281 起，2017 年则上升至 1892 起，其中涉及著作权纠纷案件有 1060 起。[①] 究其原因，主要在于，第一，编辑的个人修养不够。契约意识应当内化于人格，理应成为一种职业信仰。但是对一些编辑来说，遵守契约的自律约束并未完全内化成为一种理性的价值追求，这是造成契约意识缺失的主观原因。第二，违约的成本比较低。作为市场经济中的个体，个人具有趋利性。无论是编辑还是对方当事人，当违约的收益大于其守约所带来的收益时，若双方都没有较强的守约意识，则会选择违约。随着社会信息化程度不断提高，个人信用越来越成为个人的一种有形财富，信用的信息性、财产性特征不断显现，基于此，建立的失信惩戒制度将会越来越成为规制个人失信行为的有效手段。也就是说，通过进一步完善失信惩戒机制，将违约行为纳入这一体制中来，对失信者的相关

① 相关数据来源于中国裁判文书网。

行为予以曝光披露，促使其遵守和履行契约，相信编辑的契约精神也将会有大幅提高。第三，行业规制机制不完善。国家治理体系和治理能力现代化的一个重要体现，就是在治理力量上，实行以政府为主导的社会多元化的治理。对于编辑行业的管理，不能仅仅依靠政府，政府的行政化管理并不适合深入社会生活的各个角落，因此，还需要发挥行业协会等社会组织内生性治理的相关功能。尽管编辑行业已经存在相关的行业协会，但是这些行业协会并未很好地发挥制约作用，一些行业规范形同虚设，缺乏对相关失信人员的曝光、惩戒机制，社会监督的效果并不理想。所以提高行业的治理能力和治理水平是未来一段时间内编辑行业发展的重要方向。

五、增强风险意识

风险（risk），是指发生某种不利事件或损失的各种可能情况的总和。具体地说，是指损失发生的可能性、或然性、变动性、不确定性等。[①] 风险的范围十分广泛，可以分为安全风险、政治风险、经济风险、法律风险等。由于前三者与本文主旨关系不大，因此不加赘述，此处我们所要探讨的是编辑从业的法律风险的相关问题。本文的风险，特指编辑从业过程中受

---

① 刘诗白、邹广严：《新世纪企业家百科全书·第1卷》，中国言实出版社2000年版，第86页。

各种不确定因素的介入从而造成的法律上不利影响的总和。编辑的风险意识在选题策划和出版过程中是十分严肃的事情，稍有懈怠，即有可能造成重大损失。

编辑行业的法律风险具有以下四方面的特征：

第一，编辑行业的风险具有动态性。在编辑工作流程管理的各个阶段，法律风险可表现出截然不同的发生范围、频率以及强度。例如，在策划选题阶段，容易出现政治导向的风险；在审稿、组稿过程中，容易出现侵权责任风险；在出版阶段，则经常可能会导致违约和侵犯知识产权的风险。有鉴于此，对编辑工作的各个环节应当进行风险识别和测评，制定适合出版方长期发展的法律风险防范机制，将事后补救措施积极转变为事前预警和防范，实现对法律风险长期性、动态性的控制。

第二，编辑行业的风险具有危害性。危害性是所有的风险的基本特征，对于编辑出版行业来说亦是如此。从编辑、出版方的角度看，编辑出版行业受众广，加上现代互联网和自媒体的进步，受众的范围已经打破了国家之间的界限。可以说，在当今社会，任何一个风险都会被无限放大，从而给出版方带来毁灭性的打击。便捷的传播途径给出版事业带来巨大的市场的同时也加快了风险的传播速度。一旦造成侵权或者违约，对于出版方来说将是巨大的损失，这种损失不仅仅是经济上的有形损失，同时也包括出版方的社会评价降低等无形损失。从国家和社会层面看，随着信息时代的到来，网络谣言、虚假信息误导公众，扰乱了社会秩序，编辑泄密则给国家安全带来了巨大威胁。

第三，编辑行业的风险具有规律性。尽管编辑行业法律风险的发生具有一定的偶然性和不确定性，但是这种偶然性和不确定性并非完全无法认识的，而是存在一定的规律。著作权侵权风险是编辑行业的高发风险，主要的表现形式有剽窃他人作品、歪曲篡改他人作品、将合著作品以自己的名义单独发表、未经授权改编翻译他人作品等。侵犯著作权行为的主体一般是出版者、作者，抑或二者构成的共同侵权。①

第四，编辑行业的风险具有可预防性。由于编辑行业的风险是有规律可循的，因此，在对编辑行业的风险规律进行充分认识之后，预防风险也就成为可能。所以，在把握风险规律前提下，对风险高发的环节和领域给予重点关注，设立相应的风险监控机制，则可将风险发生的概率及损害降至最低。

编辑行业的风险多种多样，但总的来说，编辑行业的法律风险主要分为民事风险、行政风险和刑事风险。具体如下：

第一，编辑行业的民事风险包括合同风险和侵权风险。其一，如涉及侵害企业或个人的名誉权、著作权、商标权等，将有可能被诉。法院可要求侵权责任人采取停止侵害、赔偿损失、恢复名誉等方式。计算赔偿损失的规则包括以权利人的损

① 王西光：《图书出版行业常见法律风险及其防范》，载《中国新闻出版广电报》2017 年 4 月 21 日。

失计算、以侵权人的侵权获利计算、以正常许可费为参照计算、适用最高人民法院的定额赔偿。

合同风险则可以分为合同文本中的法律漏洞、合同履行上的法律风险。前者为文本风险，后者为实体风险。文本风险主要是由于合同起草过程中，合同用语不规范、条款表述不周延导致的。实体风险则是由于对合同对方当事人的履约能力了解不足，盲目签署相关合同而导致的风险，主要体现为：一是作者违反合同约定，一稿多投；二是作者没有按期交付相关稿件。尽管在合同中约定相关的救济条款可以在一定程度上减少损失，但是当出现违约责任时，行使救济权利依然会浪费一定的人力、物力和财力。因此，为了将合同风险降到最低，作为编辑则有必要在签署合同时对合同对方当事人的信用状况、履约能力和行业评价有比较深入的了解。同时，起草合同的工作可由单位的法务部门或者聘请的专业律师完成，从而确保合同无法律上的漏洞或瑕疵。另外，编辑在工作中，也应当积极履行相关告知义务，明确约定作品的名称、篇幅、完稿标准、交稿时间、出版时间，付酬标准和方式、授权的种类及期限、违约处理程序和条款等；在法定或约定的时限内将审稿意见通知作者，及时向作者发送样刊、支付稿酬。

其二，编辑行业的侵权风险包括对知识产权的侵权和对人格权的侵权。知识产权法律风险指侵犯他人知识产权所引发的法律风险或者对自主知识产权缺乏适当合理的保护而导致权利的丧失。知识产权侵权是编辑行业侵权行为发生的高风险区，并且该风险集中表现为对著作权侵权，对此必须予以高度重视。认真审稿是编辑的义务，编辑在审理稿件过程中，除了对来稿是否符合策划要求进行审核以外，还应当对稿件的原创性进行审查。编辑在编排过程中，要有版权意识，在对作品进行排版过程中，也应当尊重作品的原创性，未经作者同意，不得随意删改；谨慎使用图片、字体等内容，涉及版权的图片、字体则应当取得相关授权；合著作品则应当将所有作者予以注明，尊重作者的发表权。

编辑在策划、审稿、组稿、排版过程中也会造成侵犯他人人格权的情况。人格权是法律赋予民事主体保持其独立的法律人格，以人格利益为客体的专属性权利。在民法理论上和立法上将人格权分为一般人格权（抽象人格权）和具体（个别）人格权。①② 编辑从业过程中，最常见的是对权利人具体人格权中名誉权、隐私权、肖像权的侵害。编辑在策划选题时应具备敏锐的判断力，如果编辑具备相关的法律意识，其策划的选题就会受到法律的保护，反之就容易出现违法内容。编辑在审稿过程中或者在创作编排中，若不对作品的真实性予以考察，

---

① 《北京大学法学百科全书》编委会编；魏振瀛、徐学鹿、郭明瑞主编：《北京大学法学百科全书·民法学、商法学》，北京大学出版社2004年版，第771～772页。

② 一般认为：一般人格权是关于人格独立、人格自由和人格尊严的权利。具体人格权是指各项具体的人格权。

作品中的过激观点、过激言辞则有可能对相关人造成侮辱、诽谤；对于作品中披露的相关人的隐私存在侵犯隐私权风险的可能；对于涉及肖像图片的处理和运用，若无取得相应的授权，则有对权利人肖像权的侵犯之虞。这就要求编辑在审稿时注意对作品中涉及的真实事件、人物予以核实；将涉及国家秘密、商业秘密和个人隐私的信息和有侮辱诽谤之嫌的信息进行删减或者删除；利用他人肖像，则要征得肖像权人同意。

第二，编辑行业的行政风险主要源于编辑在工作中违反相关行政法律法规和规章制度，而由此需要承担的不利后果。行政风险是一种介于民事风险和刑事风险之间的一种风险。出版方以及编辑人员在出版过程中，若违反相关的法律法规，对社会安全、人身安全造成不良影响的，行政机关可能责令企业停产停业，暂扣或吊销许可证、执照，对主管人员和责任人员行政拘留或罚款等。《著作权法》第四十八条规定，“有下列侵权行为的，应当根据情况，承担停止侵害、消除影响、赔礼道歉、赔偿损失等民事责任；同时损害公共利益的，可以由著作权行政管理部门责令停止侵权行为，没收违法所得，没收、销毁侵权复制品，并可处以罚款；情节严重的，著作权行政管理部门还可以没收主要用于制作侵权复制品的材料、工具、设备等；构成犯罪的，依法追究刑事责任：（一）未经著作权人许可，复制、发行、表演、放映、广播、汇编、通过信息网络向公众传播其作品的，本法另有规定的除外；（二）出版他人享有专有出版权的图书的；（三）未经表演者许可，复制、发行录有其表演的录音录像制品，或者通过信息网络向公众传播其表演的，本法另有规定的除外；（四）未经录音录像制作者许可，复制、发行、通过信息网络向公众传播其制作的录音录像制品的，本法另有规定的除外；（五）未经许可，播放或者复制广播、电视的，本法另有规定的除外；（六）未经著作权人或者与著作权有关的权利人许可，故意避开或者破坏权利人为其作品、录音录像制品等采取的保护著作权或者与著作权有关的权利的技术措施的，法律、行政法规另有规定的除外；（七）未经著作权人或者与著作权有关的权利人许可，故意删除或者改变作品、录音录像制品等的权利管理电子信息的，法律、行政法规另有规定的除外；（八）制作、出售假冒他人署名的作品的。”如果编辑实施了上列侵权行为，应当根据情况承担停止侵害、消除影响、赔礼道歉、赔偿损失的民事责任；同时，损害公共利益的，侵权人还应当承担行政责任：一是责令停止侵权行为。这类似于民事责任中的责令停止侵权。二是没收违法所得。即没收侵权人实施上述侵权行为获得的物质利益。三是没收、销毁侵权复制品。这样做的目的是防止侵权复制品的扩散，避免侵权行为给权利人造成进一步的损失。四是罚款。给侵权人予以经济处罚，能够有效地防止侵权的继续实施。

第三，编辑行业的刑事风险是指编辑在工作中由于各种原因而造成的违反刑事法律的风险。最常见的情形有：其一，报道失实的风险。网络舆论在曝光有关案件的时候，新闻媒体可能会出于自身的目的进行筛选或者放大，网络媒体的记者或者编辑人员在处理有关法治新闻的时候，可能会突出自己的主观倾向[①]，从而造成报道失实。出版物内容的失实不仅会造成媒体的社会评价降低，同时有可能因为失实报道造成社会恐慌，严重的可能构成《刑法》第二百九十一条编造、故意传播虚假信息罪。2012 年9 月26 日到2013 年6 月1 日，广州某报记者陈某曾发表10 篇有关某企业“利润虚增”“利益输送”“畸形营销”及涉嫌造假等一系列批评性虚假报道，后被判刑1 年10 个月。[②]其二，泄露国家秘密的风险。一些政策性、纪律性较强的内容，有的涉及国家秘密，关系到国家安全，这就要求对于这方面的相关出版物，应当严格执行《刑法》《保守国家秘密法》和《图书、期刊、音像制品、电子出版物重大选题备案办法》的相关规定，任何出版机构及其工作人员不得在编辑出版活动中泄露国家的秘密。科技期刊是泄密风险的高发领域，由于科技期刊编辑的疏忽使某些技术泄密，造成国家经济损失的事件时有发生，因此，必须引起科技期刊编辑的高度重视，增强保密意识。其三，诱发刑事犯罪。相关法制类的期刊、报纸等在

① 罗栋、崔雅男：《网络舆论对法治的影响》，载《吉林公安高等专科学校学报》2010 年第2 期。

② 见《原××报记者陈××因虚假新闻被判刑1 年10 个月》，载新浪网，http：//news. sina. com. cn/c/2014 -10 -17/092931003517. shtml，最后访问时间：2018 年11 月26 日。

刊载刑事犯罪案件时，对案例的选用和情节的交代尤其要注意掌握好尺度，避免过多过细而起诱发犯罪的作用。其四，宣扬淫秽色情、封建迷信等内容。2015 年 7 月，全国扫黄打非办公室督办了北京某信息技术有限公司原创运营部编辑彭某传播淫秽物品牟利案，签约作者谭某某、乔某某制作、传播淫秽物品牟利案。北京市海淀区人民法院以传播淫秽物品牟利罪，判处彭某有期徒刑 1 年 6 个月，罚金人民币 5000 元；以制作、传播淫秽物品牟利罪，判处谭某某有期徒刑 1 年 6 个月，罚金人民币 1 万元，判处乔某某有期徒刑 2 年 6 个月，罚金人民币 2 万元，并判决追缴没收谭某某、乔某某的非法所得。[①] 刑事风险是编辑行业最严重的风险，这就要求编辑树立强烈的纪律意识，掌握有关政策，严守法律底线，在资料的来源和资料的尺度上把好关。

面对多重风险的编辑人员要树立风险意识，而风险意识的树立要具备以下三个方面的条件。

第一，过硬的政治素质。书刊等出版物是精神和思想的聚集地，各种思想在这里汇聚、交融，极大地丰富了读者的精神世界。言论自由作为我国公民的一项基本权利，得到了充分的彰显。言论自由意味着话题的丰富。这首先就要求编辑人员在

---

① 参见《××网编辑作者传播淫秽色情信息案一审宣判》，载中国扫黄打黑网，http：//www. shdf. gov. cn/shdf/contents/767/254996. html，最后访问日期：2018 年 11 月 26 日。

选题时，应当树立强烈的政治意识，用政治意识统摄其他层面的选题意识，判别并规定选题内容的基本政治取向，判断选题的政治范围，确立选题的政治标准和基本原则。在审理稿件的过程之中，也应当树立坚定的政治信仰，把好政治观，坚持正确的舆论导向。编辑人员作为社会主义的劳动者和建设者，应当认真学习关于马克思主义基本原理和党的路线、方针、政策，树立马克思主义的世界观、人生观和价值观，培养过硬的政治素质，保持清醒的政治头脑，把好出版物的政治关。政治把关意识，从本质上说，是一种高度的责任意识，是编辑人员在实践中所体现的自觉行为。反之，缺乏政治责任意识对编辑主体而言，意味着责任的缺失，这是一种致命的职业缺陷，如果在政治问题上糊里糊涂，触犯底线，必将给事业的发展带来极为不利的影响。①

第二，扎实的业务能力。具备扎实的业务能力是从事任何行业都必须具备的品质，对于编辑来说也不例外。编辑审稿犹如伯乐相马，因此，编辑要独具慧眼，能够准确地判断一篇文稿是否符合正确的政治导向、是否具有新意、是否立意严谨等，而这一切都是建立在扎实的业务能力基础之上的。编辑的业务能力，不仅仅是博览群书，具备优秀的编辑专业知识、学科专业知识、外语和计算机技能，同时还应当知识渊博，掌握

① 赵建杰、谢安邦主编：《编辑理性与期刊发展》，天津科学技术出版社2013年版，第52～53页。

其他各方面的知识。也就是说，编辑既是专才，也是通才。掌握相关的法律知识，具备风险的鉴别能力这也是编辑应当具备的能力之一。拿期刊编辑来说，一篇稿件会经过初审、再审和终审这三个步骤，每个步骤关注的都是文章的政治思想倾向、学术水平以及是否立意正确、逻辑合理、言辞达意等。三级审稿虽然关注点基本一致，但体现的深度和起到的作用却不一样。三者是层层递进的关系，后者是在前者基础上的再审，越往后越重要。这意味着每一个环节的审理都不容小觑，除了关注文稿本身之外，同时也要关注文稿中是否有不当言论。提高鉴别风险的能力，有利于编辑在策划和审稿过程中明辨是非、分清优劣，将风险拒之门外。因此，编辑应当主动学习相关的法律规范，灵活运用，才能更好地胜任本职工作。

第三，严谨的工作态度。风险的发生并非无法预料，而是有规律可循并且能够加以预防的。严谨的工作态度要求编辑在组、审、编、排、校等过程中，不可一目十行，敷衍了事，而是应当大至学术观点、文章架构，小到词汇表达、标点符号、引文注释等都要仔细推敲、认真审阅，精益求精，谨防失实报道、混淆是非、侵犯他人人格尊严等情况的发生，防止稿件中的瑕疵成为风险的源头。同时，编辑在审稿时还应当对文稿的来源等信息进行较为严谨的审查，防止出现抄袭、剽窃或者泄露国家秘密、商业秘密和个人隐私等行为；在审稿过程中，使用有版权的图片或者有关肖像时，也应当征得权利人同意。随着现在科技的进步，编辑工作包括选题组稿、审稿、编辑、排版、校对等几乎所有流程都需在电脑上完成。信息化虽加快了编辑工作的效率，但依然需要编辑对于每个环节都应当认真把控，谨防法律风险。

六、树立法治信仰

《辞海》将信仰解释为“对某种宗教，或对某种主义极度信服和尊重，并以之为行动的准则”。从本质来看，信仰是人们在对某一事物认知的基础上而产生的一种发自内心深处的心理遵从。法治，即良法和善治，而法治信仰，它是指人们对法治这种社会治理模式的有效性的信仰法治状态下的符合社会正义、公平、理性和秩序的行为的心理遵从。[①] 基于法律知识基础上的法律信仰，更是法治现代化的真正内在动因。法治信仰是法治实施的重要前提，是社会主义法治环境的重要组成部分。

我们所说的法治信仰是作为一种情感表现出来的，这种情感是人们从内心深处发出来的。首先会表现出对法律的认同情感，接着便是更深层次的情感，即信服情感、尊崇情感和敬畏情感，在法律信仰过程中体现的这种情感完全是出于自愿的，

① 杨亚佳等编：《社会主义法治理念研究》，河北人民出版社2011年版，第134页。

是人们心甘情愿的尊重并忠诚法律。总的来说，法治信仰大体有如下两个方面的特点。

第一，从实质上看，法治信仰是人类发自内心深处对法律的一种坚定的精神确信和价值取向。法治信仰作为人生信仰的一部分，源于人们内心对于人本身与社会生活的理性期待。卢梭在《社会契约论》中写道："一切法律中最重要的法律，既不是刻在大理石上，也不是刻在铜表上，而是铭刻在公民的内心里。"① 法治不是建立在强制力之上的，而是建立在社会民众对于法律的自觉遵守之上的，因为自觉遵守构成了实现法律的最重要的形式。法治信仰的树立是自发的、自觉的，人们将法治当作自己的理想追求，把法治理想的实践作为自己的一种生活方式，以一种自觉、主动、积极的态度真正参与其中，同时自觉地维护法律的权威和尊严并以之作为自己行动的指南。其一，法律信仰是一种社会心理状态和过程，它用法、人类的理性、良心、正义感等评价标准对现行的法律规范和具体制度进行主观判断和价值评价；对那些表征于人类正义和秩序的终极目的要求的法律规范进行肯定的价值评价；对那些不适应时代发展以及与人类的理性和正义理念要求不相适应的法律规范和制度进行理性的分析和批判。其二，法律信仰还意味着将这种对法律积极评价的心理机制转化为自愿服从

① ［法］卢梭：《社会契约论》，商务印书馆1980年版，第271页。

和自觉遵守法律，并且在必要的时候甘愿为了实现这些法律而不惜牺牲自己生命。因而，对法律的信仰与守法精神、护法精神和为法律而献身的精神是紧密联系，不可分割的。总之，法治信仰就是人们对法治所持的一种尊重、信赖并以之为行为的最高准则。①

第二，从形式上看，法治信仰表现为一种社会的意识形态和社会文化形式，既有来源于社会现实的直接体验，又有超越社会实践的理性追求。它是基于社会主体对社会生活的公平正义的理想和秩序需要的理性认识和情感体验的产物，是人类长期的法律实践和理性思维活动的结晶，是人类把握社会现象的特殊方式，是社会法文化系统中各种主观因素的有机整合和高度提炼。就直接体验来说，法治信仰是一种对于法治的强烈的认同感和依赖感，是一种促使自己遵守法律、敬畏法律的内在的精神力量；就理性追求来看，法治信仰也包含了对社会公平正义的追求，对社会不公的控诉，对于人世间疾苦的价值关怀。法治信仰不同于法律信仰，法律信仰体现为一种对国家现行法律规范的信仰，并不包含对应然之法和公平正义之价值的追求。正如哈罗德·J. 伯尔曼在《法律与革命》关于法律的论述中认为法律作为一项约束人们行为的事业，其目的不仅仅是公正地制定和适用规则，同时也是分配权利和义务由此解决

① 王运声、易孟林主编：《中国法治文化概论》，群众出版社 2015 年版，第 29 页。

冲突和创造合作渠道的一个生活过程。① 因此，关于法的信仰不是对法律作为一种工具的信仰，而是对于理性的社会秩序的信仰，这种信仰我们应当称之为法治信仰。因为简单的规则很难区分出其明确的价值意义，而一旦精神被引入，我们将会发现一种持久的目的性关怀被赋予了人类社会的基本秩序追求。所以，今天人们对法律的遵守对于实现法治意义非常重大，但这种对于法治秩序的追求不仅仅在于满足了法治的秩序表达，而且也满足了对法治的精神需求。价值和秩序的结合，才可能真正地创造法治，现代法治是依靠现代性的价值，如自由、平等、正义、人权等加以建构的，而这些价值都体现了对于人自身的关怀。法治不能离开这种精神的基础，而遵守法治也必须明确地意识到精神的价值，否则不是我们所追求和展望的良好的法治社会。所以，对于法律的遵守应该包含对于价值的遵守和对于规则的遵守两个方面，这才是完整的遵守法律的内涵。也就是说，法治信仰则更多地体现为对良法善治的理性思辨，既有对正义之法的工具理性敬畏，也有对法学之自由、平等、正义、人权与秩序价值的遵从。

对于编辑来说，树立法治信仰具有重要意义，主要体现在三个方面：

第一，编辑树立法治信仰是法治社会建设的重要组成部

① ［美］哈罗德·J. 伯尔曼：《法律与革命》，中国大百科全书出版社 1993 年版，第 5 页。

分。党的十八届三中全会指出："建设法治中国，必须坚持依法治国、依法执政、依法行政共同推进，坚持法治国家、法治政府、法治社会一体建设。"① 建设法治社会，不仅要求公民掌握一定的法律知识，同时也应当树立对法律权威的尊重、对良法善治的追求、对公平正义的信念。践行现代法治，中国社会主义法治社会的建成，人民法治信仰的形成是前提、关键和根本。"法律必须被信仰，否则它将形同虚设"②"法律的生命力在于实施，法律的权威也在于实施"。③ 即使是再完备的法律制度，如果没有法治的信仰，法治社会也难以建成。编辑作为社会成员的一部分，也理应树立的法治信仰，这也是法治社会建设的应有之义。编辑工作者通过自觉地遵守法律法规，培育法律素养，提升法律意识，旨在建立起良好的职业伦理道德和行为规范，弘扬工匠精神，充分发挥编辑这一职业在我国全面依法治国中的重要作用。

第二，编辑树立法治信仰是编辑职业的道义责任。编辑是人们精神文化的传播者，具有建设社会主义精神文明的职业使命。树立法治信仰，传播法治文化，也是编辑职业的道义责

① 《中国共产党第十八届中央委员会第三次全体会议公报》，载百度网，https：//wenku. baidu. com/view/c3aaa3ea690203d8ce2f0066f5335a8102d266e1. html，最后访问日期：2018 年 12 月 30 日。

② ［美］哈罗德·J. 伯尔曼：《法律与宗教》，商务印书馆 2012 年版，第 28 页。

③ 党的十八届四中全会对加强法律实施提出明确要求并作出具体部署，在通过的《中共中央关于全面推进依法治国若干重大问题的决定》中指出，"法律的生命力在于实施，法律的权威也在于实施。"

任。社会公民法治信仰的培育，不只是依靠公民自身的自发学习，更离不开大众媒体的积极引导。通过积极的宣传和引导，能够实现社会主体将社会公正和秩序理性信念向守法用法的主观心理的转变。编辑树立法治信仰，在出版工作中向读者宣传法治信仰相关的内容，主动引导社会公众树立对法律的尊重和对法治精神的追求，是编辑的社会责任所在。

第三，编辑树立法治信仰是提高个人精神修养的重要方面。个人的精神修养包括思想道德修养、科学文化修养、法治信仰等诸多方面。随着法治信仰社会化成为建设法治国家的重要环节，树立个人的法治信仰成为提高个人精神修养的重要方面。法律是运用规则规范社会主体的行为，调整社会关系，实现社会正义和秩序的事业与过程。规则在法律体系中处于核心的地位。法治信仰离不开对法律规范的信仰及规范神圣的观念。对于个人来讲，树立对法律的敬畏和良法善治的敬仰，不仅能够提升自己的精神境界，引发自身对文明社会和秩序人间的深切关怀，同时也能带动众人，获得较高的社会评价。

但是，就目前来说，很多编辑并未具备足够的法治信仰，缺乏对法律的敬畏和法学精神的追求，实践中主要表现为：

第一，法治信仰的树立存在行业性。法治类、政治类等内容相关的编辑由于平常接触到较多与法律相关的实务、理论材料，具有较为扎实的法律知识功底和较为虔诚的法治信仰，法律素质较高，同时能够发挥舆论对公民法治信仰的导向作用。

而其他行业内容的编辑，如娱乐类、文化类相关行业，由于工作内容与法律关联不大，因而并不太重视对法律知识的学习和对法治信仰的培育。由于缺乏法治意识和法治信仰，他们难以成为从内心认同法律、信赖法律、遵守法律和捍卫法律的群体，甚至会是非不分，宣扬错误的法律观念。

第二，学习法律的目的不正当。学习法律的目的并不在于记住多少法律条文，关键的是要树立法律意识和养成法治思维，并自觉转换成守法行为，升华为法治信仰。也就是说，对于法律学习的价值不仅在于掌握既有的规则体系，更在于对法律精神和法律价值的认同，这样才会创造一种良好的包含着人类的合目的性追求的秩序。但是，编辑行业中存在一部分群体，学习法律知识并非单纯为了正当地行使自身权利，通过合法的手段和途径维护自己的权利，而是为了钻法律的漏洞，策划打法律的“擦边球”的内容等。目的往往对人的行为具有导向作用，不正当的目的则会导致错误的结果。

第三，对法治信仰的认识存在一定的片面性。法治信仰体现为社会群体中的法律态度，法律意识的欠缺意味着人们无法自觉地践行法律，在主观意识上存在欠缺。至今仍有部分编辑认为，树立法治信仰主要是法律工作者的任务，与自身无关，或者认为通过人情和“关系”往来比依法办事效率更高，因此没必要树立对法治的信仰。认识的偏颇会带来实践的偏离。引导部分编辑人员对于法治信仰的正确理解，促使其遵守法律从外在强制走向内心自觉，是树立正确法治信仰的路径之一，同时也最能体现作为能动性的主体对于社会的改造以及社会演进中所体现的目的性关怀。

由此我们应当看到，培养编辑的法治信仰不是一朝一夕、一蹴而就的，其实现需要一个较为漫长的过程，而且是需要综合考量、逐步推进的。树立编辑的法治信仰，就是要树立编辑对于良法善治的信任感、依赖感、敬畏感，最后形成内化于心的法治精神之正义感。这一条实现路径是一种由感性到理性、由外在内化于心的理想构建，具有层层递进、逐步深入的特点。法律至上作为一种现代法治精神，不仅要在制度安排上进行体现，更要在具体的实践中得以彰显。它不仅需要在制定“良法”过程中确立法律之上的权威，更要从“善治”中将这种“权威”落实，通过具体的社会实践得到切实贯彻。从编辑的角度来看，通过编辑对法律实践的日常参与，加强普法宣传教育、专业培训以及法律仪式的参与，从而引导编辑树立对法治之敬畏，逐步形成对法治的坚定信仰。

第六章
培养编辑法律意识的经验与存在问题

一、培养编辑法律意识的经验

法律意识是在一定社会条件下，人们对于法律和法律现象的相关认识、评价、情感体验等各种现象所形成的主观印象。编辑法律意识的培养，是一个将对法律的感性认知内化为一个理性认识的过程。在现实生活中，法律条文、法律原则、法律案件、法律学说等构成了法律意识形成的原始材料，人们通过有意或者无意地参与到法律实践之中，逐步形成了对法律的一般认识。但是这种认识是感性的、片面的、主观的，而培养法律意识的任务，就是要将这种并不科学的片面性认识，上升为一种理性的、客观的、全面的、系统的法律思维。这种思维的形成是一种刻意的理性建构的过程，并非完全在实践中自然形成，而是需要通过采取一定的积极的、主动的行为才能够实现。在实践中，对于编辑法律意识的培养，业已取得了一定的经验。

（一）加强法律通识教育

从总体上来说，编辑工作者的任务是相当广泛的。他们担负着把意识形态领域、科技文化界各方面的成果进行组织、汇集、整理、公布的责任，是积累和总结人类文化科学知识的一支不可缺少的队伍。编辑工作者的重大社会责任，就是要把最好的精神文化食粮供给人民，使各类图书都力求做到选题对路、内容充实，并有较高的思想性、科学性和艺术性，满足城乡广大的多层次的读者各方面的需要，使之达到最佳的社会效果。要做到这一点，编辑必须具有较强的法律意识和社会责任感。现阶段，我国国民整体法律素质还有待提升，法律意识还有待加强。法学通识教育是十分必要的。

法治素养的培育是法学通识教育重要的一环。而法治素养的培育则建立在对法治素养、法治原则适当理解的基础之上。法治的内涵包括对人类尊严的保障，以及政府公权力应该受到法规范的限制等。以这些内涵为基准，我们可以用来分析一些社会新闻，看看从法治的精神出发，该怎么评断这些新闻中的法律问题，以更加完整地落实法治素养的培育。通识教育中的人文素养与法学教育的多重角度是需要加以协调运用的。通识教育以培养人文素养为重点，人文素养又奠基于人文主义的精神。人文主义是诸如强调人类在宇宙关系中尊严、利益及重要性之哲学理论，也指任何承认人之价值或尊严之哲学。由此可知，以人为主体、强调人性尊严的人文素养，其与通识教育之间存在紧密关系。法学教育的实施，乃是包含许多角度的教学目标。这些科目如民法、商法、国际私法、财经各类专业法规等。归纳而言，较为集中在跟商学领域息息相关的民商法领域。在这一法律次领域的教学与学习，目标主要在于使学生未来从事与各本职相关的工作时，能明了并熟悉现代社会中，对商业的某些运作具有强制力的社会规范的内容与效力。固然，这些规范也反映了一些基本理念，如说私法自治、契约自由等精神；不过整体而言，这类法律科目的主要教学与学习目标是将法律作为一门技艺来看待，使学生了解。例如，合同（在法律规定上）如何才算生效、票据（在法律规定上）如何才算有效开立、公司（在法律规定上）如何重整等法律上的规定与程序。除此以外，法学当然也蕴含人文素养，这主要反映在法学教育所要传达的法治素养的层面。我们至少可以这么说，法治原则及素养，有部分乃是与上述人文主义精神相契合，因此作为通识教育的一环的。这类法学通识教育，通常属于大专院校商学科系定的一般必修科目或通识选修科目的范畴。若具体而言，这些科目大略包括：法理学、宪法学、中国法律思想史等科目。这些法学通识教育科目，教学与学习目标则较不着重在法律作为技艺的角度，而是较为着重在传授与学习相关法规范背后与人文素养相契合的法律内涵与精神，可简要归纳为法治素养的角度。法治是为了保障人性尊严、基本权利、法秩序的安定及正义之目的，要求所有国家权力行使必须依据宪法与法律。因此与此相关联的价值内涵，均与法治国有关联性，如宪法、法律、人性尊严、自由权利、正义与法秩序和谐与安定。固然法治的内涵有如上或多或少的要素，然而就人文主义的精神概括而言，表现在以人为主体、强调人性尊严的人文素养的内涵；而这些内涵与法规范（包含宪法、法律在内的整体）背后蕴含的上述法治内涵其实有相通之处。

从人性尊严角度阐述，我们可以推导出一种论述：国家整体法秩序与法制度，必须保障人民出自人性尊严理念而产生的各种宪法上权利（如人身自由、言论自由等），这些权利受宪法保障，国家各机关不能予以侵犯。也正因为人性尊严的理念是通识教育所要传递的人文主义内涵之一，所以法学通识教育不仅仅是传授法律专业技术知识，而且具有让学生明了人所具有的价值及法规范何以应当保障此价值的意义。人性尊严的保障的防卫面向，不仅仅是防止遭受私人的侵害，也蕴涵防止遭受公权力的违法侵害。

通识教育所要求具备的法治素养，其实不仅在于守法，同时也要明了上述法治精神的内涵。我们能了解人性尊严的意义与价值，才能了解奠基于人性尊严价值所推导出来的相关人权的意义与价值。能了解这些人权的意义与价值，才能了解到国家由宪法、法律等共同架构的整体法规范，才能在解释与适用上保障这些人权。综上所述，法治国家，既追求人民具备守法精神，也要求国家守法。公权力应受到严密监督，乃是法治国的核心理念，自发性地监督国家权利行使的正当性。因此，至少中学阶段以后的法治教育，就不能再单纯地宣示守法观念，而是应培养学生监督国家权力的意识与能力。

实际上，大众传播媒体报道的社会新闻事件内容也是普法教育一部分，本身即蕴涵法治教育的意义，但却很可能经由大众传播媒体疏漏，甚至错误的诠释，而传达给读者偏差的理解角度与结论。这种传播上的缺失对于在法治教育的宣教意义上，其实可以给予教育者若干思考。故而，笔者以为，如果要传授给社会健全的法治素养，编辑必须具备先进的法律理念以及法律意识。对此，在编辑的相关工作中应注重以下两个方面的宣传。

第一，宣传法律的遵守。了解法律、遵守法律，是最初层次的法治素养。这一层次是强调让公民知悉相关法律的规定内容是什么，这是属于将法律作为生活技艺与知识的层次的传授。此外，也告诉公民应该遵守法律的规定、配合法律所要求公民应该积极从事或消极禁止的行为。

第二，法治国家的人民对法律有修改权。若是现行相关法律的规定民众以为有必要修改，只要不涉及侵犯宪法所保障的基本权利的话，原则上可依照程序修改法律。民主与法治必须当作经常持续性的任务，不断地加以形成。人民必须为了法治国家而有所作为，人民必须在此持续进行的过程中贡献心力，遇有不正义的事情，不能视而不见。所以，在法学通识教育课程之中，除了向公民宣传知法、守法，法治素养，也应让他们明了，身为国家的主人，人民拥有依法定程序修改法律的权力；法律绝不是僵化的生活规范。

法治素养的传授，是法学通识教育所较为着重的，也是与其他法律科目的教学目标稍有不同之处。法治素养的建立，必须先明了这些法治原则的重要内涵，才能适切地加以学习、内化到个人价值观与行为准则之中。建立了相关法治素养，即使面对媒体上常见的具争议性的社会新闻时，我们也将能有符合法理、正义的判断标准，来检视这些新闻中的法律论证观点。在这种以实际发生的新闻事件来模拟思考，而培养出正确的法律适用的论述后，若自己遇到相关法律上争议事件时，则对于自己是否违法有适切的判断，进而思考采取相关法律上的因应措施。法学通识教育的上述规划的层次与着重诸如人性尊严、政府公权力应受法规范限制等的法治内涵，在人文素养的理念层面，也就是要回到人/人民本身，以建立人/人民主体性的关系。

这种先进的法学教育思想，自然需要编辑工作者充分发挥自身的组织、策划作用，以使整个社会的法律意识不断提高。当然，这些必须要求编辑具有法律知识、法律意识、社会责任感，以促进我们的法治宣传工作得以顺利实施并且不断取得进步。

编辑在进行法律通识宣传的同时，自身一定要具备良好的法律素养。既要保护著作权人和读者的合法权益，同时也要保护自己的权利以防备被盗用版权、欺诈等侵害。作为编辑没有相应的法律知识是很难胜任编辑工作的。

编辑的工作性质决定了要接触各种各样的稿件，接触社会的各行各业，在这种情况下，研究问题、编辑作品，就会接触法律。随着市场经济体制的逐步完善和我国法治建设的发展，经济、政治、文化和社会生活，甚至国际交往等各方面都和法律息息相关。因此，在这个法律无处不在的时代，一个不学法、不懂法的编辑是很难做到准确把握作品的。现在我们常会在新闻报道中了解到一些媒体不断陷入侵权的法律官司中，也有一些媒体因为侵权公开道歉的事例。这些都说明了编辑提高法律素养、增强法律意识的重要性和必要性。编辑的工作是传播信息，因此，编辑必须具备一定的法律意识和法律素养，知晓一些法律理论知识，掌握基本的法律规定和概念，这对完成编辑工作大有益处，工作起来才能得心应手。

（二）顺应互联网发展规律

随着互联网行业的发展和自媒体时代的到来，大数据、云计算等新兴科技的进步，为公众法律意识的培养提供了众多的可能。当下的互联网发展呈现出“信息大数据化”“连接一切”“信息去中心化”的特征，这些特征为社会生活的诸多问题开启了新的思路，对于法律意识培养这一社会命题也提供了新的实践思路。

在互联网时代，各个行业都在经历着一场新的产业变革，编辑行业也不例外。在“互联网+”的视域下，互联网为传统行业提供新的增长动力，使之具有了新的活力。对于编辑出版行业来说，互联网的发展对其产生的影响主要表现在：互联网为其提供了更加便捷的信息获取途径；互联网为编辑出版行业提供了新的业务范围；互联网为编辑出版行业创造了新的工作方式；互联网为编辑出版行业带来了新的思维方式。

第一，就信息资源的获取来说，互联网“连接一切”的特点将世界纳入整个互联网这一新的空间范围内，将物理世界中的个体嵌入互联网世界中，因此物理世界中的信息通过互联网得以广泛传播。在纸媒时代，信息的传播主要依靠报纸杂志等媒介，信息的传播具有一定的滞后性，同时，受到发行范围的影响，传播的范围相当有限，受时空的拘束较大。在广播、电视时代，信息的传播速度大大增强，媒介所承载的内容也变得更加丰富，与此同时信息传播即时性的特性开始显现。到了互联网时代，信息的传播速度开始呈现出井喷式地增长，特别是近几年来移动互联网技术的进步，信息获取的即时性和交互性特征成为互联网时代信息传播的重要特点。互联网时代信息传播的便捷性对于编辑行业的发展，无疑提供了更加方便的途径，相关事件信息的采集更加便捷迅速，从而极大地提高了工作效率。

第二，就业务范围来说，互联网为编辑出版行业开拓了新的业务范围，数字出版成了一种新的出版方式。它是充分利用数字化、网络化特性全面提升原创作品科学价值的知识生产、传播和利用方式，其新型合作方案包括数字与印刷出版合作经营、数字出版与总发行合作经营、数字出版与多渠道发行、多渠道转载发行合作经营、OA 转载合作经营以及 OA 出版合作经营模式等。[①] 数字出版给编辑行业和编辑部门带来的变化具体包括两个方面：一是传统业务向互联网领域的拓展。二是基于宣传营销的需要而派生出新的业务部门。传统的编辑出版行业多从事纸媒的编辑出版业务，而在互联网时代，几乎所有的出版媒体都顺应了互联网潮流，相应地提供了线上出版物，如新型数字出版模式、APP 推送等。同时，借助互联网这一载体，大多数出版单位纷纷建立了自己的网站，或者注册运营了本单位的微信公众号、微博等新媒体，而网站和新媒体的运营则又需要相关的编辑进行设计、排版等工作。

第三，从工作方式来看，互联网的进步使得各个行业的时空依赖性逐渐降低，工作方式逐步摆脱时间和空间的束缚，这对编辑行业的影响尤其明显。利用互联网的传输优势，编辑可以即时对相关材料进行编排、审核，因此编辑可以借助互联网

① 孟俊红：《论“互联网＋”时代学术期刊编辑的法律素养》，载《河南教育学院学报（哲学社会科学版）》2017 年第 6 期。

实现远程办公，颠覆了传统坐班制的工作方式。对于作者来说，可通过互联网实现在线投稿，即时与编辑进行沟通交流，极大地提高了出版效率。

第四，互联网为编辑行业提供了新的思维方式，即互联网思维方式。李克强总理明确提出："互联网不仅是工作、学习的工具，也是一种生活的方式，人们的很多思维习惯都因为网络而有所改变"①。从更高的层面来看，互联网所提供的已经远远不止是一种工具价值，更是一种理念，互联网"连接一切"和"去中心化"的特征包含着对传统的威权主义价值观念的冲击，取而代之的是以"自由、平等、参与、分享、创造"为核心的互联网价值观。在互联网时代，人人都是发声者、参与者，由此带来了各种信息资讯的急速膨胀，信息的泛滥促使编辑出版产业不再专注于"量"的增长，而是更多地关注"质"的提高。在内容为王的时代里，提升出版产品的质量，则又必须回归到以"自由、平等、参与、分享、创造"为核心的互联网价值观上来，以此推动行业的新变革。

在"互联网+"时代的背景下，编辑的工作方式、工作内容、工作习惯都发生了巨大变化，因此，要提升编辑的法律意识，则同样需要依托互联网这一平台。

① 《李克强出席世界首届互联网大会的中外代表座谈会讲话》，载人民网，http://politics.people.com.cn/n/2014/1120/c70731－26064063.html，最后访问日期：2018年12月21日。

就目前来看，随着移动互联网的发展，人们日常获取法律相关信息，大部分是通过微信、微博和客户端来实现的，而传统的新闻类网站、专业知识性网站、论坛所占的比重则在逐渐降低。由于一般民众并非专业的法律工作者，缺乏系统的法学专业训练，其关注的法律信息多倾向于社会法律热点事件，以执法、司法类案件为主，而对于相关的立法动态、理论动态则鲜有关注。

在对社会热点事件的态度方面，大部分社会群体都保持了一个较为客观的立场，对于事件有一个理性的认识，但是依然会存在部分网民发布非理性的言论，如发布一些针对他人的侮辱性言论。究其原因，一方面是由于网民的素质跟不上经济社会发展速度。另一方面则是由于个别媒体炒作，通过捏造、夸大、扭曲事实而博人眼球。在后一个原因中，编辑负有不可推卸的责任。因此，治理互联网的种种乱象，应当了解互联网的发展规律，从源头对互联网上存在的种种乱象进行治理，而这其中的一个重要环节，就是要顺应互联网的发展规律，提高编辑人员的法律意识。

在“互联网 +”模式快速发展的今天，“互联网 + 法律”为培养法律意识提供了诸多可能的途径和方式。第一，互联网的开放性让编辑群体接收法律知识更简单，通过官方网站、新闻媒体等渠道接收到热点法律资讯、国家最新出台的法律法规和方针政策。同时，随着自媒体发展模式的日益成熟，平台页面日趋简洁，参与程序不断简化，热点推送更加人性化，使人们获取新闻资讯、法律信息更加简便快捷。人们可以利用茶余饭后等极短的时间获取信息，也可以在短时间内进行信息传递，实现信息共享。第二，移动互联网的发展让人们接受法律知识的渠道更加广泛，移动互联网的相关媒介具有参与主体广泛、传播速度迅捷、发布形式灵活、舆情互动自由、社会效应明显等特点，这为人们接触法律知识提供了便捷平台。第三，互联网连接一切的特点让人们学习法律的知识更加主动，自媒体平台凭借其交互性、自主性等特征，使得新闻参与自由度显著提高，传媒生态发生了前所未有的改变。①

除了传统的通过网站建设进行普法宣传以外，现在微博、微信和客户端也已经成了法律宣传的主阵地。经过不断的探索，目前已经形成了四种比较成熟的模式。

第一，通过互联网进行日常性、基础性的法律知识的宣传。这种模式主要依托微博、微信、客户端（简称“两微一端”）等新媒体，通过推送一些篇幅较短的内容，如与日常生活相关的民事、行政、刑事方面的基本法律知识，并配合相应的图片、视频以达到宣传的效果。这种模式的优势在于利用人们碎片化阅读的特征，提供比较简洁、生动的内容，避免了高度专业、学术性的知识给人带来的比较生涩的阅读体验，从而

① 原琳：《自媒体对主流媒体新闻传播影响的研究》，载《科技传播》2014年第6期。

在潜移默化中使人们了解到相关的法律知识。

第二，通过互联网媒体进行法治舆论宣传。该模式主要见于一些比较权威的媒体网站及其“两微一端”。这些媒体通过结合国家的大政方针，发表相关的评论文章，弘扬法治的正能量，从而形成良好的法治舆论环境。

第三，围绕重大法律主题、法律节日和法律事件积极组织开展法治宣传教育主题活动。这一模式是当下最为普遍的模式，通过对当下发生的一些社会事件进行法律视角的解读，引发社会对这些事件的理性思考和认知，是提高公民法律意识的最有效的途径。2018 年，“高铁霸座事件”“滴滴遇害案”“长春长生疫苗事件”“昆山宝马男砍人被‘反杀’案”等一系列的社会事件曾引起了社会舆论的广泛关注。与此同时，各个媒体通过对这些事件的理性报道和积极引导，从而使社会各界能够更加冷静客观地分析和看待问题，自觉地用法律的视角去解读这些事件，从而达到了普法“润物细无声”的效果。同时，结合“3. 15 消费者权益日”“6. 26 国际禁毒日”“9. 19 律师节”“12. 4 全国法制宣传日”等法律节日进行法律专题宣传，也取得了良好的宣传效果。

第四，建设专业性的法律网站。这些网站主要有法律学术性网站、法律服务类网站，包括法律检索、案例检索、法律咨询、律师服务等，通过具体的法律实践来实现办事依法、遇事找法、解决问题靠法的良好氛围。

在互联网时代，出版行业应当加快“互联网+”的产业结构转型和思维转型，顺应互联网的发展趋势，借助现代的网络立法实践，完善对数字出版平台的治理。基于此，编辑当前应当树立互联网思维，如用户思维、产品思维、平台思维、数据思维、迭代思维、极致思维，提升全民数字出版的版权意识，[①] 并通过建设严格的数字版权保护制度，出台统一的数字出版行业标准，提高数字出版的规范化程度；利用技术手段构建全面有效的数字出版管理体系，促进产业革新；将数字出版纳入法治生态圈，推进数字出版在法律框架内更好地创新以及科学发展。

（三）完善编辑部门的管理

加强对编辑工作的管理是提高编辑出版单位工作效率的重要环节，也是提高编辑规则意识的有效途径。编辑是一个相对比较“自由”的职业，但如不加以约束和引导，很多年轻的编辑很容易出现不思进取、随波逐流的情形，所以，完善编辑管理制度是必要的。编辑管理是一个系统性的工程。从内容上看，包括人力资源的管理、财务管理、日常的稿件管理、合同管理等一系列的内容；从管理的方式上看，制定科学合理的管理制度是前提，将管理制度予以贯彻落实是关键，加强管理中

① 顾闻：《我国出版法律体制百年演变》，载《出版发行研究》2017年第8期。

的责任追究制度是保障。

第一，制定科学合理的管理制度在编辑管理过程中具有建构性的作用。管理制度表现为在编辑部门内部所同行的规则，严格遵守管理制度即体现为对规则的遵守，这与对法律规则的遵守方向是相同的。法律意识从根本上说是一种规则意识，按照既有规则，行使自己的权利，履行自己的义务。要提高编辑的法律意识，就要使编辑养成守规矩的良好作风。而编辑人员对管理制度自觉遵守，除与编辑自身的主观意识有关外，还与管理制度的可接受程度、可操作程度有关。因此，一个良好的管理制度应当体现：其一，科学性。即内部管理制度应当结合本编辑部门的实际情况加以制定，具有可操作性，且通过实行该制度切实能够提高部门的工作效率。另外，还应当注重宽严适中，在保证编辑人员能够按照规定完成相应工作的同时，又不至于处于巨大的压力之下而打击其工作的积极性。其二，民主性。即制度的制定应当为大多数编辑人员认可，这是管理制度能够获得普遍接受，得以贯彻执行的前提；而对制度制定的参与本身就是提高编辑规则参与意识、权利意识的重要实践。其三，规范性。即制度应当以规范的形式进行出台，条文应当规范而具体，同时能够较为全面地覆盖编辑工作的各个环节，不存在相应的空白地带。其四，公正性。即制度本身应当体现公平的价值取向，对所有的编辑人员按照可接受的标准制定相应的奖惩制度，不存在过分的偏颇。

第二，严格落实管理制度是加强管理的重中之重。仅凭借制定的规则并不能形成有效的管理，徒法不足以自行，只有将管理制度予以贯彻落实，才能够形成规范有序的运行机制。加强制度的落实：其一，需要加强制度的培训工作，提高编辑人员的规则意识和履职能力，促使编辑人员自觉主动地遵守各项规定，明确各审级的任务、职责和作用。例如，有些出版单位让编辑参加一些由教育部和国家新闻出版广电总局举办的各类关于出版行业的法律知识培训班，强化编辑的法律水平。① 其二，编辑部门应当按照制度规定严格执行，按照制度要求采取相应的措施。例如，加强选题策划的全方位审核，确保选题策划在政治导向上、思想内容上符合积极、健康、向上的要求；加强稿件在政治取向、内容质量、知识产权等方面的审查，严把稿件关，对于触及政治底线、传播非法内容、侵犯他人权利的稿件坚决不予以采用；完善合同管理，设立严格的合同起草、签约风险审查制度，加强合同风险管控，减少合同纠纷。其三，制度需要相对应的监督、考核、评价机制等加以配套实施，在实际的操作中发现存在的问题，从而加以改进。对编辑人员进行工作绩效考核是编辑人员职业化建设的重要组成部分，科学绩效考核体系可以提升编辑人员的业务水平、调动编辑人员的工作积极性、在编辑人员群体内部形成良性竞争

① 杨春风：《试论如何培养高校学报编辑的法律意识》，载《四川行政学院学报》2015 年第 3 期。

机制。

第三，加强管理中的责任追究制度是保障。落实岗位责任制，明确责任边界是提高编辑职业道德素养和责任意识的重要措施。追究责任的目的在于规范编辑工作行为，改善工作作风，通过责任倒逼编辑人员努力提高业务水平，养成严谨务实的工作态度，防止违反编辑管理制度，违反出版行业的法律法规行为的出现，减少业务风险。因此，加强责任追究制度应当以制度化建设和法治化管理为主线，以强化编辑的纪律意识、法律意识为核心，确定各级编辑的法律责任，并制定出相应办法。具体来说，由于编辑审核不严，造成合同纠纷或者出版作品侵犯他人合法权利、违反相关法律法规而使出版单位卷入民事纠纷、行政赔偿或者刑事处罚，并给出版单位带来严重的经济损失、名誉损害时，出版单位有权追究相关负责编辑人员的失职行为。

（四）建立法律顾问制度

提高法律素养有两个途径：第一，通过自我的不断学习法律知识，培养自身的法律知识储备。第二，通过参与相关的法律实践活动，在实际应用中养成“遇事找法”的心理趋向。无论哪种途径，都离不开专业人员的指导和建议。对于编辑人员来说，要提高编辑的法律意识同样也是如此。

除了一些法治相关的图书、期刊编辑人员具有较高的法律素养以外，其他领域的大多数编辑人员并非专业的法律工作者，除了部分编辑部门通过不定期的业务培训以外，日常接触法律专业知识的频率少，其掌握的法律知识十分有限，而且多为零散的、片面的内容，对于很多法律专业问题也只是一知半解，在遇到涉及法律相关的问题时并不能完全依靠自己的法律知识储备予以解决。同时，由于编辑日常的工作主要以策划、审稿、改稿这些专门的业务为主，在繁重的压力下并没有专门的时间去处理法律相关的专业问题，需要专业的法律工作者予以协助。

在国外，出版传媒单位都十分重视法律咨询和法律顾问制度的建设。通过聘请专业的法律服务人员，来为出版发行机构提供相应的法律问题上的支持和帮助。建立法律法规咨询和顾问制度，不仅可以发现编辑部门制定规章制度、起草合同、处理纠纷过程中的法律问题，提高各级编辑部门工作效率，而且可以使出版社的工作人员了解国家的法律知识。法律顾问在欧洲称 Company Lawyers/Legal Adviser，美国称 In-house Counsel/Corporate Counsel，指被公司聘用为雇员、专职从事企业内部法律事务的律师。[①] 事实证明，一些编辑部门聘请法律顾问之后，不仅制定的相关管理制度具有了可操作性，而且在决策实施的过程中，能够严格依法办事。为此，编辑出版单位聘请律

① 李申田：《企业法律顾问工作规程》，法律出版社 2010 年版，第 29 页。企业法律顾问又称公司律师、内部律师等。

师担任常年法律顾问，为记者、编辑随时解答法律难题。法律顾问制度是提高编辑部门法治化水平的重要途径。由于编辑行业涉及的法律问题的困难性和复杂性越来越大，特别是数字出版深入发展，建立和完善编辑部门法律顾问制度的必要性愈发强烈。

无论是大多数国有的出版单位，还是民营出版单位，均属于市场经济中的一个经济单位——企业。企业法律顾问制度是现代企业制度的有机组成部分，建立现代企业法律顾问制度，加强和完善企业法治建设，是提高企业核心竞争力的重要举措。企业通过建立健全企业法律顾问制度，完善法律风险的防范机制，才能使企业在市场竞争中立于不败之地。[①] 法律顾问是专业的法律人员，是我国法律职业共同体的重要组成部分，多数法律顾问都通过了国家司法考试，具有较高的法律水平。

国外的编辑部门的法律顾问职责包括预防法务、治疗法务、战略法务三个主要部分，扮演着律师、法律教育者、法律调查员、公司伦理官员、危机管理者、专案策划顾问、监察专员等角色。总的来说，编辑部门法律顾问的有三大职责，第一，法律风险的评估与预防。编辑在选题、策划时，可以就相关的法律问题向法律顾问寻求可参考性的法律意见，及时预防

① 朱忠良、牛振宇主编：《企业法律风险防范与控制》，山西人民出版社 2015 年版，第 359 页。

法律风险。在起草、签署相关合同时，可以就合同的效力、公平性、表述是否周延、是否符合法律规定和交易习惯等问题向法律顾问进行咨询，或者直接提请审查，明确合同风险点，减少合同瑕疵，从而保障交易安全。第二，法律纠纷的处理。当编辑部门出现了合同纠纷、知识产权纠纷、人格权侵权纠纷等法律纠纷问题时，法律顾问应当及时处理，提出解决方案，将损失尽可能降到最低。早在 1964 年，《纽约时报》就在报社内部成立了法律事务部，使之成为报社的一个有机组成部分。这样，法务部门就可以在新闻报道过程中提供法律支持，遇到诽谤及隐私方面的诉讼案件，或与新闻消息来源有关的诉讼，均要由专业律师会同总编辑或有关记者及编辑出庭应诉。① 第三，内部法律意识的培养。以往编辑出版单位也有聘请律师担任常年法律顾问，但大多用于广告经营中，或出了问题请他们帮助解决。如今，这些常年法律顾问不仅要担负原有的职责，而且应该提前介入，向编辑工作者进行普法教育，提高编辑人员的法律风险防范意识，并在平日工作中随时进行指导。同时，法律顾问还参与部门管理规则和法律风险防范方法的制定，从专业的角度，针对编辑部门的实际情况提出意见和建议，促进制度的完善，提高管理水平。

编辑部门的法律顾问制度目前来说有三种模式：第一种是

---

① 阴卫芝：《国外媒体法务的职能及其如何为编辑部服务》，载《新闻记者》2014 年第 7 期。

在编辑部门内部设立专职法律顾问。第二种是在外部聘请法律专业人员担任法律顾问。第三种是内部设立和外部聘请相结合的模式。在内部设立的法律顾问，对编辑部门的人事情况、业务状态、制度规定等情况更加熟悉，因此能够提供更加贴近实际的法律服务。同时，内部的法律顾问与编辑部门联系更加紧密，更能够尽可能站在部门的角度去解决相关法律问题。而内部设立法律顾问也存在缺陷，内部法律顾问囿于编辑部门内部的管理制度及其本身法律事务处理经验的专项性、匮乏性，未必能够胜任日趋复杂化的法律事务工作。而外部聘请法律顾问，法律专业化水平高，立场相对中立，实践经验更加丰富，对一些棘手问题能够给出相对成熟的解决方案。但外聘顾问对于编辑部门的内部实际情况并不十分了解，给出的相关建议可操作性不强，同时外聘顾问的费用成本较高。所以，将内设和外聘结合起来则能够扬长避短，充分发挥各方优势。国外很多出版媒体都建立了内设和外聘相结合的制度。内部的法务部门的设立几乎成了出版发行单位的基础性部门，而法务部中的法律顾问的工作和职责几乎囊括了编辑出版单位的所有部门和出版发行的所有程序，对于出版发行过程中的风险预防、纠纷处理以及战略决策等内容发挥了重大作用。外聘律师则主要负责处理诉讼纠纷的相关事项，如在 CNN 诉上海美亚在线宽频网络有限公司（cnnews. com）域名一案当中，CNN 委托了美国 Alston & Bird 律师事务所来从事相关纠纷事项的处理，在其律师函中，就提到该律师事务所代表有线新闻网（CNN），“CNN将本事项交付本所办理，以期在美利坚合众国境内获得适当的法律救济”。①

我国国内的部分编辑出版发行单位业已逐步建立了符合自身特点的、专业的、完善的法律顾问制度，也拥有自己专门的媒体法务人员。比如，中央电视台、人民日报、中国国际广播电台、湖南广电集团等。再如，湖南经视成立了专门的法律事务小组，聘请一家法律事务所作为常年顾问，法律事务所每天都派一到两名律师在台里值班，提供专业的法律咨询和相关事务的处理服务，法律工作的主要内容，除审查大量的合同，防控经营风险外，重点就是对涉法节目进行把关和评估。这其实在一定程度上，将预防法务和治疗法务合二为一了。②

当下我国的媒体机构的内容环境也正在向更为职业化和专业化的方向发展。未来的客观性报道、批评性报道、突发事件、现场报道所占比重将会越来越高，加之民众权利意识的逐步提升，可预见传播行为中潜在的法律风险也越高。因此，媒体法律事务部门在报道前期、中期、后期所能做的预防与防范工作也越显重要。

---

① 胡钢：《反击CNN——CNN与美亚在线域名案的法律对策分析》，载网络律师网站，http：//shoubu. com/second/content. asp？ –no＝224，最后访问时间：2018年12月10日。

② 阴卫芝：《国外媒体法务的职能及其如何为编辑部服务》，载《新闻记者》2014年第7期。

（五）加强行业协会治理

现代化的治理方式要求监管的主体多元、治理的方式多样，从而构成一个全方位的监管和治理体系。行业协会具有比较强大的治理功能，借助商业协会的章程，会员秉承共同的宗旨和基本一致的目标，集聚到行业协会之下，通过自律、维权等机制，维护整体利益。在编辑行业比较发达的西方国家，一个共同的特点就是编辑行业的自律十分发达和严谨，自我管理能力很强。在日本，编辑行业自律机构也很健全，遍及全国编辑行业每个部门和角落，到处都有它的身影。① 在美国，管理编辑的机构有若干个，其中美国报纸编辑协会是最权威、最综合的编辑管理机构，它拥有日常监督管理权，调查处理读者对文章内容的控告，召开听证会，调查和听取市民和编辑行业双方对案件的看法和意见，拥有裁决权。②

1979 年 12 月，我国第一个与编辑相关的行业协会——中国出版工作者协会成立。随着我国市场经济的不断发展，目前已经建立了众多关于编辑部门的自律性的行业协会，其中包括中国编辑学会、中国书刊发行业协会、中国期刊协会、中国版权研究会等一系列行业协会，各省市也相继建立了类似的机

---

① 梁关：《日本新闻媒介的自律和他律》，载《国际新闻界》1998 年第 1 期。

② 陈中原：《信誉咋不断下降——来自美国报纸编辑协会的报告》，载《国际新闻界》1999 年第 4 期。

构。这些机构由编辑主体、读者以及业外人士等联合组成，具有专业性强、水平高的特征。目前，我国最重要的自我管理机构是编辑学会，如中国编辑学会（China Redactlogical Society，CRS）和各个地区的编辑学会，受新闻出版机关、民政机关的业务指导和管理。各级编辑学会担负着对编辑活动主体的自我约束、自我管理的任务。学会基于行业协会的性质，极少有行政机关的命令性、管制性的色彩，而是更加注重提供服务，如推动服务规范的统一，积极参与立法、执法、司法等相关活动，协调会员与政府、会员与公众之间的关系。会员基于其对行业协会的内心认同，在自愿的基础上服从必要的自治规章，并接受行业协会的自律惩戒。完善的行业规章制度有利于预防期刊编辑过程中的法律纠纷，也有利于依法依规处理期刊业务纠纷，这对编辑具有刚性的约束力，对法律素养形成具有引导作用。[①] 针对学术不端行为，学会建立类似于学术同盟性质的共同体，建立黑名单制度，制定规范严厉的惩罚制度，以震慑和惩治学术不端行为。[②]

编辑出版行业通过行业自律规范性文件进行行业治理。例如，日本的全国编辑行业联盟制定了《新闻道德纲领》，该纲领为日本编辑界策划编辑文章必须遵守的最高准则，同时，各

① 孟俊红：《论“互联网+”时代学术期刊编辑的法律素养》，载《河南教育学院学报（哲学社会科学版）》2017年第6期。

② 陈吉：《新媒体时代编辑工作的道德价值挑战与应对：以学术期刊为研究对象》，载《编辑学刊》2013年第2期。

专业自律机构也都制定了编辑活动应当遵守的规则，从而保证编辑行业有序、稳定的发展。从我国的编辑出版行业的自律规范来看，仍存在相当的随意性和低效性，通常是文件数量众多，规范范围参差不齐，缺乏可操作性、可执行性。这主要归咎于公约、规章等一系列自治规范性文件的缺乏一定的法律强制力、缺乏相应的惩戒和监督机制，对缔约者难以形成威慑作用。

我国编辑从业人员的从业并没有严格的资格限制，门槛较低，基本上具有一定文字功底，经过相关的编辑业务培训都能成为编辑。这也就造成了编辑从业人员的法律素养参差不齐。因此，各级编辑学会必须加强对各级编辑学会及编辑、编辑部门、报社的职业道德教育，不断提高他们的职业道德素养和法律素养，树立道德信心和法治信心，从而在承揽、监督、审查、刊发文章过程中自觉抵制违反职业道德和相关法律法规的内容。编辑工作是一种弹性很大的智力支出，可以说每一个策划、每一篇文章、每个版面整体布局的质量高低都与编辑的精神追求、价值取向、心理状态、行为习惯有着十分密切的关系，故而加强编辑职业道德和职业法治的自我约束就显得非常必要。当谨慎成为编辑稳定的职业心态时，编辑工作者必定就会从大处着眼从小处入手，做到“勿以恶小而为之，勿以善小而不为”。

二、编辑法律意识存在的问题

法律素养作为编辑应当具备的素养之一，越来越成为衡量编辑综合能力的一个重要标准。因此，提高编辑的法律素养、树立法律意识已经成为各方的共识。我们应当看到，社会各界对提高全民的法律意识已给予了广泛关注，当代社会民众的法律意识呈现出两个重要的特点：一方面，市场经济的不断发展为现代法律意识的形成奠定了基础，有力地推动了法律意识现代化的进程。另一方面，社会转型所特有的一些矛盾和问题又使法律意识呈现出社会过渡转型时期的特点，具有多元性、矛盾性，公民的法律意识还不成熟，对法律知识的掌握、对法律的态度和情感仍处于不十分稳定的状态。这些特征也反映在编辑行业，近年来编辑行业的法律意识在不断增强。通过加强法律教育完善对编辑管理的各项制度、加强编辑行业内生性的治理，并顺应当下互联网的发展潮流，编辑的法律素养得到了很大的提高，具体来说，表现在：第一，绝大多数编辑熟知并掌握了与编辑行业相关的法律知识，在工作时能够依法办事，通过法律途径去解决问题。第二，编辑的契约意识不断加强，在与外界进行相关出版业务合作时能主动订立相关合同，遵守契约，编辑部的合同制度趋于完善。第三，编辑的风险防范意识有所增强，尤其是对知识产权侵权的风险管理得到了强化。第四，个人权利得到了空前重视，维权意识大大增强。总而言之，编辑的法律意识已经得到了显著提高，所以在今后的工作中，重点应当是如何引导编辑树立正确的法律意识，防止偏差意识导致行为异化。

在全面建设法治社会的宏大背景下，尽管通过不断的努力，编辑的法律意识提高，积累了宝贵的经验。但是这种提高仍然是一种不全面的提高，更多地反映为一种量的变化，而非质的发展。无论是基本的法律知识，还是更高层次的法律情感、法治信仰等，都存在很大的提升空间。

（一）掌握的法律知识不全面

法律知识包括制定的法律条文规范的知识以及法律学理方面的知识。从部门法的分类来看，有民商法律知识、刑事法律知识、行政法律知识等。法律知识具有一定的体系性、逻辑性，对于细节的把握十分严谨，因此也决定了法律知识高度的专业性。学习法律知识的途径有二：一是自己通过主动学习和实践，掌握法律知识。二是通过相关的法律知识培训，被动地获取相关知识。由于编辑多非专业的法律人士，缺乏必要的法律基础，加上工作繁忙，因此自学的效果并不是十分理想。同时，尽管有参加相应的法律培训工作，但是每次培训相较于业务专业技能的学习，没有得到相应的重视，这就使得编辑所具备的法律知识是零散的、不全面的。法律评价、法律知识和法律观念之间关系密切，法律知识和法律观念是法律评价的前提，要想做出客观、全面的法律评价，必须具备一定的法律知识和法律观念，当工作中出现纠纷矛盾和问题困难时，才会从法律思维的角度去分析和解决问题。

第一，就掌握的内容来看，前文已经提到，对于一名编辑来说，除了要掌握编辑行业的相关法律法规以外，同时还需要掌握基本的法律常识，如我国的司法制度、法律体系、基本的法律权利等；正确掌握并规范使用一些法律术语，如定金与订金、要约与承诺、物权与债权等，同时也有必要了解一些法律的理论学说。但就实际的情况来看，大部分编辑工作人员都不是法学专业出身，法律知识背景的缺失使他们在采编报道中忽视司法的特性和规律，对法律法规等专业性强的内容解读不足、分析浅显，出现法律常识错误，如有的记者连“二审”“再审”“被告人”“犯罪嫌疑人”等基本概念都模糊不清①；编辑在宪法、人权等方面的法律知识薄弱，作为社会公民的责任意识不强。第二，就掌握的深度来看，有的编辑所掌握的法律知识缺乏深度，多为一些概念性、常识性的内容，而具体的法律操作程序与准确的规定则很少关注。第三，编辑掌握的内容多为制定法的法条内容，而对相关的法学理论和学说关注甚少。法律知识掌握不够全面，主要弊端在于不能

---

① 吴迪：《论我国舆论监督与司法公正的冲突与平衡》，沈阳工业大学2018年硕士学位论文。

将所掌握的法律知识加以灵活运用，使自身的业务有序开展，有效规避业务风险。同时自身的法律素养的缺乏也会阻碍自身职业的发展，不利于综合素质的提高。

（二）法律情感薄弱

法律情感是社会主体对法律现象的主观心理态度或心理反应，它既可以表现为对法的关切、喜爱、信赖、依恋和寄托，也可以表现为对法的漠不关心、厌恶、怀疑、疏远和鄙视等。法律情感在法律意识体系中具有十分重要的意义和价值。[①] 公众的法律情感是法治国家的观念要求，是培养社会主义法律意识的重要途径和组成部分，有利于中国特色社会主义法律文化的形成。[②] 虽然大部分编辑人员都能自觉遵守法律，在工作中遵守编辑出版方面的各项法律法规，但是在心理层面依旧对法律持怀疑、疏远、抗拒等心理，具体表现在：第一，部分编辑人员对法律并不够重视，没有养成“遇事找法”的思维，遇到问题时并不主动将法律途径放在首位。第二，部分编辑受中国传统思维的影响，秉持“息讼”“无讼”的价值取向，认为法律途径解决问题有违和谐，对诉讼存在一定的偏见。第三，有的编辑虽然承认法律途径在某种程度上是一种正当合理的解决

① 公丕祥主编：《法理学》，复旦大学出版社2002年版，第262页。

② 黄清勇：《论社会主义法治国家公众的法律情感》，载《黔西南民族师范高等专科学校学报》2005年第1期。

途径，但是由于近年来个别司法不公和腐败案件使其对法律的公正性产生了怀疑，倾向于通过其他途径进行解决法律纠纷，认为在多数情况下通过人情关系等方式解决问题更加便捷高效。第四，法律在一定程度上象征着庄重、肃穆、威严，这种威严给人们的心理带来了一种敬畏感和压迫感，在这样的心理状态下，人们一般会选择一种敬而远之的态度去对待它，也就是说，法律本身不是平易近人的，而是一种权力的象征，这种象征本身就带有一种超然的意味。

从本质来看，法律情感薄弱是法律意识缺乏社会普遍道德自觉性的内在支持。法律意识得以建立的社会基础是一个民族和国家的全部历史传统和现实条件，其直接的精神基础是民族文化，而其核心则是普遍的社会道义精神。缺乏这种法律情感的社会道义精神，编辑即使懂法，也会出现知法犯法、钻法律空子，以及利用自己掌握的法律知识来规避法律的现象。

（三）运用法律的能力不足

编辑运用法律的能力是指编辑人员在一定法治观念的指导下，实际表达法治诉求，处理法律事务的能力。法律具有一定的抽象性，它从社会生活的实践中提炼出抽象的规则，通过文字加以表述，同时它又有一定的实践性，它以社会实践中所形成的各种法律关系作为规制的对象。公民运用法律意识是社会主体在解决利益纠纷、维护自己权益的过程中自觉运用法律，寻求法律救济的心理基础。公民是否具有正确的解决纠纷的法律意识，在遇到纠纷和利益冲突时是否内生自觉地选择通过法律途径来解决问题，直接关系到社会秩序的稳定，关系到社会和谐系统工程的建设。编辑从业者最为重要的是通过研习法律、运用法律解决编辑在实际工作中如选题策划当中的法律风险防范、著作权合同的起草签订、知识产权侵权、人格权侵权的处理、参与相关诉讼等一些实际问题。尽管在建设法治社会过程中，包括编辑在内的公民的法律信仰有了极大的提升，相关的法律常识也得到了普及，但是这种法律意识一般仅停留在较初级层面，甚至更多的只是一种印象层面的意识，而对于一些维权的具体方式方法知之甚少。

就目前来看，编辑实际运用法律的能力不足，最为突出的两个问题是运用法律防范风险的能力和运用法律解决纠纷的能力欠缺。就防范风险的能力来看，有的编辑没有相应的意识，在起草、签署相关合同时，对于合同条款的漏洞和法律风险全然不知；在审稿过程中，对于稿件内容的真实性、客观性、准确性以及稿件的权利是否有权利瑕疵等重要事项没有认真审查，这就为法律风险埋下了隐患。在处理纠纷的能力方面，一些期刊编辑在与著作权人产生纠纷时，经常糊里糊涂，不知到底该如何运用法律武器去维护自身的合法权益。在编辑群体中，真正对出版方面的国家法律和行业法规，尤其是对《著作权法》《民法总则》《出版管理条例》和《期刊出版管理规定》熟知和灵活运用的编辑屈指可数。[①] 就涉案诉讼方面来讲，一些编辑对诉讼方面的知识知之甚少，对于诉讼的当事人、代理、证据、保全等相关知识了解不多，诉讼能力不足。

（四）缺乏规则意识

规则意识是法律意识的核心要义，认识规则、遵守规则、依据规则、运用规则是规则意识的具体表现。但是，在实践中，编辑从业者仍存在规则意识缺乏的问题。这种问题具体表现为：第一，潜规则意识，即很多编辑人员信奉“潜规则”，以“潜规则”替代显规则的思维方式，企图获取程度不同的利益。第二，特权意识，即一些编辑人员利用自身的优势地位，将规则作为约束、规范他人的工具，认为自己“高人一等”，常常在实践中对作者百般刁难。第三，人情关系意识，这种思维方法习惯于“攀交情、打招呼、托关系”，在思维方式上，个别编辑人员将“人情关系”作为分析、处理问题的依据，规则意识被关系的亲疏所替代，信奉遇事找熟人，办事靠关系，从而多了文章水平不高的“关系稿”“人情稿”。第四，自我中心意识，这是一种任性思维，思维的出发点不是既有的规则，而是完全基于自己的经验、利益需要、个人愿望等因素。这些缺乏规则意识的思维，处处不讲规矩，结果的合法性、客观性、确定性无法保障，

---

① 蔡柯、李玉坤：《科技期刊编辑要练就一双法律慧眼》，载《天津科技》2017 年第 9 期。

久而久之，行业的氛围就会异化，行业秩序也会出现失序，社会对这一行业的评价就会降低。如果事事都不遵守规则，那么法治的建设就如同水花镜月。

（五）权利意识异化

权利与义务二者存在一种辩证统一的关系，有权必有责，编辑在行使权利的同时也应当履行相对应的义务。当下，公民的法律意识在不断提高，其中最为显著的就是维护自身权利的意识在不断加强，并且这种趋势仍在进一步扩大。浓厚的权利意识体现了现代法治社会的精神，同时也反映出人们法律意识的觉醒。但是，一味地强调权利而忽视与之相对应的义务则会造成权利意识的异化，形成一种畸形的法律意识。现代的法律意识应该是一种全面、客观而理性的意识，不应当有所偏颇，权利意识与义务意识应该同时具有，且形成一种内部均衡、对等的关系。我国历史上长期的义务本位，忽视了对个人权利的尊重，“法律父爱主义”浓重而蔑视权利，个人的私生活受到严重干涉。但是，今天强调权利意识时，一些人又容易矫枉过正，从一个极端走向另一个极端。虽然这种情况可以理解，而且我们的确有必要进一步强调权利，但如果将法律意识仅仅理解为权利意识就有失偏颇。法律意识在一种最本真的朴素的层次上就是按规则办事。按规则办事不仅意味着人个体要按规则获得权利，行使权利，而且还要按规则承担义务、履行义务。现在突出的问题就是人们在思想层面都知道要按规则办事，但在实际行动中又不按规则办事。一些编辑只主张权利，但却忽视自己应该承担的义务，只去监督别人，不反省自身。于是，人们经常在实现自己的权利过程中侵犯着别人的权利。很多编辑利用自身的地位优势，故意对作者来稿进行刁难，甚至剽窃他人成果，作为自己的作品进行发表；或者不遵守合同约定，随意违约等。其结果，只能是导致法律无法充分发挥效用，导致社会秩序混乱，最终导致法律意识长期游离在传统与现代之间，而得不到现代性的转型，处于一种不稳定状态。

（六）法律认知与行为存在偏差

现代法律意识的首要标志是公民树立法律至上的观念，树立对良法善治的敬畏感、认同感。公民在具体法律活动中所体现的法律心理和法律观念，反映了法律追求的社会价值目标在具体意识主体心理上被实现的程度，并进一步体现了该国的法治发展水平。[①] 我们发现许多公民规则意识的行动力不足，知行不一、违反规则的情况也是时有发生，这表明我们提高公民规则意识中不能单单靠加强思想认识，实现思想与行动的有效统一、增加行动的践行性也是问题的关键所在。从当下出版业来

① 杨燕：《依法治国方略背景下法律意识的功能论析》，载《学校党建与思想教育》2017 年第 17 期。

看，很多编辑对法律的认知与行为存在偏差，编辑对国家的法律法规、编辑部门的规章制度，几乎所有编辑都表示要自觉遵守，对于行业中的不正之风、违反契约精神及侵犯知识产权的行为等违法现象都表示愤怒和谴责，对他人的违法行为能进行正确评价，但在涉及个人利益和行为时，许多编辑则会出现规避法律的行为，采取双重的标准，表现出一种法律“对人不对己”的思想倾向，缺乏对法律的知行合一的认同感，尤其是在遇到法与情、法与权的冲突时，往往会失去客观、理性的立场。

具体来看，在法律与道德的关系方面，部分编辑仍然不能正确认知法律与道德关系，或是将二者截然对立，或是将二者相混同。因此，在面对情与法的关系问题时，往往不能作出正确的判断与选择，这一点在一些社会新闻编辑中表现得尤为突出。在报道相关新闻事件时，往往带有个人情绪化的倾向，将一些道德问题上升为法律问题，或是将一些法律问题与道德问题混为一谈，从而误导了读者。在面对权力与法律的关系方面，认为“权大于法”或者“权等于法”，在心理认知上更加屈从于权威而不是法律。

另外，有的编辑的学法目的不正当，这部分人对编辑领域的相关法律法规十分精通，但是其研究法律的目的并不在于遵守法律、依法办事，而是钻法律的空子，以此来获得不正当的利益。例如，一些编辑和作者通过“洗稿”的方式，对别人的原创内容进行篡改、删减，将别人的原创调整语序，换几个近义词，草草一改，标上自己的“原创”，从而在短时间炮制出所谓的“爆款文章”，并从中获利。“原创”标签原本是给予原创作者的奖励，却被洗稿的人钻了空子。由于“洗稿”比较隐蔽，按照法律认定“洗稿”侵权过程会比较长，技术要求难度会比较高，维权的成本也比较高。①

三、编辑法律意识问题的原因检视

造成当下编辑法律意识存在这些问题的原因，既有编辑自身主观方面的原因，同时也有涉及编辑部门的小环境和社会大气候的客观原因。

（一）编辑自身的主观原因

第一，编辑职业本身的特质。编辑工作的性质和状态都表现出一个相对宽松、自由的特征，加上互联网的兴起，使编辑的这一特征更加明显。这种自由状态一方面为编辑的选题、策划、创作提供了灵感。另一方面也使一部分编辑沿着“自由”的惯性“信马由缰”，或安于现状，不注重自身能力的提高和人文素养的培养，或在市场经济的大环境下，去追求经济利益

① 《诚信建设万里行　网络“洗稿”盛行轻松炮制爆文》，载央视网，http：//news. cctv. com/2018/08/29/ARTI4aOqN9ll2dndJylSJOvd180　829. shtml，最后访问时间：2018 年 12 月 18 日。

的最大化，功利性、实用性的思想使得编辑愿意将更多的时间放在业务专业技能的学习上以及编辑工作本身，对法律知识的学习和法律意识的培养缺乏应有的重视。很多编辑人员只学习对自己当下工作有用的法律，对与当下工作关系不大的法律知识知之甚少。编辑人员除了掌握《出版管理条例》《图书质量管理规定》《印刷业管理条例》等行业性的法律法规以外，还同时应当掌握知识产权法、合同法、侵权法、诉讼法等相关的知识，如有必要，还应掌握相关的司法解释，以备不时之需。

第二，当下部分编辑人员的价值取向问题。一些编辑人员并不十分重视自身综合能力的提升，过分依赖作者、过度依靠合作，满足于完成日常工作，缺乏相应的学习意识和长远视角，内心浮躁，把编辑图书、学习相关的法律知识理解为完成任务，对自己编辑出版的相关作品缺少文化价值认同，更缺乏感情投入。对于编辑人员主观心理状态来讲，逐利心理、侥幸心理和职业道德的缺失是造成上述问题的主观动因。在这些心理的驱使下，部分编辑人员弃法律规范和职业道德于不顾。为了追求利益，从事有悖职业道德和法律规范的行为。例如，2014 年，某网一名编辑王某在利益的驱使下，违规帮个人及公司删帖，收受对方钱款 19.4 万余元；王某还行贿某网安中心高级经理何某 46.95 万元，让对方帮忙删新闻，后北京市第二中级人民法院以非国家工作人员受贿罪、对非国家工作人员行贿罪，判处王某有期徒刑 6 年。[①] 或者在编辑过程中放低标准，对存在侵犯他人权利的稿件也予以采用，甚至与作者串通，剽窃、抄袭他人作品；此外规则意识淡薄，没有养成守规矩的行为习惯，对于一些内部的规章制度，凭借自己的个人喜好，有选择地去执行，久而久之养成了自由散漫的行事作风，或者法律意识淡薄，没有规则意识、合同意识、权利意识、责任意识，对于一些涉及法律问题的事件不能严肃对待。

第三，学习方式的问题。主动地自觉学习法律和被动地接受法律是两种了解法律的方式。在学习的动力上，对于大多数编辑人员来说，了解法律的相关知识主要是通过被动地接受法律，通过参加出版单位组织的各种法律知识培训、社会的普法宣传的方式来完成的，将学习法律当作完成一项工作任务来对待，并没有养成主动去学习法律知识的自觉。即使是一些编辑人员去主动地学习法律知识，由于法律相关的“瓶颈”阻碍了业务的发展而作出的行为，并非出于对法律知识的渴望或者对法学精神价值理念的尊崇而进行的一种内化于心的心理趋向。对于自学法律的编辑人员来说，学习法律知识也缺乏系统性，而是通过阅读入门法律读物或者编写得比较浅显的法律工作手册来进行自学。这种学习方式具有浅显化、碎片化的特

① 裴晓兰：《××网编辑收受 19 万元违规删帖被判 6 年》，载《京华时报》2014 年 9 月 23 日。

点，到真正需要运用法律去解决问题时会显得力不从心、困难重重。同时，很多人在自学过程中，忽视了对法学人文关怀的培养以及法学方法论的学习，这样也就使得学习的效果不尽人意。

（二）编辑出版单位的原因

一些编辑出版单位管理制度缺位、重视经济效益的价值取向等导致了对编辑人员的法律素养的要求降低，或者对于法律素质的培养只是流于形式，是导致编辑存在上述问题的原因之一。

第一，编辑部门内部的管理制度是促进编辑部门高效、有序运转，规范编辑人员行为的重要方式，而管理制度的缺位或者失灵则是造成编辑人员规则意识不强、利用制度漏洞铤而走险的客观原因。在管理制度中，编辑的责任制度对于编辑具有刚性的约束力，能够对编辑的行为起到引导和约束作用。如果编辑的责任范围不明确、责任追究机制不完善，那么就会造成工作中出了问题推诿扯皮的情况发生。就责任编辑来说，应当注重出版合同的签订与履行，注意审查作者的主体资格、作品的合法性、合同条款的公平性与合理性等问题；在审稿过程中，则应当对作品的原创性、真实性，以及是否有其他侵权行为的情况等。虽然整个社会提倡现代企业管理制度，但现实情况是由于出版行业的特殊性，在很大程度上类似于一个闭环，与充分竞争的消费品行业不同，自我改进的迫切性不强、压力不大。譬如，对待产品，即图书，从选题策划、寻找作者到讨论写作、编校书稿，完全由编辑一人掌控。且不论内容质量，产品生产制作过程的时间把控，出版社几乎很少介入，更谈不上有制度上的规定。①

第二，尽管我国对编辑部门的审稿制度作出了比较严格的规定，同时一些编辑部门设立了“三级审稿”制度，但是这一制度多流于形式，并没有从实质上予以贯彻。一些专业性较强的出版物，通常是外聘专家进行审稿，这些专家审稿多为兼职，不排除会有敷衍了事的情况发生。

第三，一些作者与出版单位长期合作，逐步与部分编辑人员建立了私人层面的交往关系，这导致编辑在审稿过程中并不能对稿件进行公正、客观、全面的评价，“人情稿”“关系稿”层出不穷，从而为稿件的内容风险埋下隐患。同时，在争夺优质稿源的过程中，有些编辑部为迅速提升出版物的影响力，提出一些约优质稿件的奖励方案。管理者希望利用各种人脉想方设法争夺优质稿源。一旦约到名家的文章，除了简化审稿流程，有时会设专栏刊出，还要付给高额的稿酬。这些举措虽然短期来说可以约到一些好稿件，但长此以往，最后演变为对专家、学者稿件的争夺之战。然而优质文章是有限的，专家往往

---

① 冯征：《编辑的自我管理与职业成长》，载《编辑学刊》2018 年第 6 期。

会临时拼凑或让学生代写一些文章。这就导致稿件鱼目混珠，以次充好，让审稿制度形同虚设。①

在日常培训方面，一些编辑部门并未对相关的法律培训给予足够的重视，目前的岗位任职资格培训和继续教育培训，多侧重于对编辑的业务能力和政治素质的培训，对法律素养的培训相对弱化②，很多法律相关的培训只是流于形式，很多编辑人员只是被迫灌输相关法律知识。一方面填鸭式的培训使诸多编辑人员疲于应付。另一方面陈旧、枯燥的培训形式同时打击了编辑人员学习法律的热情与主动性。

（三）社会大环境的原因

对于社会大环境而言，有法律方面的原因，也有经济、文化等方面的原因。

国家法律法规不完善，概念模糊，缺少行之有效的具体措施是导致编辑法律意识不强的一个制度化因素。美国学者弗里德曼对此有精辟的分析，他指出，公民服从和遵守法律的心理主要有三个方面。一是出于公平感。二是信任。三是合法性。俄罗斯学者伊林指出："一切法律生活和国家生活的基础，就是人内在的自我管理能力，是人的精神的、意志的自律能力。

① 杨春风：《试论如何培养高校学报编辑的法律意识》，载《四川行政学院学报》2015 年第 3 期。

② 孟俊红：《论"互联网+"时代学术期刊编辑的法律素养》，载《河南教育学院学报（哲学社会科学版）》2017 年第 6 期。

这就是法律意识的第二公理。”① 法律意识是一种以法律规则和法律所蕴含的公平、正义、平等、民主等优秀价值作为感知对象的主观印象，编辑人员法律意识的培养和升华是同法治国家、法治政府、法治社会建设联系在一起的。也就是说，法治环境是进行社会主义文化建设、精神文明建设的最基本条件。良好的精神文明只有在良好的法治环境中才能生成和发展。从我国编辑发展的法治环境来看，一方面，我国的法治建设目前还处于不断发展的过程中，并未达到十分完备的程度，尤其是涉及编辑、出版行业的相关法律规范，只是在近几年有加强的趋势，我国目前还没有专门的《出版法》，当下互联网的发展又为出版行业带来了新的变革，而互联网的法律治理长期处于滞后的状态，尽管我国网络方面的立法建设在不断加强，但随着自媒体时代的到来，相关领域法律缺失的问题又显现出来。现有的法律规范对编辑人员，尤其是互联网新媒体的编辑人员的监管不到位，为编辑的违法、违反职业道德的行为创造了条件，通过现代技术剽窃、洗稿等侵犯知识产权的行为时有发生；对于出版行业的重点、热点、难点问题缺乏法律的回应，如出版主体的界定、出版市场的规范、出版安全的管控等问题缺乏合理的制度安排。另外，出版法律法规在编辑队伍中的普及和推广也不尽人意，这主要是由于目前有关出版方面的法规

① 杨燕：《依法治国方略背景下法律意识的功能论析》，载《学校党建与思想教育》2017 年第 17 期。

众多，且零散地分布在各个规定之中，同时还存在大量与当下时代和社会发展、国际习惯不相适应的规定，甚至还出现了规定之间互相交叉重叠、互相冲突矛盾的情况，这就为相关规定的普及和推广造成了极大的阻碍。另一方面，由于编辑人员一般受过良好的教育，具有较高的文化水平，已经具备了一定独立思考的能力和法律情感基础，但是个别人士认为执法和司法部门在处理案件中有不依法而行的可能。因而个别编辑人员的法律情感处于不稳定状态。

在经济方面，市场经济下，追求经济利益的最大化成为人们的主要追求，在这一氛围之下，编辑行业也必然受到影响。市场经济逐渐渗透到出版行业的各个层面，一些地方出版企业得到了快速发展，出现了自费出版和协作出版形式，由此打破了传统计划经济时期的出版模式，市场经济下的自主、竞争理念也逐渐融入了出版行业发展过程中。在市场经济的推动下，编辑出版行业呈现出一种越发浮躁的心理，长期以来重图书文化、学术价值的自觉意识逐渐淡化，而更加关注出版所带来的巨大经济效益。目前读者已经习惯碎片化阅读模式，图书出版的速度加快，受热点图书的诱惑、经济考核指标的压力等，都使编辑放宽了书稿质量的尺度。因此，在编辑群体中出现了一切以是否能够带来可观收入作为衡量工作好坏的评价标准。为了迎合部分读者的猎奇心理、庸俗趣味，一些编辑或是捏造、歪曲事实，以耸人听闻的标题博人眼球；或是毫无底线地传播庸俗、低俗、媚俗甚至淫秽色情、恐怖暴力等相关内容，以满足部分读者群体的低级趣味；或是有意无意泄露相关的国家秘密、商业秘密或者个人隐私，以此来满足读者的好奇心。

在文化方面，编辑出版文化的异化也是导致上述问题发生的因素之一。当今编辑法律意识的缺乏尽管有传统文化的影响，但根本上并不是传统法律文化造成的，而是古今法律文化冲突和传统法律文化精神断裂的特定社会历史条件造成的。中国的传统人文精神缺少法治因素，从本性上讲，我国传统人文精神是从属于世俗政治的，是一种功利性的伦理精神，缺少独立性和纯粹性，而现代法治精神所秉持的是个人的私性权利、契约精神、理性精神等特质的价值，在这样的文化背景影响下，编辑的心理意识会产生与现代法治文化相异的特质，因此法律意识的提高有赖于社会整体文化的普及程度。

在我国，编辑人员应当在编辑出版物中体现真实、公平、健康这些基本要求。真实，即编辑后的内容客观、全面、准确、科学、恰如其分地反映事物的本来面貌，是读者能够准确把握文章传达的信息以及所宣传的产品或服务的性质、质量、功能，这体现了编辑内容的客观性、准确性和科学性。① 2013年，记者周某在未经调查和核实的情况下，在个人博客发布了关于宣传其杜撰的某领导喝人奶的严重不实的内容，曾引起了

① 万晋：《从新闻真实走向法律真实》，载《青年记者》2007年第1期。

广泛的关注甚至轰动。[1] 公平，即不应当利用编辑的特殊身份和地位捏造、歪曲事实以误导读者，不采用违法和违反职业道德的行为参与竞争。健康是指文章内容符合社会主义精神文明，积极向上，高尚高雅，不低俗、不庸俗、不丑恶。但是，在市场经济高速发展和互联网技术高度发达的时代，各种信息不断交汇、传播，带来了读者群体的价值多元、审美多元，种类繁多的信息使人们产生了审美的疲劳，在这样的背景下，“内容为王”的导向显得更加重要。部分编辑出版单位紧跟时代步伐，具有较为敏锐的洞察力，结合时代热点，把握读者心理，推出了众多优质的出版作品，对维护良好的文化出版环境作出了很大贡献。但是也还存在少部分编辑只看到了个别读者猎奇或者低俗心理下所蕴藏的巨大市场，在利益的驱使下推出一些涉及色情、暴力等违法、违规出版物，牟取暴利，这对出版环境带来了负面影响。

---

① 《××社编辑造谣“正部级官员喝人奶”被查处》，载人民网，http://media.people.com.cn/n/2013/1023/c40606－23300677.html，最后访问时间：2018年12月19日。

第七章
培养编辑法律意识的路径

一、国家层面：加强法治建设

（一）加强相关行业法治建设

目前在顶层设计方面我国还没有专门制定《出版法》，而有关出版的法律法规已由过去的“一法三条例”到后来逐渐扩展为“一法五条例”，即《著作权法》《出版管理条例》《音像制品管理条例》《印刷业管理条例》《计算机软件保护条例》和《著作权法实施条例》。现今，我国关于编辑出版领域的法律法规，出版管理方面主要有《出版管理条例》《期刊出版管理规定》《电子出版物出版管理规定》《新闻出版行业标准化管理办法》等；著作权方面主要有：《著作权法》《著作权行政处罚实施办法》《互联网著作权行政保护办法》《著作权实施条例》《著作权集体管理条例》《信息网络传播权保护条例》等。

这些法律法规的出台，为正常的编辑出版活动提供了法律保障，也约束和制约着出版单位和编辑的编辑出版行为。然而，随着经济社会的快速发展，我们国家进入新时代，相关法律法规在编辑队伍中的普及和推广，形势却不容乐观。大多数编辑对出版相关的法律法规知之不多，因不懂法与著作权人产生法律纠纷时，常常是无所适从。一个不得不正视的现实是，真正对这些国家法律和行业法规，尤其是对《著作权法》《出版管理条例》和《期刊出版管理规定》烂熟于心的编辑实在是少之又少。

且就上述著作权方面的法律法规而言，在具体实践当中，编辑适用最多的就是《著作权法》。我国的《著作权法》颁布实施只有十几年的历史，虽然其间又进行了修改和补充，但相关的法律法规仍然具有滞后性，不足于有效保护各方著作权人的合法权益。例如，编辑部作为著作权的主体时合法权益的保护问题以及编辑有无著作权及如何保护的问题都还远未能解决，有些甚至在法律上基本还是空白。著作权的限定仅规定为“合理使用”“法定许可”似乎不够全面，该法第十条第一款至第五款对著作财产权和人身权规定体例不一，对署名权的解释太简单，对著作邻接权的规定太笼统等一些不科学的规定很容易造成编辑侵权。还有一些概念比较模糊致使在执行中容易出现著作权纠纷。另外对编辑权的解释、对侵权行为的法律责任等有关规定的概念也都较模糊。电子出版物、多媒体、数字化信息等高科技特殊形式的作品已相继出现，《著作权法》已不能很好地涵盖这些作品。

时下使用网络已经成为编辑工作实现现代化、信息化的重要标志。但除了像中国期刊网、万方数据库等几家大型数据库建设单位是与上网期刊签订期刊上网协议之外，也有一些数据资源建设单位，未经编辑部许可，擅自为他人提供盈利性的下载服务，而从网上擅自下载作品，然后以出版发行方式赢利的例子也屡见不鲜。这些行为本来就未经过权利人的许可，更谈不上向权利人付酬。这些都是不同程度的著作权侵权行为。因为在这方面我国的法律机构还没有一套完整的执法体系与监管体系，使得这种侵权行为时有发生却极难加以有效制止。人们对著作权的保护也缺乏深入的认识和研究。实践也证明我国《著作权法》与《世界版权公约》《伯尔尼公约》还存在一定的差距，其中的许多条款已不能适应当今形势的发展。今后国家在修改完善相关的法律法规时，应该多听取编辑界众多专家的意见和建议，而编辑界同人也应该与法学专家展开横向合作，互相取长补短，共同推进著作权保护方面的研究，为国家完善相关法规提供充分的依据。建议有关部门应尽早修订和完善《著作权法》以弥补我国现行著作权法的不足，我们相信法律法规的完善对抑制编辑侵权将会起到不可忽视的作用。

（二）营造良好的法治环境

一个良好的法治环境对编辑的法律意识的提升至关重要。

社会成员的认识总是受制于每一个具体时代的政治经济制度。编辑法律意识的培养首先需要营造一个良好的社会法治环境，加强立法的民主化、执法的程序化以及监督体制的健全化。这其中首要的一条是净化司法环境，真正实现法律面前人人平等，维护法律至上的权威与尊严，要加强对权力运行的制约和监督。把权力装进制度的笼子，强调的就是用法律制度对失衡权力的有力制约，任何人都没有法律之外的绝对权力。人民群众看到了党和政府反腐倡廉、努力建设法治国家的决心和为之付出的艰辛努力。我们相信只有建立法治的政府，建立真正意义上的社会主义法治国家，浩然正气与正能量才能得到弘扬，全社会对法律权威的敬畏之心才能真正确立，才会最终实现让人民群众在每一个司法案件中感受到公平正义。同时一定要加强市场经济领域的立法与执法力度，加大对无序竞争的惩罚力度，规范人们的各种市场行为，使社会主义市场经济的发展在法治化的轨道上有序前进。这样，也能为编辑法律意识和法治精神的培养创造良好的社会环境和氛围。

（三）加大相关法律法规的普及力度

国家应不断加强普法宣传力度。深入开展法治宣传教育，是实现法治社会的内在要求。我国正处于改革发展的关键时期，随着改革的进一步深入，在当前和今后相当长一段时间内，经济社会发展面临的矛盾和问题可能更复杂、更突出。从我国的现实情况看，当前正处于发展机遇期和矛盾多发期，存在因征地拆迁、环境等引发的不稳定因素，维护社会和谐稳定的任务比较艰巨。构建社会主义和谐社会，关键是要调节好各种利益关系，正确处理好各种社会矛盾，保证社会有序运转。只有加强法治宣传教育工作，才能不断提高广大公民的法治观念和法律素质，依法表达利益诉求，自觉履行义务，依法维护权益；才能不断提高公务员特别是各级领导干部运用法律手段协调利益关系、妥善处理人民内部矛盾的本领；才能不断提高执法人员的法律素养，严格执法、公正执法，维护社会公平正义，促进社会和谐稳定。

深入开展法治宣传教育，是社会主义精神文明建设的重要任务。社会主义精神文明是社会主义的重要特征。加强法治宣传教育，努力营造法治文明，是社会主义精神文明建设的重要内容，也是推进社会主义精神文明建设的有效途径。在当前各种思想文化相互影响、思想观念日趋多样、人们的道德价值观念日趋多元的情况下，必须大力加强社会主义精神文明建设，必须深入持久地开展法治宣传教育，把社会主义的价值信念、行为准则和道德良知渗透到法律规范中去，巩固马克思主义在意识形态领域的指导地位，提高全民族的道德水准和全社会的文明程度。

党的十八届四中全会全面深化依法治国也要求坚持把全民普法和守法作为依法治国的长期基础性工作，深入开展法治宣传教育。《关于在公民中开展法治宣传教育的第七个五年规划》（2016—2020 年）指出“加强对公民的法治教育，增强其法治观念和参与法治实践的能力”。相关部门可以组织法学教师利用周末、“12·4”国家宪法日和寒暑假进入报社、出版社开展普法宣讲活动。通过组织普法宣讲活动，在推动法律家喻户晓、深入人心的同时，进一步提升广大编辑的法律知识和法律意识，增强法治实践能力。

二、行业本身：加强规范建设

（一）厘清法律与编辑职业道德的关系

职业道德的概念有广义和狭义之分。广义的职业道德是指从业人员在职业活动中应该遵循的行为准则，涵盖了从业人员与服务对象、职业与职工、职业与职业之间的关系。狭义的职业道德是指在一定职业活动中应遵循的、体现一定职业特征的、调整一定职业关系的职业行为准则和规范。不同的职业人员在特定的职业活动中形成了特殊的职业关系，包括了职业主体与职业服务对象之间的关系、职业团体之间的关系、同一职业团体内部人与人之间的关系，以及职业劳动者、职业团体与国家之间的关系等。

良好的职业修养是每一个优秀员工必备的素质，良好的职业道德是每一个编辑都必须具备的基本品质，这两点是对编辑最基本的规范和要求，同时也是每个编辑基于工作责任必备的素质。每个人平时都有习惯，但不一定是职业习惯，更不一定是符合要求的职业习惯。职业习惯是一个职场人士根据工作需要，为了完成好工作任务，主动或被动的在工作过程中养成工作习惯，也是保证工作任务和工作质量必须具备的品质。良好的职业习惯，是出色完成工作任务的必要前提，如果不具备良好的职业习惯就不能按照要求完成自己的工作。所以每一个人都需要一个良好的职业习惯，编辑也不例外。

在我国，职业道德主要内容大致为：爱岗敬业，诚实守信，办事公道，服务群众，奉献社会，素质修养等。职业道德的含义大致包括以下八个方面：

第一，职业道德是一种职业规范，受社会普遍的认可。

第二，职业道德是长期以来自然形成的。

第三，职业道德没有确定形式，通常体现为观念、习惯、信念等。

第四，职业道德依靠文化、内心信念和习惯，通过员工的自律实现。

第五，职业道德大多没有实质的约束力和强制力。

第六，职业道德的主要内容是对员工义务的要求。

第七，职业道德标准多元化，代表了不同企业可能具有不同的价值观。

第八，职业道德承载着文化和凝聚力，影响深远。

例如，在职业行为中编辑与法律有关的意识是指其所具备的法律知识及其对法律的认识和态度，集中反映着编辑对有关出版的法律法规的认识、理解和掌握的程度。众所周知，法律和道德是相互关联、相辅相成的两个概念，法律侧重于外部直接强制性，而道德则强调内省与自律，法律是道德的前提，道德是法律的延伸和补充，是内心的法律与约束。在编辑出版活动中，法律和职业道德是事关出版业的精神文明建设极其重要的两个方面，二者缺一不可。职业道德是编辑从业的基本条件，一个合格的编辑，必须具备甘于寂寞、甘为人梯、认真负责、默默奉献的职业道德。但有些问题，并不是光有职业道德就能解决的，道德再高尚，如果缺乏法律知识，法律意识淡薄，就有可能在不知情的情况下违反了法律，从而给编辑出版事业造成损失。所以，编辑人员要正确处理法律与职业道德的关系，在强化自身的职业道德修养的同时，不断提高法律修养，这样才能使每一位编辑从思维到行为真正成为具有现代法律意识的合格编辑。

（二）加强规范出版单位的管理

办刊条件是办好刊物的物质基础之一，如果没有足够的人员、充裕的经费、良好的工作环境就无法正常开展工作。即使经营不善或经费划拨不足的单位编辑也知道买卖书号、收取版面费不好，但个别人为了出版单位的利润往往采取这种做法。在“人少事杂”的情况下，许多事不可能做得细致，有时还会出现稿件长时间处理不出来、稿费拖到年底才寄、忘记给作者寄样刊、稿件采用却事先不告诉作者、漏印或误印作者姓名，这些都不自觉地侵害了作者的权利。所以，作为编辑部的主管单位或刊社的主办者，应加强编辑部建设，增强人、财、物的投入，努力提高编辑待遇，改善工作环境。以物质利益激励编辑尽职尽责，认真行使自己的权力而不去从事违法行为。同时，作为编辑人员也应积极地出主意、想办法，广开渠道，提高编辑工作效益，增强编辑部的经济实力，如登广告、扩大发行量、开展多种经营等。经济效益好了，编辑在落实有关作者利益的事情时就有了保障。当然还要强化刊社管理工作中的规范化和科学化，要制定详细的岗位责任制，包括审稿制度、发稿制度、改稿制度、校稿制度、稿酬制度、奖惩制度、评刊制度等，加强编辑审稿用稿过程的规范化。编辑部应严格执行三级审稿制度，明确各审级的任务、职责和作用，尤其是要结合采用专家匿名审稿制度，以此来甄别作者所投稿件的学术价值的高低。规范化的审稿和用稿，既保障了真正有学术价值的原创性作品能够及时发表，又可以使得一些无学术价值而又有侵权嫌疑的稿件被及时发现。这样，对投稿作者、编辑部乃至读者大众等各方权益，可以得到有效的保障。切实用制度保障来预防编辑违法，要定期对每个编辑的工作进行总结，使编辑心系作者，在有限的条件内把编辑工作做好。

（三）完善行业协会相关规章制度

完善的规章制度有利于预防编辑过程中出现法律纠纷，也有利于依法依规处理业务纠纷，这对编辑具有刚性的约束力，对编辑法律素养的形成具有引导作用。目前编辑行业处理涉及业务基本上是各自为政，五花八门的“稿约”就是例证。这就需要行业协会充分发挥行业自治功能，在大量调研基础上，征求法学专家意见，完善相关规章制度，为编辑行业提供合法、可行的各种制度范本。例如，规范的稿约等。再如，针对学术不端行为，行业协会应当建立类似于学术同盟性质的共同体，建立失信惩罚制度，以震慑和惩治学术不端行为。

第一，建立编辑学习考核机制和行业编辑工作条例。将编辑领域的法律法规作为进入出版行业的敲门砖，需要系统学习相关规范，使出版工作步入法治化道路。同时，建立定期考核机制，把法律法规列为重要内容，与业务知识一并考核，作为衡量绩效和能力素质的一个重要标尺。制定全行业的工作条例，给予编辑工作标准并严格遵守工作条例，完善稿件三审制度、责任编辑负责制度、执行编辑负责制度、编辑差错责任追究制度、稿件管理制度等，力争编辑出版流程的每个具体环节的制度设计都实现科学化、规范化和可操作化。各级编辑在完成工作任务后要妥善保管好各校次稿件，备档待查，用规范、科学的制度确保出版物的质量，提升和强化编辑质量意识、责任意识和法律意识。

第二，有力落实编辑责任追究制度。编辑人员必须强化自身的法律意识，依法调适自己的编辑行为。编辑未经作者或其他著作权人授意，又无法律上的根据，擅自对著作权作品加以利用或以其他非法手段行使著作权人专有权利的行为就构成侵权。编辑侵权行为主要表现在编辑未经著作权人许可而发表其作品，编辑未经合作作者许可而将与他人合作创作的作品当作自己单独创作的作品发表；编辑违背作者意愿未在作者创作的作品上署名，编辑擅自改变作品的署名及署名方式，编辑利用职务之便违背作者意愿在没有参加创作劳动的作品上署了己名；编辑非法阻止作者修改作品，编辑未经作者许可修改作品；编辑在加工过程中歪曲作品原意，编辑在改编过程中篡改作品内容；编辑侵犯著作权人信息网络传播权的行为；编辑侵犯著作权人获得报酬权的行为等。编辑侵权要承担相应的民事责任、行政责任，对于严重侵犯著作权和邻接权且对社会公共利益造成了严重损害而构成犯罪的还要追究侵权人的刑事责任。

尝试建立编辑岗位责任制，以制度化建设和法制化管理为主线，以强化编辑的法律意识为核心，确定各级编辑的法律责任，并制定出相应的考评办法。严格遵守各项法律法规，力争编辑出版流程的每个具体环节都符合法律规定。努力在编辑出版流程各个环节，强化编辑的法律意识，增强法治观念。

着眼强化编辑的质量意识、责任意识，明确编辑的岗位责任，建立稿件存档备查制度，同时要健全责任追究制度，明确责任，避免出现问题时编辑互相推诿。对违反相关规定的编辑进行严肃批评教育，对问题严重甚至涉及违法违规的编辑，视情况依法追究其相应责任。

其一，民事责任。如果编辑行为人实施了《著作权法》第四十七条规定的情形可能承担以下民事责任：

一是停止侵害。责令侵权人停止正在进行的侵权行为，最大限度地减少著作权人的损失。如果出版了侵权作品就要立即停止出版发行，封存处理，中止正在传播的侵权作品的扩散。

二是清除影响。针对行为人实施的侵权行为，权利人有权要求侵权人在一定的范围内澄清事实真相，以消除对权利人或者其作品的不良影响，尽可能挽回对权利人造成的人格利益的不利影响和损失。这种情况一般是在侵权影响的范围内消除影响。例如，侵权人剽窃他人作品在某期刊上发表，就应该在该期刊上公开声明以恢复权利人的名誉。

三是赔礼道歉。责令侵权人向被侵权人承认错误，在一定的范围内向被侵权人赔礼道歉，尽可能消除被侵权人的精神痛苦。可以采用当面道歉或通过媒体公开道歉等方式。在一般情况下，赔礼道歉与消除影响可以结合使用。侵权人拒绝赔礼道歉，人民法院可以强制执行。

四是赔偿损失。编辑侵权行为给著作权人造成了经济损失的，由侵权行为人给著作权人以经济补偿。例如，使用他人作品未按规定支付报酬的，即可适用赔偿损失。由于这是一种补偿性的民事责任，不带有惩罚性质，因此在计算赔偿数额时应实事求是，以被害人的实际损失为限。根据《著作权法》第四十九条的规定，实际损失难以计算的，可以按照侵权人的违法所得给予赔偿。在权利人的实际损失或者侵权人的违法所得无法确定时，人民法院根据当事人的请求或者依职权可以在50万元以下确定赔偿数额。赔偿数额还应当包括权利人为制止侵权行为所支付的合理开支。这里的合理开支，一般包括侵权调查所支出的费用，公证费用、差旅费、诉讼费等。

其二，刑事责任。《刑法》第二百一十七条规定："以营利为目的，有下列侵犯著作权情形之一，违法所得数额较大或者有其他严重情节的，处三年以下有期徒刑或者拘役，并处或者单处罚金；违法所得数额巨大或者有其他特别严重情节的，处三年以上七年以下有期徒刑，并处罚金：（一）未经著作权人许可，复制发行其文字作品、音乐、电影、电视、录像作品、计算机软件及其他作品的；（二）出版他人享有专有出版权的图书的；（三）未经录音录像制作者许可，复制发行其制作的录音录像的；（四）制作、出售假冒他人署名的美术作品的。"

其三，行政责任。如果编辑实施了侵权行为，应当根据情况承担停止侵害、消除影响、赔礼道歉、赔偿损失的民事责任；同时，损害公共利益的，侵权人还应当承担行政责任：

一是责令停止侵权行为。这类似于民事责任中的责令停止侵权。

二是没收违法所得。即没收侵权人实施上述侵权行为获得的物质利益。

三是没收、销毁侵权复制品。这样做的目的是防止侵权复制品的扩散，避免侵权行为给权利人造成进一步的损失。

四是罚款。给侵权人予以经济处罚。

五是没收主要用于制作侵权复制品的材料、工具、设备等。这种责任方式可以进一步制裁侵权人，使其丧失继续侵权的物质基础，但只适用于情节严重的情形。

（四）加强出版法律法规岗位培训的力度

要努力将编辑法律法规培训制度化。编辑基于职业需要，需用心学习出版行业法律法规知识，明确编辑出版者的权利与义务，构建新闻媒体及出版行业法律法规知识体系。对出版法律法规的学习要系统、完整、深入，不能流于形式，更不能止于一知半解。同时，编辑活动能充分体现主观能动性，所以编辑要充分发挥主观能动性，时刻关注出版法治建设的进程和最新进展，及时补充出版行业法律法规知识。例如，2011 年 3 月，国务院对《出版管理条例》和《音像制品管理条例》做出修订并予以重新公布，编辑人员就应及时学习，及时更新法律知识，做到与时俱进。要深刻理解相关法律法规的实质和立法精神，结合自身编辑活动中的具体案例，举一反三，有针对性地学习，有目的地探讨。

目前的岗位任职资格培训和继续教育培训，多侧重于对编辑的业务能力和政治素质的培训，对法律素养的培训相对弱化。出版单位要充分认识到，法律法规在编辑实践中具有重要的指导作用和规范作用，要把对编辑的法律法规培训提到和编辑业务能力培训同样的高度来看待，努力创造条件，积极支持、鼓励编辑学习法律法规知识。在编辑业务培训和岗位培训中，要改变重编辑技能培训、忽视法律法规学习的倾向。因此，业务管理部门应当加强对编辑法律素养的培训力度。主要做法如下：第一，在岗位培训中要加大法律素养培训的力度，使编辑对法律体系有宏观的把握，初步形成依法处理编辑与作者法律关系的意识，努力培养运用法律武器预防、处理业务纠纷的能力。第二，以国家颁布新的法律法规或者最高人民法院出台新的有关司法解释为契机，举办各种专题培训，强化编辑的法律意识。运用专家授课、案例式、研讨式等方式让编辑掌握和运用好相关法律法规。在培训期间，编辑也要自觉地、有意识地培养自己良好的法律意识。作为一个合格的编辑，要时刻以法律来规范自己的行为。对一些涉及名誉权、著作权、肖像权等案例的稿件，还应当向法学界人士请教，请他们帮忙审阅稿件，这样既可以避免法律上的错误，也可以通过对案件的探讨和思考，使编辑对法律问题有更清晰的认识。第三，定期对编辑法律素养进行考核。在培训结束后，媒界、期刊社或者出版社要定期对编辑进行考核，督促编辑自觉地养成良好的法律意识，时刻以法律法规来规范自己的行为，要有编辑人的自律意识和责任意识。同时，考核的方式可以形式多样化，如纸质试卷考试、召开研讨会、答辩会等形式，还可以邀请法律专业人士参与共同对案件进行探讨，给编辑提供交流的平台，使编辑对法律问题有更清晰的了解和认识。还有，业务管理部门组织的培训要达到预期效果，必须从制度方面加强考核，但更为重要的是要让编辑从培训中有收获，而不是仅仅为了取得继续教育学分而敷衍了事。

（五）预防编辑的侵权行为

随着人们法律意识的提高，我国各个领域都在逐步出台和完善各种法律、法规，法治建设出现了一个新高峰，公众越来越关注编辑行为的侵权问题。在这种形式下，编辑应当牢牢绷紧法律这根弦。

第一，编辑要对自己处理的作品在弄清事实真相及基础上对照有关法律，进行认真分析。在用词用语上力求准确，切忌滥用词汇，夸大或者缩小事实，更不能凭着个人的主观意愿去推测。对于把握不准的地方，应该请教专业的法律人士，或者查阅有关法律的条文。这样，随着接触的法律知识的增多，便能逐渐增强自己的法律意识，避免工作中犯一些基本的、常识性的错误。

第二，编辑侵权既受个人主观意愿的影响也受客观环境的制约。有些编辑法治观念淡漠，有法不依，甚至不懂法；有些编辑道德修养不够，不尊重作者，甚至利欲熏心，小则损害了作者的合法权益，大则侵害社会利益，危害到社会的公平公正。编辑侵权不仅破坏了编辑人员的形象，影响编辑部的信誉，而且在编辑和作者之间竖起一堵无形的墙，长此以往必然会影响刊物的质量和作者的投稿积极性。编辑侵权一旦被起诉，编辑不仅要投入大量的精力、财力，而且败诉后还要赔偿对方经济损失。《著作权法》是编辑出版工作的根本大法，是平衡和保护作者、编辑和读者三方权益的准则和武器。编辑工作既受到著作权法的保护，又受到著作权法的限制。著作权意识是编辑主体意识的重要组成部分，编辑必须认真学习贯彻《著作权法》，同时也应向作者宣传《著作权法》，以《著作权法》为准绳规范自己的行为。只有尊重和保护著作权人的著作权，才有可能为他人做好“嫁衣裳”，才有可能使自己的专有出版权得以存在和维护。只有编辑和著作权人双方面的利益都合法并受到法律的保护，才能调动各方面的积极性，收到良好的社会效益和经济效益。在知识产权领域，国家相继颁布了《著作权法》《专利法》《商标法》《书籍稿酬暂行规定》等有关法律、法规。但是有些编辑在工作中法律意识不强不能依法办事，干工作凭感觉，无所遵循，以自我为中心。例如，乱收审稿费、随便降低稿费标准、对来稿不进行认真登记、审理、作者索要稿件不及时回复等。有些编辑不知道在对作者稿件做重大调整，诸如增删内容，改变稿件结构、行文风格、体裁以及写作角度时，需征得作者同意，不知道利用职务之便强行在他人创作的作品上署名，擅自给作者起笔名、别名发表作品等都是违法的。这种无视法律法规的做法，其结果必然会妨碍作者权利，酿成编辑侵权的错误。

第三，编辑在工作当中，一定要认真学习法律法规，做到懂法，明白自己该做些什么不该做些什么，明白哪些是对的哪些是错的。该是编辑做的一定要做好，该是作者做的不要越俎代庖。要坚决按法律法规办事。不会就学，不懂即问，做到有法可循。在涉及作者著作权益而又不知该如何处理时，一定要找出法律法规依据或同作者商量。不能摸着石头过河，闭上眼睛走路，要做一个具有高度法律意识、法律责任、法律修养的编辑。编辑部要加强执法监督，要依据法律的效力督促编辑依法行事并经常进行自查，鼓励作者举报编辑的侵权行为。对侵权编辑必须及时做出处理，对侵权者作出相应处罚的同时，追究侵权者的法律责任。让侵权者见“法”生畏，以法律法规为准绳，工作中不仅学法、懂法，而且还要守法。

（六）建立法律法规咨询或顾问制度

除通过建立健全法律法规等制度外，还可以创新监管制度。例如，尝试建立法律法规咨询或顾问制度。编辑的法律意识提高有两种方式：一是内生的自我学习；二是外在的专业人士教育。因此，为使媒介及出版单位依法处理可能遇到的纠纷案件，可以通过外聘法律专家、内设兼职法律咨询等方式，建立法律咨询或法律顾问制度。一旦遇有案件、平时工作中遇到涉法问题以及需要进行相关法律法规知识的培训时，都可以依托法律咨询或法律顾问来具体完成。建立法律法规咨询和顾问制度，可以使出版单位的工作人员了解国家的法律知识。事实证明，一些单位聘请法律顾问之后，不仅制定的文件具有了可操作性，而且在决策实施过程中，能够严格依法办事，诉讼案件大幅下降。

尝试建立法律顾问制度，有助于化解多元化社会的矛盾和分歧。多元化社会不同阶层、不同群体的价值标准和道德准则是不一样的，因此，在处理矛盾和纠纷的时候，不同阶层、不同群体习惯于从维护自身的利益角度出发，按照自己的价值标准和道德准则分析问题。建立法律顾问制度之后，可以把不同的价值判断统一到国家的法律规范中，以国家现行的法律规则解决矛盾和分歧。

三、编辑自身：提高法律修养

（一）培养编辑的基本法律意识

编辑的法律修养是指编辑从事出版活动所具备的认识法律和运用法律的能力和水平，主要包括法律知识、法律意识和应用法律的能力。

掌握与出版业务相关的法律知识对于编辑（法律类图书编辑除外）来说，虽然不要求其具有系统完备的法律知识体系，但是掌握与出版业务相关的法律知识是必需的。这主要包括与著作权相关的法律法规。例如，《著作权法》和《民法总则》《刑法》《广告法》中的相关条款；《著作权法实施条例》《著作权集体管理条例》《著作权行政处罚实施办法》《互联网著作权行政保护办法》《信息网络传播权保护条例》等法规、规章；最高人民法院《关于审理著作权民事纠纷案件适用法律若干问题的解释》《关于审理涉及计算机网络著作权纠纷案件适用法律若干问题的解释》等司法解释。出版行业法规、规章，如《出版管理条例》《图书出版管理规定》《音像制品管理条例》《网络出版服务管理办法》《电子出版物出版管理规定》《图书质量管理规定》《图书质量保障体系》《使用文字作品支付报酬办法》等。有关版权的国际公约，如《伯尔

尼保护文学和艺术作品公约》《世界版权公约》《世界知识产权组织版权条约》《与贸易有关的知识产权协议》等。法律知识，即工作生活中基本的、常用的法律条文、法律术语、法律概念。书稿中经常会涉及一些法律概念，如果没有清晰的认知，就会与相近概念混淆，如“法人与法定代表人”的区别等。强化出版过程中的法律意识。法律意识是法律修养的核心和关键。没有法律意识，法律知识就只能停留在“知”的层面，无法转化为具体的法律行为。而法律意识有助于评价行为合法性，预判法律后果，使行为选择更加理性。

编辑的法律意识主要包括：权利意识和义务意识。权利意识方面，编辑首先要清楚地知道自己和出版单位享有哪些法律赋予的权利及其内涵、范围，以此追求和实现自身的正当利益。在出版活动众多权利中，版权是核心，版权意识最为重要。随着科学技术的进步和全媒体时代的来临，图书版权的外延不断扩大，已经从传统意义的实体书版权延伸到电子版权、网络版权、影视娱乐版权、游戏动漫版权、衍生品版权等多个方面。编辑只有逐渐建立“全版权”观念，开展“全版权”运营，才能掌握出版主动权，提升市场竞争力，实现版权所有者的利益最大化；义务意识方面，权利和义务是不可分割的。在明确权利的同时，编辑也必须自觉履行自己和出版单位承担的法律义务，使出版行为不侵犯他人权利，不损害他人利益。例如，在审稿中，要严格审查作品内容的合法性，是否违反法

律法规、出版政策，是否侵犯他人著作权、名誉权、名称权和商业秘密等；在编辑加工中，要尊重作者的修改权、保护作品完整权；在处理著作权合同法律关系中，要践行契约精神，签订合同公平自愿，执行合同诚实守信，守法意识。在出版工作中，图书编辑要主动运用法律思维观察和处理问题，时时事事都以法律法规为准绳，检验和规范自己的行为，把合法合规的要求贯穿到各个环节中去，防范法律风险，规避法律纠纷。学习法律知识、增强法律意识的最终目的是应用法律法规，践行法律行为。

对于加强应用法律的能力来说，要想加强能力建设，就需不断增强学习能力、专业能力、执行力和改革创新能力等。主要方式大致可以分为两种：一是学习，二是实践。学习，显而易见，只有通过学习才能增加知识范围和专业能力。学习亦如逆水行舟，不学无术的结果只能是停滞不前甚至倒退；实践，顾名思义，只有在实践中才能检验我们所学的知识是否真正被掌握、是否能够为我所用指导我们改进创新、不断前行，也就是说在实践中可以提高执行能力。具体到法律能力建设方面，我们个人就要不断加强对法律法规的学习、不断加深对相关法律条文的理解和认识；此外还要学以致用、理论联系实际，要把在学习当中的所学所悟、所思所感都在具体法律实践当中体现出来，并不断指导改进我们的实践行为。

由抽象到具象，编辑行业尤其是编辑个人自身的法律能力建设的加强也要经历学法、懂法到用法这一过程。按照马克思主义哲学的实践论观点，这是编辑加强自身法律能力的正确培养途径。因此，只有这样，才能让编辑在真正意义上做到积极学习相关法律法规和政策指导，在工作中培养形成法治意识和法治思维；善于分析辨别，减少出现法律错误、保护著作权人和自身权益，或在陷入侵权官司等法律案件时妥善解决纠纷；坚守道德底线和法律红线，对出版工作可能违法违规的行为坚决说不，把好媒界最后一关。

1. 编辑应学法

随着人们法律意识的提高，我国各个领域都在逐步出台和完善各种法律、法规，法治建设出现了一个新高峰。在这种形式下，编辑应当牢牢绷紧法律这根弦。

第一，编辑要自觉地、有意识地培养自己良好的法律意识。作为一个合格的编辑，要时刻以法律来规范自己的行为，包括采访编辑稿件，什么该写，什么不该写；什么该发，什么不该发，哪些是违法行为，要彻底予以揭露，这些都是编辑在编采活动中应该慎重掌握的。

第二，除主动自学外，编辑应该多参加一些法律知识培训，这是增强编辑法律意识的重要途径。自我主动学习，主要是平时编辑可在工时之外，多读一些相关的法律书籍，有空多关注一些社会热点的司法事件并不断琢磨、思考和反思；而与自学不同的是，编辑亦可通过报名参加一些短期或全脱产的法律研修班，在法学名师的讲解和指导下，系统性地全身心学习相关法律法规，这样相比于自主学习会效果更好、对相关法律法规理解会更扎实更透彻，在之后的出版工作中面对可能出现的法律问题更得心应手、游刃有余，有利于编辑自身的法律意识和法律能力得到质的提升。

2. 编辑应懂法

法律意识属于社会意识的范畴，法律是调节各种利益主体之间的准则和规范，出版物牵涉到出版者、作者及第三者等各种各样的利益主体，他们都有各自的权利与义务，编辑应不断强化法律意识，保障他们的权利义务。编辑的工作性质决定了他们要接触各种各样的稿件，接触社会的各行各业，在这种情况下，研究问题、编辑作品就会接触法律。随着法治建设的发展，经济、政治、文化和社会生活的各个方面甚至国际交往等方面都和法律息息相关。我们常会在新闻报道中了解到一些新闻媒体不断陷入侵权的法律官司中，也有一些媒体因为法律错误公开道歉的事例。这些都说明了编辑提高法律素养、增强法律意识的重要性和必要性，也是编辑面临的一个新课题。编辑的职业是传播信息，因此，编辑必须具备一定的法律意识和法律素养，知晓一些法律理论知识，这样才不至于闹笑话，或者出现法律错误。掌握法律条文和概念，这对完成编辑工作大有益处。

3. 编辑应会用法

学以致用、知行合一，编辑增强法律意识的目的，就是要能很好地用法。巧妇难为无米之炊，编辑预防、处理业务涉及的法律纠纷，不掌握最基本的法律法规是不行的。编辑业务涉及的纠纷主要是围绕著作权展开的，为此，要在编辑各环节强化编辑的著作权意识。《著作权法》自1990年颁布实施以来，分别于2001年10月27日和2010年2月26日进行了两次修正，我国在著作权保护方面取得了长足的进展。在出版法律、法规体系中，有关著作权保护的体系已经较为完善。《著作权法》是出版工作重要的法律法规之一，在编辑的各个环节，都应强化编辑的著作权意识。在组稿、收稿阶段，根据《著作权法》第三十三条的规定，编辑要合理把握审稿周期，及时履行告知义务。由于来稿量大、编辑人手有限，大多数期刊往往会在“征稿简则”或“稿约”中对审稿周期和稿件处理方式做出说明，编辑一般会在采纳稿件时主动与作者联系，而对未通过审稿的稿件则默认为退稿，不予回复。当前，“一稿多投”现象的泛滥与编辑的此种退稿处理方式不无关联。显然，此种退稿处理方式没有体现出对著作权人发表权的尊重。鉴于此，期刊编辑应努力缩短审稿周期，及时向作者反馈每篇稿件的处理意见。在审稿阶段，坚持一稿三审制度，三审环节中，任何两个环节的审稿工作不能同时由一人担任。在编辑加工阶段，根据《著作权法》第十一条、第三十四条的规定，期刊编辑要特别注意保护著作权人的署名权、修改权和作品的完整权。要维护作品的原意，不随意改变作者的观点；修改必须有充分的理由和依据。在编辑加工阶段，还要注意参考文献的著录规则，期刊中的参考文献主要是索引性的，其重要性在于它可明确地标示引自他人的学术思想、理论、成果和数据，既体现对他人劳动的尊重，又表明了学术的继承性和严肃性。编辑若处理不当，会对相关著作权人权益造成侵害。在出版发行阶段，根据《著作权法》第二十八条的规定，编辑要及时向作者寄送样刊，合理支付稿酬。

编辑对作品修改也要审慎。编辑是编辑出版活动中的主体，而作为精神产品的文稿是客体。编辑总是按照自己的意图去主动地、有选择地、创造性地把握和改选客体。学术期刊编辑的这种主体行为贯穿于期刊编辑出版活动实践过程中的每一个环节。因此，编辑在对作品修改的时候，一定注意不能违背作者的意愿而擅自修改作品的内容。

关于著作权人稿酬的问题。根据《著作权法》制定的《出版文字作品报酬规定》说明：对期刊作品“只适用于一次性付酬方式”“报刊刊载作品，未与著作权人约定付酬标准的，应按每千字不低于50元的付酬标准向著作权人支付报酬”。一些学术期刊社向著作权人少付稿酬，甚至未有约定而不付稿酬的做法是不合法的。学术期刊编辑作为学术期刊社的主体，其行为应受到《著作权法》的制约，依法进行期刊编辑出版实践活动，按照有关规定如数向著作权人发放稿酬。

《著作权法》中还有很多细节问题，需要编辑从业人员认真学习。依法办刊才能使出版越来越正规化，著作权人和其他相关方的合法权益才能不受侵犯。

应提高运用法律武器预防、处理期刊业务纠纷的能力。基础法律意识具有模糊性、朦胧性、非体系化、非理性等特征。有了基础法律意识的指引和法律法规知识作为基础，编辑提高法律能力建设，需要进一步做的就是提高运用法律武器预防、处理期刊业务纠纷的能力。运用法律武器预防期刊业务纠纷、遏制学术不端行为、解决期刊转型遇到的问题，涉及编辑工作的各个环节，以解决“一稿多投”问题为例加以说明：第一，正确定性投稿行为，解决是否允许“一稿多投”的问题。投稿行为，有认为是要约的，有认为是要约邀请的。将投稿行为定性为要约邀请，其对投稿者的法律约束力就非常低，“一稿多投”应是允许的；将投稿行为定性为要约，则投稿者投寄稿件后就要接受要约的约束力。投稿行为是要约还是要约邀请，可以从要约的构成要件来判别。要约对象特定，内容具体确定，表明经受要约人承诺、要约人即受该意思表示约束，这是要约的构成要件。按照要约的构成要件进行分析，作者的投稿行为应当属于要约，特别是经过投稿系统投送的稿件。要约生效后，要约人不得撤回、撤销要约或对要约加以限制、变更和扩张。既然定性为要约，“一稿多投”就是不允许的。当然，作为例外情况，要约发出者在承担不利后果的情况下可以向不特定对象发出要约。相应地，作者投稿时也可以明确表明稿件为一稿多投，即作者表示愿意接受一稿多投的后果。第二，充分利用稿约明确投稿者的法律义务和责任，遏制“一稿多投”行为的发生。稿约是典型的要约邀请，对投稿者没有拘束力，但是稿约可以对投稿者的投稿行为提出明确的要求，引导投稿者在投稿的要约行为中按照编辑部的要求来做。对此，有许多编辑部的“稿约”可供借鉴。例如，“来稿文责自负，凡因作品内容有政治性错误、不实、泄密，以及侵犯其他公民或法人的合法权益的，作者应承担全部责任并赔偿因此而给期刊编辑部造成的损失”“来稿应注明专投我刊”“一旦发现一稿几投，在某段时间内不再接受该作者的稿件”“如作者不同意被其他刊物转载和摘录，请予以声明，否则将视为放弃此种权利。”需要注意的是，期刊编辑部在稿约中对期刊免责的声明并不具备真正免责的法律效力，其真正的意义在于期刊在承担赔偿责任后可以向投稿者追偿。

（二）提高编辑法律意识和政策水平

只有在编辑出版的方针中贯彻“为人民服务，为社会主义服务”的精神，才能使编辑出版在为人民服务、为社会主义服务过程中得到生存和更好地发展。二者既统一，又各有侧重。为人民服务主要说明的是为什么人服务的问题。为社会主义服务则主要说明的是为什么社会服务的问题，为哪种主义服务的问题。两者互为补充。对于编辑来说，一般性地了解“为人民服务、为社会主义服务”的方针、任务是远远不够的。还必须上升到法律的角度来理解其含义。我国《宪法》第二十二条第一款规定：“国家发展为人民服务、为社会主义服务的文学艺术事业、新闻广播电视事业、出版发行事业、图书馆博物馆文化馆和其他文化事业，开展群众性的文化活动。”编辑坚持的方针、任务正是源于我国的这部根本大法，而宪法意识则正是编辑法律意识结构中的高层次的法律心态。编辑坚持“为人民服务、为社会主义服务”的宪法意识则是实现新时期期刊方针、任务的法律保障。出版物是社会主义文化载体的重要组成部分，肩负着培育、践行社会主义核心价值观和对国民教育、精神文明创建、精神文化产品创作生产传播的引领作用。在推进精神文明建设、先进文化建设、社会主义核心价值体系建设的同时，也促进了依法治国各项工作的进一步展开。我国《宪法》第二十四条规定：“国家通过普及理想教育、道德教育、文化教育、纪律和法制教育，通过在城乡不同范围的群众中制定和执行各种守则、公约，加强社会主义精神文明的建设。国家倡导社会主义核心价值观，提倡爱祖国、爱人民、爱劳动、爱科学、爱社会主义的公德，在人民中进行爱国主义、集体主义和国际主义、共产主义的教育，进行辩证唯物主义和历史唯物主义的教育，反对资本主义的、封建主义的和其他的腐朽思想。”实际上，建设精神文明的过程也就是完善法律制度、促进法治形成的过程。我国现行《宪法》《义务教育法》《文物保护法》等法律体现了精神文明建设的内容。其中《著作权法》的宗旨实际上已经与精神文明建设紧紧联系在一起。制定《著作权法》的目的就是保护文学、艺术和科学作品作者的著作权，以及与著作权有关的权益，鼓励有益于社会主义精神文明、物质文明建设的作品的创作和传播，以优秀的作品鼓舞人，促进社会主义文化和科学事业的发展和繁荣。所以，出版业作为优秀文化的重要宣传阵地，应该以充分贯彻落实中央有关政策要求为宗旨，办出符合时代发展潮流的、能够引领人民群众不断进步的优秀出版物。这就需要编辑具有较强的政策水平，唯此编辑才能够充分理解且真正践行中央的有关政策要求。

法治环境是进行社会主义文化建设、精神文明建设的最基本条件。良好的精神文明只有在良好的法治环境中才能生成和发展。编辑的法律意识正是保障这种良好的法治环境、促进精神文明建设的必要条件。编辑通过审稿来检验稿件的政治质量、学术质量和文字质量，鉴别其是否符合文化发展的宗旨、方针和任务。审读的目的是对稿件进行鉴别、判断和筛选，这都需要审读者具有较高的思想水平、学术水平和法律水平。如果没有这些素养，就不可能正确地进行抽象思维，也不可能以社会主义核心价值体系的尺度对文稿从本质上加以把握。

全面培养和加强编辑的法律意识，是一个循序渐进、厚积薄发的过程，这需要编辑自身、新闻出版行业和国家立法的共同努力。这样，编辑具备良好的法律意识，才能够产生符合时代发展趋势、人民核心利益的文化产品。

第八章
编辑法律知识

编辑在掌握行业法律法规规章的基础上，还应当了解并尽量熟悉以下三方面的法律法规。第一，知识产权方面的法律法规。着重了解作者享有的基本著作权利——发表权、署名权、修改权、保护作品完整权、复制权等，了解出版方基本权利——专有使用权、版本权、删改权、摘编权、标注作者身份权、转载权等。第二，了解合同法基本知识，明确约稿、作者投稿、编辑部采稿通知等行为的法律属性，正确处理期刊与投稿者之间的法律关系。第三，了解侵权责任法、刑诉法和经济法等法律法规。

一、知识产权法知识

知识产权法是指因调整知识产权的归属、行使、管理和保护等活动中产生的社会关系的法律规范的总称。知识产权法的综合性和技术性特征十分明显，在知识产权法中，既有私法规范，也有公法规范；既有实体法规范，也有程序法规范。但从法律部门的归属上讲，知识产权法仍属于民法，是民法的特别法。民法的基本原则、制度和法律规范大多适用于知识产权，并且知识产权法中的公法规范和程序法规范都是为确认和保护知识产权这一私权服务的，不占主导地位。

现代社会中，知识产权作为一种私权在各国普遍获得确认和保护，知识产权制度作为划分知识产品公共属性与私人属性界限并调整知识创造、利用和传播过程中所形成的社会关系的工具在各国普遍确立，并随着科学技术和商品经济的发展而不断拓展、丰富和完善。特别是在经济全球化背景下，知识产权制度发展迅速，不断变革和创新，当前世界经济已经处于知识经济时代，技术创新已是社会进步与经济发展的最主要动力，与之相对应的，知识产权越来越成为提升市场核心竞争力和进行市场垄断的手段，知识产权制度因此成为基础性制度和社会政策的重要组成部分。从 20 世纪末开始，许多国家已经从国家战略的高度来考虑、制定和实施知识产权战略，并将知识产权战略与经贸政策相结合，知识产权战略构成了国家发展总体战略组成部分，对实现国家总体目标具有重大意义。

2005 年我国成立了国家知识产权战略制定工作领导小组，正式启动了国家知识产权战略制定工作，同时政府也在不断加大对知识产权保护的力度。从我国目前的立法现状看，知识产权法仅是一个学科概念，并不是一部具体的制定法。知识产权法律制度主要由《著作权法》《专利法》《商标法》《反不正当竞争法》等若干法律行政法规或规章、司法解释、相关国际条约等共同构成。随着知识产权领域的制度创新、法律修订以及理论研究引人注目，知识产权保护的新问题、新案件不断出现，这极大地丰富了知识产权法学研究内容，知识产权法学获得了长足的发展和厚实的积淀。

知识产权侵权是一种特殊的民事侵权行为，《民法通则》第一百零六条规定了承担民事责任的过错原则和无过错而依法应承担民事责任的无过错原则。1986 年颁布的《民法通则》首次正式使用“知识产权”这一法律术语，但从《著作权法》和其他颁行的有关知识产权的法律来看，基本上都对知识产权侵权的归责原则规定为过错责任原则，即“债权之诉”原则。笔者认为，知识产权侵权只适用过错归责原则的规定，使法律规定和审判实践产生了冲突，主要表现为三个方面：一是同为民事侵权，无法普遍适用民事侵权归责原则。二是法律原则与审判实践相矛盾，使知识产权的法律保护受到制约。三是割裂了物上请求权与债之请求权的关系，使法官在个案的裁判中陷入困境。

侵犯知识产权的行为，与一般的民事侵权行为有基本相同的法律性质，当然也该有基本相似的法律后果。但由于知识产权的性质和侵犯知识产权行为的基本特征有别于一般的民事权利和侵权行为，故侵犯知识产权行为的表现形式也有别于一般的民事侵权行为。知识产权的权利客体的非物质性是其区别于财产所有权的本质特征，其客体是一种非物质性无形的精神财富，不具有物质形态、不占有空间、其被占有也非实在而具体的占据。且知识产权的存在与其他财产权（特别是所有权）相比，有其独有的排他性、地域效力性和时间限制性特征。由于知识产权的这些性质和特征，侵犯知识产权的行为，基本上都具有双重性，既侵犯了知识产权人的物权，也同时侵犯了知识产权人的债权；既有对独立物权的侵犯（著作人身权），也有对单一债权的侵犯（商业秘密权）；既有故意的有过错侵权行为，也有善意无过错侵权行为；既有行为发生即侵权，也有行为结果为侵权。这种知识产权侵权行为的双重性，决定了该侵权归责原则的双重性。

（一）著作权法

在法治越来越健全的现代社会，人们的各种行为活动都要受到法律的规范和制约。编辑出版活动作为一种重要的社会文化活动，同样应受到有关法律的规范和制约，尤其是编辑的主体行为应受《著作权法》的制约。作为编辑从业人员，需认真学习《著作权法》，深刻领会《著作权法》中与编辑出版活动有关条款的内容，并做到认真执行，协调并处理好期刊编辑与作者的联系，更好地维护作者与出版社、期刊社的权益。

1. 编辑对作者作品的修改

《著作权法》第三十四条规定："图书出版者经作者许可，可以对作品修改、删节。报社、期刊社可以对作品作文字性修改、删节。对内容的修改，应当经作者许可。"编辑群体是编辑出版活动中的主体，而作为精神产品的文稿是客体。编辑总是按照自己的意图去主动地、有选择地、创造性地把握和改选客体。编辑的这种主体行为贯穿于出版活动实践过程中的每一个环节。因此，编辑在对作品修改的时候，一定注意不能违背作者的意愿而擅自修改作品的内容。

编辑在对作品加工时一定要坚持三个原则：第一，尊重作者，忌强加于人。编辑对作品进行加工，是为了提高作品的质量，因此要充分尊重作者的意愿，顺着作者的思路，按照原作的风格等进行加工，绝不能按照编辑个人的好恶行事。第二，多就少改，忌滥施刀斧。编辑的修改应该是非改不可的，可改可不改的一律不改。这样可以尽可能多地保持原作的风貌，还可以大大减轻编辑的工作量。第三，改必有据，忌无知妄改。编辑对作品进行修改必须有充分的依据和理由，必须有绝对的把握。凡是仅有疑问而没有把握的地方，一定要查阅工具书或请教其他专业人员得到确切结论才能动手。切忌不懂装懂，凭着想当然乱改，甚至将本来对的改成错的。

2. 订立出版合同

我国《著作权法》第二十四条规定，"使用他人作品应当同著作权人订立许可使用合同”，第二十五条规定：转让著作权中的财产权应当签订书面合同。我国加入 WTO 后，学术期刊的版权贸易会更加活跃，学术期刊社应深入了解相关法律知识，切实保护自己的合法权益，签订文章版权转让合同，能够真正保护期刊社（也包括作者）的合法权益。如果学术期刊社未与作者签订出版合同，那么期刊社对其发表的作品则只拥有非专有出版权，期刊社及其作者的著作权就无法实施真正保护。因此，每一位期刊编辑都要加强著作权意识，代表期刊社同作者签订出版合同并公示于期刊上，以遏制他人对作者著作权侵权行为的发生，真正做到维护作者和学术期刊社的权益。

我国《著作权法》第三十二条规定，著作权人应当按照合同约定期限交付作品。图书出版者应当按照合同约定的出版质量、期限出版图书。图书出版者不按照合同约定期限出版，应当依照本法第五十四条的规定承担民事责任。图书出版者重印、再版作品的，应当通知著作权人，并支付报酬。图书脱销后，图书出版者拒绝重印、再版的，著作权人有权终止合同。

3. 著作权人的稿酬问题

我国《著作权法》第三十条规定，图书出版者出版图书应当和著作权人订立出版合同，并支付报酬。第三十三条规定，著作权人向报社、期刊社投稿的，自稿件发出之日起十五日内未收到报社通知决定刊登的，或者自稿件发出之日起三十日内未收到期刊社通知决定刊登的，可以将同一作品向其他报社、期刊社投稿。双方另有约定的除外。作品刊登后，除著作权人声明不得转载、摘编的外，其他报刊可以转载或者作为文摘、资料刊登，但应当按照规定向著作权人支付报酬。第三十五条规定，出版改编、翻译、注释、整理、汇编已有作品而产生的作品，应当取得改编、翻译、注释、整理、汇编作品的著作权人和原作品的著作权人许可，并支付报酬。

（二）商标法

1. 期刊名称的商标保护问题①

期刊是编辑的创造性智力劳动产品，在某种程度上也是商品，而商品都有商品名。一方面，期刊名称可以区分相同类型期刊的不同来源。另一方面，也便于消费者选择购买。可以说，期刊名称是期刊良好信誉的代表，是编辑们辛苦工作的结晶。因此，在选择期刊名称时一定要选择与现有的期刊名称不同而且还具有独特性的期刊名称，因为这样的期刊名称符合我国《商标法》关于商标注册的规定。

2. 杂志的封面设计与商标权

杂志的封面设计一定要有显著性，也就是有区别其他杂志

---

① 载百度百科，https：//baike. baidu. com/item/% E5% 95% 86% E6% A0% 87% E6%9D%83/1230188？fr = aladdin，最后访问时间：2018 年 4 月 24 日。

封面的独到设计，使长期购买该杂志的读者能够很容易辨别出该杂志。这样，该封面可以作为商标获得注册。如果有其他杂志社使用与该杂志相同和相似的封面设计，该杂志社可以以其商品的包装装潢（商品的包装装潢受到商标法的保护）被假冒为由，提起诉讼保护自己的封面设计。当然，如果杂志封面的设计没有独创性，但经过长期使用在读者中间有一定知名度，使该杂志的读者很容易只凭借该封面即可辨认该杂志，则该封面可以获得《商标法》上所谓的“第二含义”。此时，该封面也可以获得商标注册，从而获得《商标法》的保护。

商标权，是指商标所有人对其商标所享有的独占的、排他的权利。在我国由于商标权的取得实行注册原则，因此，商标权实际上是因商标所有人申请、经国家商标局确认的专有权利，即因商标注册而产生的专有权。

3. 商标权的特征

第一，独占性，又称垄断性，是指商标注册人对其注册商标享有独占使用权。赋予注册商标所有人独占使用权的基本目的，是通过注册建立特定商标与特定商品的固定联系，从而保证消费者能够避免混淆并能接受到准确无误的商品来源信息。换句话说，在商业中未经许可的所有使用，都将构成对商标专用权的侵害。这种专用权表现为三个方面：其一，商标注册人有权依据《商标法》的相关规定，将其注册商标使用在其核准使用的商品、商品包装上或者服务、服务设施上，任何他人不得干涉。其二，商标注册人有权禁止任何其他人未经其许可擅自在同一种或类似商品上使用与其注册商标相同或者近似的商标。其三，商标注册人有权许可他人使用自己的注册商标，也可以将自己的注册商标转让给他人，但是这种许可或转让要符合法律规定并履行一定的法律手续。

第二，时效性，指商标专用权的有效期限。在有效期限之内，商标专用权受法律保护，超过有效期限不进行续展手续，就不再受到法律的保护。各国的商标法一般都规定了对商标专用权的保护期限，有的国家规定的长些，有的国家规定的短些，多则二十年，少则七年，大多数是十年。我国《商标法》规定的商标专用权的有效期为十年。

第三，地域性，指商标专用权的保护受地域范围的限制。注册商标专用权仅在商标注册国享受法律保护，非注册国没有保护的义务。在我国注册的商标要在其他国家获得商标专用权并受到法律保护，就必须分别在这些国家进行注册，或者通过《马德里协定》等国际知识产权条约在协定的成员国申请领土延伸。

第四，财产性，商标专用权是一种无形财产权。商标专用权的整体是智力成果，他凝聚了权利人的心血和劳动。智力成果不同于有形的物质财富，它虽然需要借助一定的载体表现，但载体本身并无太大的经济价值，体现巨大经济价值的只能是载体所蕴含的智力成果。例如，“可口可乐”商标等，其商标的载体：可乐、烤鸭等不是具有昂贵价值的东西，但其商标本身却是具有极高的经济价值，“可口可乐”商标经评估，其价值达到七百多亿美元，通过商标价值评估，这些商标可以作为无形资产，成为企业出资额的一部分。

第五，类别性，类别性是指国家工商行政管理总局商标局依照商标注册申请人提交的《商标注册申请书》中核定的类别和商品（服务）项目名称进行审查和核准。注册商标的保护范围仅限于所核准的类别和项目，以世界知识产权组织提供的《商标注册商品和服务国际分类》为基础，国家商标局制定的《类似商品和服务区分表》将商品和服务总共分为45个类别，在相同或近似的类别及商品（服务）项目中只允许一个商标权利人拥有相同或近似的商标，在不相同和近似的类别中允许不同权利人享有相同或近似的商标。

（三）著作权侵权①

首先介绍一个关于作品的网络信息传播权的案例。2009年6月9日，作家魏某授权陈某作为代理人向湖南省某县公证处申请对某期刊网刊载文章的行为进行证据保全。某期刊网虽刊载了魏某200余篇文章，但他们仅对某期刊网设的“魏××

① 载百度百科，https://baike.baidu.com/item/%E5%8F%91%E8%A1%A8%E6%9D%83，最后访问时间：2018年4月24号。

专卖店”内的文章进行了公证，共涉及58篇文章。2009年7月16日，北京市朝阳区人民法院正式受理案件。此案的核心是杂志社的授权中是否包含了原告作品的信息网络传播权。某期刊网称他们取得了刊登魏某文章杂志社的授权，并且与杂志社签订了《网络电子版合作协议书》，协议约定：杂志社提供期刊给某期刊网进行数字化处理、制作网络电子版，某期刊网作为杂志电子版网络销售代理；某期刊网将杂志电子版作为版税和收益汇给杂志社，协议签订后某期刊网便向杂志社支付了约定的版税和收益。对此，法院在审理时查明，某期刊网在与杂志社签订上述协议前，只是审查了杂志社的出版资质，并未审查过杂志社是否有权利处置其登载文章的著作权。在诉讼中，某期刊网也没有提交杂志社是否有权处置其登载的涉案文章的著作权证据，并且魏某也表示其从未收到过杂志社支付的上述费用。尽管某期刊网在答辩中强调了其在刊载魏某作品时有杂志社的授权，并支付了费用，但法院认为，某期刊网对58篇涉案文章的使用既不属于法定许可使用，也不属于合理使用，其在互联网中对涉案文章的使用应当取得合法授权。除非杂志社和作者之间有约定，则杂志社不能仅仅因为转载了他人文章就获得对被转载文章的著作权进行处置的权利。

本案中，某期刊网在未经魏某的许可下登载了58篇涉案文章并对这些文章的阅读进行收费的行为，侵犯了魏某享有的信息网络传播权，其应当承担停止侵权和赔偿经济损失的责任。

另外，某期刊网辩称其对使用的涉案文章已委托杂志社将稿酬支付给作者。对此，法院认为，第一，没有证据表明魏某收到了该费用。第二，即使某期刊网支付了该笔费用，也不代表其涉案行为因此合法，其仍然应当取得权利人的许可。据此判决某期刊网停止侵权并赔偿经济损失。一审判决后，某期刊网不服上诉到北京市第二中级人民法院。最终，二审法院驳回了某期刊网的上诉理由，维持了原判，这也是终审判决，因此，判决生效。

杂志社将魏某作品进行归拢，该归拢汇总的过程既非获得作者授权，又不属于法定许可使用之范畴。同时因该授权未获得魏某的同意或者追认。故杂志社相关授权归于无效。

再介绍一个关于作品的著作汇编权的案例。2000 年 10 月，全国 2000 家学术期刊联合起诉某有限公司，[①] 未经著作权人和学术期刊社许可，将 8000 多种学术期刊采用扫描录入方式，以原版、原文制成“中文期刊数据库”，并以光盘、硬盘、互联网为载体进行复制发行。案发后，该公司向中国著作权保护中心集体管理部预交了数十万元著作权使用费，双方签订了一份著作权使用合同，自认为拥有了期刊作品的使用权，继续制作，销售侵权的数据库。事实上，该公司如此做法，首先是侵犯了期刊已发表作品作者的著作汇编权，同时也侵犯了学术期刊社、编辑部汇编作品的著作权。因此，此案经过北京

① 李明山：《河清海宴会有时——关于学术期刊维护著作权益的若干思考》，载《出版广角》2003 年第 11 期。

市第一中级人民法案初审，2002 年年底，判决该公司赔偿原告 53 万余元人民币。被告不服，上诉至北京市高级人民法院。2003 年 4 月，北京市高级人民法院做出终审判决，除变更了赔偿数额外基本维持原判，并驳回了该公司的其他上诉请求。由此可见，在数字化时代，传统学术期刊面临着新的版权问题，学术期刊不仅要在期刊出版后维护期刊单个作品作者的著作权，也要维护期刊社的汇编作品的著作权。2001 年修正后的《著作权法》把网络传播权也列为作者的一项权利。

知识产权侵权是一种特殊的民事侵权行为。《民法通则》第一百零六条规定了承担民事责任的过错原则和无过错而依法应承担民事责任的无过错原则。这部 1986 年颁布的《民法通则》，虽然首次正式使用“知识产权”这一法学称谓，也对著作权、商标权和专利权等受到剽窃、篡改、假冒等侵害的作了有权要求停止侵害、消除影响、赔偿损失等规定，但从这些规定及《著作权法》和其他已颁行的有关知识产权的法律来看，基本上都将对知识产权侵权的归责原则规定为过错责任原则，即“债权之诉”原则。笔者认为，知识产权侵权只适用过错归责原则的规定，使法律规定和审判实践产生了冲突，主要表现为三个方面：一是同为民事侵权，无法普遍适用民事侵权归责原则。二是法律原则与审判实践相矛盾，使知识产权的法律保护受到制约。三是割裂了物上请求权与债之请求权的关系，使法官在个案的裁判中陷入困境。

著作权是指文学、艺术、科学作品的作者依法对他的作品享有的一系列的专有权。著作权的内容包括人身权利和财产权利。著作人身权是指作者享有的与其作品有关的以人格利益为内容的权利，也称为精神权利。著作人身权与作者的身份紧密联系，专属于作者。著作财产权是指对作品利用进行支配并因此获得报酬的权利，也称为经济权利。财产权许可他人行使，也可以转让给他人。编辑工作中最容易发生的著作权侵权的问题，主要涉及的著作权权利有如下五种。

1. 发表权

作者的发表权是指决定作品是否公之于众的权利，以及以何种形式发表其作品和在何时何地发表作品的权利。未经作者许可，发表其作品是一种侵权行为。未经作者同意，期刊编辑不能将作者投给本刊的作品转给他刊发表，也不能将会议交流论文拿来发表，更不能改变作品发表形式，以上均侵害了作者的发表权。

发表作品权，含何时发表、何地发表、以何种方式发表作品。出版、公演、广播电台电视台播放都是发表的形式。不发表作品权，指作者对其作品享有不公开的权利。

发表权的行使只能有一次，作品的发表，应当是首次向社会公开，如果作品已经出版或者作品曾经展出过，说明作者已经行使过发表权。

发表权应当由作者享有，但在某些情况下，可以推定作者将其发表权转移给作品的合法使用者行使。对于作者死亡以后尚未发表的作品，《著作权法实施条例》规定，作者生前未发表的作品，如果作者未明确表示不发表，作者死亡后50年内，其发表权可由继承人或者受遗赠人行使；没有继承人又无人受遗赠的，由作品原件的所有人行使。

2. 署名权

《著作权法》对作者的署名权有明确的规定。站在作者的角度，署名权不仅反映了作者与作品之间的创作关系，在职称晋升、成果评奖、申报专利等方面都与署名人利益息息相关。这种利益关系的驱动使得论文署名变动的现象时有发生。期刊编辑在审稿以及编校过程中要谨慎对待署名问题，当遇多人署名或署名情况发生变动等情况，最好要求第一作者出具所有作者签名的书面意见。例如，对期刊编辑而言，一篇文章从作者投稿到最终正式发表会有内容、形式等方面的变化，融入了编辑大量的劳动，因此，在文稿最后应刊载责任编辑的名字，确立其署名权。这样不仅表现对编辑劳动的尊重，更加符合当前倡导的从文责自负到文责共负的要求。

署名权的各种具体运用的总和，构成署名权的内容。明确署名权的内容，可以更清晰的认识署名权，以有利于署名权的保护。署名权应当具备以下内容。

第一，署名或不署名的决定权。因为署名权是作者对公开其作者身份与作品关系的权利，所以作者可以选择公开其作者身份或不公开作者身份。决定公开其身份，可以署其本名或其他为公众所知的名字；决定不公开其身份，可以署假名或不署名。不署名又叫匿名，匿名并不是作者放弃署名权或没有署名权，匿名也是行使署名权的一种方式，或者说是作者对署名权的一种处分行为。

第二，署名方式决定权。即署其本名、笔名、别名或假名的选择决定权。署名方式的选择往往反映作者公开或隐瞒其作者身份及相应程度的选择。署其本名或笔名，则是将其作者身份公之于众；署其他为人较少知道或不知道的名字，则往往是部分隐瞒或完全隐瞒自己的作者身份。

第三，署名排列方式决定权。主要指在数人作品中，作者姓名如何排列，由作者协商决定。作者排名顺序的不同，往往对作者的影响也很大。就一般情况而言，排名靠前的作者往往能得到人们较高的评价。如有的单位在评定职称时，对合作作品，只承认排在首位的作者为其著作成果来参评职称。

第四，署名指示权。如果作品署名发表，其他人在以后以出版、广播或改编等各种形式公开利用时，应当说明其署名。也有人称该项权利为姓名指示权，并强调在公开利用时须指明作者的姓名。笔者认为此说不妥。因为作者姓名也是个很复杂的问题。一个人的姓名（广义上的）可能很多，用某一作品署名的往往仅其中一个，使用作品时指出作者的其他姓名可能恰恰违背作者的本意。因此，从署名权的本质出发，在公开利用其作品时，如事先未经作者特别同意，就只能准确地指出在其作品上所署的姓名。

署名权不同于作者身份权。作者身份权，是指作者所享受的要求被承认为作品作者的权利。该权利具有以下内容：其一，作者有权要求他人承认对其创作作品的作者身份，该权利具有绝对的排他性。其二，作者有权决定是否公开何时、何地以何种方式在何种范围内公开其的作者身份权。署名权与作者身份权是不是含义相同，有两种观点。一种观点认为“这两种权利是同一个意见，即作者有权在发表了的作品上署名以昭示自己作者的身份”。另一种观点认为“不是一回事而是两回事，不是一项权利而是两项权利”。在立法上，大多数国家将署名权与作者身份权规定在一起，但也有少数国家将署名权与作者身份权分开规定或仅规定署名权。我国《著作权法》第十条第二项把署名权解释为“表明作者身份，在作品上署名的权利”，也属将署名权等同于作者身份权的立法例。作者署名权是作者基于其创作行为而产生的要求他人承认其对作品创作资格的一种权利，是作者最基本的权利，是行使其他著作权权能的前提和基础。署名权的行使，在大多数情况下就是用来说明作者身份的。因此，署名权是作者身份的一种表现形式，但不是唯一的形式，除署名外，还可通过对作者身份的介绍、真名登记等其他方式来表明作者身份。但是，署名权并非作者身份权的一部分，这是两种平行的权利。如前文所述，署名权的实质在于控制作者与作品关系以公开或隐瞒其作者身份，目的是获得某种利益或防止遭受某种损害。

3. 修改权

投稿即默认作者授权编辑行使修改权，但编辑对作品的修改是有限的，一般仅仅包括对稿件文字内容的润色，改正错别字，规范统一书写体例、计量单位、格式等。当修改、删节有可能影响到作品的完整性或改变了作者的原意，均应征得作者的同意。编辑人员未经作者同意擅自对论文中的重要论点或结论作出修改，或删除其中重要数据，即侵犯了作者的“修改权”。内容、观点方面的问题，应该向作者提出详细的修改建议，供其采纳修改，或者在获得作者授权后帮助作者修改。总之，编辑修改的基本尺度应该是保证原稿主旨的展现。

4. 保护作品完整权

保护作品完整权指保护作品的不受歪曲、篡改的权利，属于著作人身权之一。即未经著作权人许可，不得对作品进行实质性修改，更不得故意改变或用作伪的手段改动原作品。《著作权法》第十条明确规定，著作权人享有保护作品完整权，即保护作品不受歪曲、篡改的权利。无论是在修改作品内容，还是在进行版面设计、版面调整时，都要尊重作者的保护作品完整权。另外，在加工稿件时，还要注意因编排校对过程中的疏忽而导致作品内容不完整或被篡改、歪曲，造成保护作品完整权侵权问题。从编辑角度来看，一篇已发表的文章不仅仅只有作者的劳动，同样包含了编辑的劳动成果，因此，期刊编辑应与作者一样享有保护作品完整权。这不仅充分体现著作权法对编辑劳动的认可与尊重，也是对编辑权利的切实保护。

5. 及时履行告知义务

我国《著作权法》第三十三条规定，“著作权人向报社、期刊社投稿的，自稿件发出之日起十五日内未收到报社通知决定刊登的，或者自稿件发出之日起三十日内未收到期刊社通知决定刊登的，可以将同一作品向其他报社、期刊社投稿。双方另有约定除外”。事实上，许多期刊社是单方面自行约定审稿期，也不能及时履行向作者的告知义务。目前普遍存在的“一稿多投”现象与此有着很大的关系。如果我们更加重视与作者的沟通和联系，“一稿多投”的问题也不至于泛滥到如此地步。履行告知义务一方面要求期刊编辑增强著作权意识，切实尊重作者的权益，不能仅站在自己的角度，从维护自己的利益出发。另一方面编辑部也应建立健全相应的制度，优化编辑流程，提高工作效率。还有一部分的原因是，现在绝大多数学术期刊社为季刊，而编辑往往按期定稿，这样作者得到稿件处理结果的时间就与刊期基本一致，从而不符合《著作权法》规定的定稿周期。为解决定稿周期过长与发表时滞问题，学术期刊编辑应依法行使主体权利，在稿件处理上改集中定稿为分散、随时定稿，有效缩短期刊定稿周期，解决发表时滞问题。

二、合同法知识①

（一）合同的特征和法律性质

1. 合同的特征

第一，合同是双方的法律行为，即需要两个或两个以上的当事人互为意思表示（意思表示就是将能够发生民事法律效果的意思表现于外部的行为）。

第二，双方当事人意思表示须达成协议，即意思表示要一致。

第三，合同系以发生、变更、终止民事法律关系为目的。

第四，合同是当事人在符合法律规范要求条件下而达成的协议，故应为合法行为。

2. 合同的法律性质

合同一经成立即具有法律效力，在双方当事人之间就发生了权利义务关系，或者使原有的民事法律关系发生变更或消灭。当事人一方或双方未按合同履行义务，就要依照合同或法律承担违约责任。是一种民事行为，是两方或多方当事人意思表示一致的民事法律行为，是以设立、变更、终止民事权利义

① 参见王利民：《民法》，中国人民大学出版社2010年版，第365~368页。

务关系为目的的民事法律行为。

（二）可撤销和无效合同

1. 合同的撤销

根据《合同法》等相关法律规定，以下情况，合同可以撤销：（1）因重大误解成立的合同；（2）显失公平的合同；（3）因欺诈成立的合同；（4）因胁迫成立的合同；（5）乘人之危订立的合同。

2. 合同的无效

根据《合同法》等相关法律规定，有以下情况之一的，合同无效：（1）一方以欺诈、胁迫的手段订立的合同，损害国家利益；（2）恶意串通，损害国家、集体或第三者利益；（3）以合法形式掩盖非法目的；（4）损害社会公共利益；（5）违反法律、行政法规的强行性规定。

（三）合同的分类①

1. 计划合同与普通合同

凡直接根据国家经济计划而签订的合同，称为计划合同。例如，企业法人根据国家计划签订的购销合同、建设工程承包合同等。

① 参见王利民：《民法》，中国人民大学出版社2010年版，第365～368页。

普通合同亦称非计划合同，不以国家计划为合同成立的前提。公民间的合同是典型的非计划合同。中国经济体制改革以来，计划合同日趋减少。在社会主义市场经济条件下，计划合同已被控制在很小范围之内。

2. 双务合同与单务合同

双务合同即缔约双方相互负担义务，双方的义务与权利相互关联、互为因果的合同。如买卖合同、承揽合同、委托合同（无偿有偿都是双务）、保管合同（无偿有偿都是双务）。

单务合同指仅由当事人一方负担义务，而他方只享有权利的合同。如赠与（唯一一个纯粹的无偿合同）、自然借款（无偿有偿都是单务）等合同为典型的单务合同。

3. 有偿合同与无偿合同

有偿合同为合同当事人一方因取得权利需向对方偿付一定代价的合同，如买卖、互易合同等。

无偿合同即当事人一方只取得权利而不偿付代价的合同，故又称恩惠合同，如赠与、使用合同等。

有些合同既可以是有偿的也可以是无偿的，由当事人协商确定，如委托、保管等合同。双务合同都是有偿合同，单务合同原则上为无偿合同，但有的单务合同也可为有偿合同，如有息贷款合同。

4. 诺成合同与实践合同

以当事人双方意思表示一致，合同即告成立的，为诺成合同。

除双方当事人意思表示一致外，尚须实物给付，合同始能成立，为实践合同，亦称要物合同。

5. 要式合同与非要式合同

凡合同成立须依特定形式始为有效的，为要式合同。反之，为非要式合同。

6. 主合同与从合同

凡不依他种合同的存在为前提而能独立成立的合同，称为主合同。凡必须以他种合同的存在为前提始能成立的合同，称为从合同。例如，债权合同为主合同，保证该合同债务之履行的保证合同为从合同。从合同以主合同的存在为前提，故主合同消灭时，从合同原则上亦随之消灭。反之，从合同的消灭，并不影响主合同的效力。

7. 本约与预约

约定将来订立一定合同的协议为预约。事后履行预约而订立的合同为本约，即本合同。凡订有预约的，即负有订立本合同的义务，违背预约而使对方遭受损失时亦应负民事责任。

8. 当事人与第三人利益

根据订立的合同是为谁的利益，可将合同分为订约当事人利益的合同与为第三人利益的合同。

为订约当事人利益的合同，是指仅订约当事人享有合同权利和直接取得利益的合同。

为第三人利益的合同，是指订约的一方当事人不是为了自己，而是为第三人设定权利，使其获得利益的合同。在这种合同中，第三人既不是缔约人，也不通过代理人参加订立合同，但可以直接享有合同的某些权利，可直接基于合同取得利益，如为第三人利益订立的保险合同。

9. 定式合同

定式合同，又称定型化合同、标准合同，是指合同条款由当事人一方预先拟定，对方只能表示全部同意或者不同意的合同，亦即一方当事人要么整体上接受合同条件，要么不订立合同。

（四）合同与稿约

1. 稿约的概念

稿约也叫征稿启事、征稿简则、投稿须知等。从字面解释上看，稿约包含“稿件”和“约定”两部分内容，结合在一起就是稿件约定。《现代汉语词典》对“稿约”的解释为：“刊物的期刊社向投稿人说明刊物的性质、欢迎哪些稿件以及其他注意事项的告白，一般写成条文，登载在刊物上。”学术期刊稿约由学术期刊社向特定或不特定的人发出，以征求符合其要求并同意稿约内容的稿件。稿约可以分为向特定对象发出和向不特定对象发出两种，从合同法上来看，这两种稿约在法律性质和法律效力上是不同的。

2. 稿约的法律性质

一般编辑与作者之间的关系都是通过合同来约定的，订立合同要经过“要约”和“承诺”两个环节。

稿约在法律上并没有一个明确的定义，稿约法律性之界定，从“报刊刊登作品合同”或“文章表表合同”入手。所谓“报刊刊登作品合同”，是指著作人许可报纸、期刊出版者刊登其作品，期刊出版者向著作人支付酬劳而达成的协议。《著作权法》中对“出版合同”作了规定，其并未规定报社、期刊社刊登文章当与作者签订用稿合同。事实上，除极少数期刊与作者签订用稿合同外，我国大多数期刊并不与作者签订书面用稿合同。尽管如此，报社、期刊社与其作者之间都形成了事实上的合同关系。在未签订书面用稿合同的前提下，稿约是认定他们之间合同关系的基础。稿约可以分向特定人出和向不特定人出两种，从合同法上看，这两种稿约在法律性和法律效力上是不同的。

以特定人为对象的稿约是以能客观确定的某个人或多数人为对象征求稿件的。这种稿约一般限于特定的或某一范围的研究内容，征稿对象往往是特定领域的知名学者，其个人的学成就往往能保稿件的质量。这种稿约的数量相对较少，而且学期刊出版单位是主动求稿的一方，约到的稿件一旦发表就能提高期刊的学影响力，因此作者的权利能得到较好的保护，如会向作者支付较高的报酬，优先安排发表等。

向特定人出的稿约可以视为要约。《合同法》第十四条规定，要约是希望和他人立合同的意思表示。一般来说，要约的成立需要具特定的要约人、特定的受要约人、具体明确的要约内容以及受要约人承诺，要约人即受意思表示约束四个要件。要约人和受要约人的特定化，目的在于使未来之合同具有明确的权利主体。要约内容的具体明确是指要约应当包括将来可能成立的合同的主要内容，受要约人能理解其意思，并据此决定是否承诺的程度。要约人订立合同的意图和接受承诺约束的意思从主观方面为要约以及未来合同的成立奠定了基础。从合同法的角度来看，学术期刊出版单位有明确的订立出版合同的意图、稿约内容具体明确、稿约对象特定。因此，向特定人出的稿约具有要约的全部特征。一旦稿约对象按稿约要求提交稿件，双方就形成了具有法律效力的合同关系，学术期刊出版单位按约定出版，并履行支付稿酬等义务，否则应承担违约责任。

向不特定人发出的稿约不具上述要件，应视为要约邀请。我国《合同法》第十五条规定，“要约邀请是希望他人向自己发出要约的意思表示……”。其目的不是订立合同，而是邀请他人向其做出要约的意思表示。因此，要约邀请的对象不确定、内容一般也不完备，通常也不产生法律上的效果。在实践中，学术期刊稿约大多以不特定人为征稿对象，刊登在学术期刊首页或尾页，目的是吸引他人按照稿中的要求向期刊投稿，因此不符合要约中受要约方确定性以及明确缔约意图的要件。

当然，向不特定人发出的稿约与一般要约邀请相比有其特殊性。从内容和形式上来看，学术期刊稿约内容通常较为完备，刊登在显著位置，提供较为详细的投稿信息，设定较为全面的权利义务内容，并为意思自治提供一定空间，为日后合同的成立和履行提供了最初的条件；从合同双方主体地位来看，期刊出版单位具有是否刊登稿件的权力，因而，期刊出版单位在合同具有较优越的地位。这种优势地位表现为学术期刊出版单位在拟定稿约时，得先入主确定未来合同内容，而投稿者一般要么接受，要么“走开”，通常没有“讨价还价”的可能。

特定对象稿约属于要约，是期刊社希望与受约稿方订立出版合同的意思表示，因此不能发生按征稿方——期刊社所期望的法律后果来订立合同。但由于该“稿约”在主体、内容和结果上的确定性，其对要约人（期刊社）和受要约人（受约稿方）均产生一定的法律效力。对期刊社而言，期刊“稿约”具有形式上的约束力，即“要约一经生效，要约人即受到要约的约束，不得随意撤回、撤销或对要约加以限制、变更和扩张。”根据我国《合同法》的规定，要约以到达受要约人时生效，口头要约的生效时点为受要约人了解到要约内容。特定对象稿约实质上由两部分组成，一是期刊刊登的正式书面“稿约”。二是期刊社在向受约稿方约稿时的口头陈述，后者可能对前者进行一定的修正。书面的“稿约”一经刊登，就具有了公示效力，口头的稿约在受约稿人理解后也会生效，该受约稿人会结合两部分稿约，并据此形成合理的期待，这种期待还具有较强的确定性，受约稿方完成约定的稿件通常即可视为期待的实现——文章在该期刊的公开发表。因此，作为要约的特定对象“稿约”一经到达受约稿方即不得随意撤销或变更，这种限制性规定是为了保护受约稿方的合法权益。但是，绝对禁止要约人撤回、撤销或变更要约与受要约人一般不受要约约束的自由形成鲜明的反差，且忽略了客观障碍对履行要约造成的困难。因此，在特殊情况或未对受要约人造成损害的情况下，如不可抗力、撤回或变更要约的通知先于或与要约同时到达受要约人时，期刊社也可撤回、撤销或变更要约。当然，在崇尚意思自治的合同法领域，期刊社与作者可以通过平等自愿协商达成关于要约撤回、撤销或变更等协议，但因此发生纠纷时要接受关于显失公平、重大误解等合同效力要件的检验。

要约对受约人的约束力，是指受约人在要约生效时即取得承诺的权利，或者说取得依其承诺而成立合同的法律地位。由此可知，受要约人并非因要约的生效而承担特定的法律义务，而是取得承诺的权利或法律地位，因此，确切地说，要约对受要约人并没有约束力。但如果是强制缔约的情况，如具有公共服务或垄断性质的合同，受要约方则因要约的生效而承担必须承诺的法定义务。具体到特定对象之稿约，受约稿方也有自主选择是否承诺的权利，但此种征稿关系往往建立在期刊社与受约稿方之间良好的合作关系或其他社会关系的基础上，因此一般不会产生拒绝或不予答复的尴尬。

3. 法律规定

要约，为当事人一方向他方提出订立合同的要求或建议。提出要约的一方称要约人。在要约里，要约人除表示欲签订合同的愿望外，还必须明确提出足以决定合同内容的主要条款。要约可以向特定的人提出，亦可向不特定的人提出。要约人可以规定要约承诺期限，即要约的有效期限。在要约的有效期限内，要约人受其要约的约束，即有与接受要约者订立合同的义务；出卖特定物的要约人，不得再向第三人提出同样的要约或订立同样的合同。要约没有规定承诺期限的，可按通常合理的时间确定。对于超过承诺期限或已被撤销的要约，要约人则不受其拘束。

承诺，为当事人一方对他方提出的要约表示完全同意。同意要约的一方称要约受领人，或受要约人。受要约人对要约表示承诺，其合同即告成立，受要约人就要承担履行合同的义务。对要约内容的扩张、限制或变更的承诺，一般可视为拒绝要约而为新的要约，对方承诺新要约，合同即成立。

第一，禁止一稿多投条款。由于出版社在征稿中的优势地位，因此，期刊稿约中的诸多条款均体现了出版社的利益偏向，禁止一稿多投条款即是一例。如某杂志在 1999 年第 1 期的醒目位置刊出了 20 多个人的“黑名单”，指责他们剽窃或

"一稿多投"，表示其后将不再刊登其作品。该杂志称这是因为一稿多投和剽窃已经到了"忍无可忍的地步"。笔者发现，几乎所有期刊稿约中均将其作为必备条款，其目的无非是预防期刊社在审稿、采稿、校稿以及排版、刊印和发行等方面的支出浪费，确保一旦期刊社采稿，就能确定无疑得到该投稿文章的出版权。因此，禁止一稿多投条款目的有二：一为节省成本和提高效益。二为确保出版的唯一决定权。但如果从非特定对象稿约之要约邀请性质来分析，期刊社禁止一稿多投的规定是违反合同法规定的。如前所述，非特定对象"稿约"是不具有法律效力的要约邀请，投稿方的投稿行为构成要约，但其所承担的不得撤回、撤销或变更的义务并不是绝对的。我国《合同法》第十七条和第十八条分别规定了要约撤回和撤销的条件，即撤回要约的通知应当在要约到达受要约人之前或者与要约同时到达受要约人，而撤销要约的通知应当在受要约人发出承诺通知之前到达受要约人。因此，投稿方在满足上述时间点要求的情况下，可以将投稿撤回或撤销，这是《合同法》赋予投稿方的法定权利，出版社通过"稿约"形式限定或剥夺投稿方的这一权利是无效的。但是，《合同法》第十九条也规定了两种要约不得撤销的情形，即要约人确定了承诺期限或者以其他形式明示要约不可撤销，以及受要约人有理由认为要约是不可撤销的，并已经为履行合同作了准备工作。如果出现上述两种情形，投稿方则不得行使撤销权。从出版实务的角度来看，在期刊社决定刊登某一稿件，并向投稿人发出采稿通知之后，合同已经成立，期刊社必然为此做了大量的准备工作，如果投稿方此时通知该稿件已由其他期刊社刊登，或者决定在其他期刊社刊登该稿，那么，此期刊社在经济上必然受到一定的损害，还可能因此影响其期刊的出版。在此情况下，期刊社虽然可以通过诉讼手段补偿损失，但诉讼耗时、耗力的高成本以及由诉讼而给期刊社造成的负面社会影响使许多期刊社一般不去诉讼，为此，一些期刊社在拟刊登某文章时，会向作者发出通知，即如果其他期刊社先行发表，或者该作者决定在其他期刊上发表，则应尽快通知该期刊社，以免对其造成不必要的损失。相对于禁止一稿多投的这种无效条款来说，以通知方式确认投稿方同意刊登稿件的做法无疑既是合法的，也是有效的，应当予以提倡。

在禁止一稿多投的条款中通常还包括“稿件一律不退，作者自留底稿”的类似内容，这涉及民法上所有权以及著作权的问题。从所有权的角度来看，投稿方通过邮寄的方式将稿件寄到期刊社指定的地址，就意味着放弃了对该稿件所承载之有形体——纸张的所有权；如果投稿方发送电子版信息到期刊社指定的投稿邮箱，则意味着其授权该期刊社打印一定数量的该电子信息，并保留对该打印稿的所有权。但按照《著作权法》“权不随物转”的一般原则，稿件之承载体所有权的转移不导致稿件之著作权的转移，投稿方在向期刊社投稿而未被采纳的情况下，仍享有该稿件的著作权。但是，稿件之电子版信息或打印稿仍保留在期刊社的规定，使投稿方的著作权保护处于更大危险之中，并不排除期刊社复制该信息，并另行出版或许可他人使用的可能性。因此，期刊社应当在拒绝采用某稿件后，将该稿件销毁。但实践中，期刊社是否销毁该稿件是无法从外部监督的，如果因此发生著作权侵权纠纷，投稿方即可通过诉讼得到补偿，但投稿方发现著作权被侵害的几率是很小的，而发现时间的早晚也影响其权利的行使和保护。因此，期刊社内部应有专门的部门或人员负责稿件的处理工作，以防止此类著作权纠纷的发生。

第二，免责条款问题。免责条款是指当事人双方在合同中事先约定的、旨在限制或免除其未来责任的条款。免责条款并非当然具有法律效力，免责条款不得违反法律和行政法规的强制性规定、不得免除人身伤害以及因故意或重大过失造成的财产损害，格式化的免责条款不得不合理地免除条款制作人的责任、加重对方的责任和排除对方的主要权利等。可以看出，法律上对免责条款的效力认定是相当谨慎的，其目的在于防止一方利用优势地位损害弱势一方的合法权益。在期刊“稿约”中，免责条款主要是使期刊社免予承担著作权侵权责任的条款，即投稿者必须保证对其稿件享有真实的著作权，期刊社对此不承担审查和保证责任。但根据国务院颁布的《出版管理条例》第二十五条的规定，“任何出版物不得含有下列内容：……

（八）侮辱或者诽谤他人，侵害他人合法权益的……”而实务中已经发生过多起因出版单位出版或发表侵犯著作权的作品而承担责任的案例，这表明立法和司法层面对这种免责条款效力的态度：即出版单位应当承担一定的审查义务，对因故意或重大过失而出版了侵犯他人著作权之作品的行为，应当承担侵权责任。因此，学术期刊稿约中的免责条款并不能免除期刊社一般的审查义务，在只要尽到一般合理审查义务，就能发现侵权行为而未予审查的情况下，免责条款并不具有免责效力。

第三，稿酬和版面费问题。稿酬和版面费涉及合同对价问题，我国《合同法》奉行等价有偿原则，除当事人约定无偿外，都应当支付对价。学术期刊稿约中的对价有两种支付方式：其一，投稿方向期刊社支付版面费，其二，出版社向投稿方支付稿酬。对两种对价支付方式之合法性与合理性的分析，关系到期刊社和投稿方的经济利益。

对价，又称约因，是英美合同法上的概念，“在法律上，有价值的约因是一方可得的权利、利益、利润或好处，或是另一方须付出或承担的宽容、损害、损失或责任”。因此，对价是一方为换取另一方的允诺或特定行为而支付的代价，表现为货币、实物、作为或不作为等，合同价款是有偿合同最基本的对价形态。在投稿方与期刊社达成刊登作品之一致意思表示之后，双方形成了以要约内容为基准的有偿合同关系，合同双方均享有权利和承担义务，因此也是一种双务合同。在这种有偿的双务合同中，投稿方向期刊社让渡其作品的发表权和出版权，期刊社在获得发表权和出版权之后，享有通过出售刊有该文的期刊而获取利益的权利，因此，期刊社应当为此稿件而向作者支付相应的对价，即稿酬。但目前有些期刊社或在非特定对象的稿约中明确注明具体收费标准，或与特定投稿方另行约定具体数额的版面费，并同时从投稿方获得发表权和出版权，即享有权利而不承担支付对价的义务。对于这种现点，有人可能从意思自治的角度进行辩解，认为投稿方自愿接受期刊社收取版面费的条件，应当尊重当事人的自由选择。但笔者认为，以支付对价为条件让渡权利之现象虽然表面上符合意思自治的原则，但其是建立在意思表示不自由之基础上的。出版市场上供大于求的现状以及投稿方对发表作品的紧迫需要共同促成了其对支付版面费条款的“同意”这种“同意”是不自由的，其法律效力也是值得商榷的。

另外以支付版面费为条件刊登作品，可能的结果就是金钱而非稿件质量决定作品出版与否，从而对经济状况较弱的人构成了另一种歧视和不平等，并进而影响其应有的权利。可见，应当通过相关的行政法规禁止期刊社收取版面费，以便为更高质量的学术作品的问世提供更广阔的空间。

第四，作品修改权条款。学术期刊稿约中通常包括期刊社保留作品修改权的条款，并以之作为采稿的必要条件之一。从著作权法的规定中我们可以看到，修改权是著作权人身权的四大内容之一。我国《著作权法》第十条规定，修改权，即修改或授权他人修改作品的权利。可见，修改权可以由作者自己行使，也可授权他人行使，但禁止他人未经作者同意对其作品进行著作权法上的修改。虽然期刊社在发表作品时，会对作品进行某些技术性的修改、处理或者删除，如标点、语病、格式等，但这是出版者的应有权利，无须通过修改权的保留条款另行规定。实践中，期刊社在稿约中明确保留修改权的考虑在于，期刊社基于版面设计或特定主题的需要，可能删除原作中的段落，或者改动作者的某些观点，而这些权利是必须经作者授权才能行使的。笔者认为，一般来讲，稿约中的这种规定可以视为期刊社要求作者授予自己修改权的意思表示，但如果这种修改改变了作者的主要观点，或作品的大量删节等行为使该作品实质上不能再反映作者的真实意思时，“除非作者在投稿时明确表示同意期刊社对作品内容的修改，期刊编辑不能根据稿约的‘修改权’条款对作品内容进行修改。”否则，可能面临司法机关以显失公平或重大误解等原因判决期刊社败诉的风险。另外，著作人身权还包括保护作品完整权，即保护作品不受歪曲、篡改的权利，如果期刊社实质性地改变了作品的内容，即使有修改权的授权，也可能面临侵犯保护作品完整权的控诉。因此，期刊社对于修改权的行使应当持谨慎的态度，尤其对内容修改权，只有在争得投稿方明确的授权许可的情况下才能行使，以防止不必要的误解和纠纷。

三、侵权责任法知识

《侵权责任法》是为保护民事主体的合法权益，明确侵权责任，预防并制裁侵权行为，促进社会和谐稳定而制定的法律。由十一届全国人大常委会第十二次会议审议于 2009 年 12 月 26 日通过，自 2010 年 7 月 1 日起实施。

侵害民事权益，应当依照《侵权责任法》承担侵权责任。民事权益，包括生命权、健康权、姓名权、名誉权、荣誉权、肖像权、隐私权、婚姻自主权、监护权、所有权、用益物权、担保物权、著作权、专利权、商标专用权、发现权、股权、继承权等人身、财产权益。

随着我国法治建设的逐步完善，人们的法律意识和自我保护意识逐渐提高，媒体受众或报道所涉及的自然人与法，越来越敢于与媒体对簿公堂，由此引发的侵权官司也越来越多。据最高人民法院统计，1992 年至 2002 年十年中，新闻媒体侵害名誉权诉讼案件数量已经占我国“新闻官司”的 80% 以上。新闻媒体遭名誉侵权起诉后，败诉率为 67%。如何规避名誉侵权官司，已成为包括期刊在内的广大媒体面临的重大课题。

陈述事实与客观事实有出入，是名誉侵权的主要方式。2006 年 10 月，湖南省汉寿县李某将某杂志告上法庭，诉称其严重损害了自己的名誉权。2006 年 1 月 3 日，原告李某购买福彩中得50万元。某杂志在2006年第9期特别策划栏目中，刊载了一篇题为《家破人亡后，中奖50万元值不值》的文章。文章描写了一个疯狂的彩票迷，为买彩票导致儿子夭折，妻子与其离婚，他自己身无分文，捡别人吃剩的米粉充饥等。原告李某及其家人认为文章捏造事实，严重损害了自己的名誉。法院审理后认为，文章描写的中奖时间、地点等均与原告李某的中奖情况吻合，可以使人排他性地认定这是一篇以原告李某为原型的纪实性文章。除中奖部分外，该文对原告李某一家其他部分的描写均与事实严重不符，侵害了原告李某一家的名誉权。遂一审判令某杂志刊载致歉声明，向原告李某一家赔礼道歉消除影响，并赔偿精神损失费共计3万元。

陈述事实与客观事实相符，但披露了他人隐私，侵害当事人隐私权和名誉权。原创纪实类生活期刊追求的是事件的真实和深入，因此很多文章不可避免地会涉及个人隐私。如果作者和杂志社没有经过当事人同意就擅自刊发，即便所陈述事实与客观事实相符，往往也会因侵害了当事人的隐私权而引发名誉侵权官司。

原创纪实类生活期刊追求的是事件的真实和深入，因此很多文章不可避免地会涉及个人隐私。如果作者和杂志社没有经过当事人同意就擅自刊发，即便所陈述事实与客观事实相符，往往也会因侵害了当事人的隐私权而引发名誉侵权官司。

杂志所登照片也侵犯他人名誉权。原创纪实类生活期刊在刊发稿件时往往要求配发当事人或其他相关照片，以向读者证明文章的真实性。照片配发不当，极易侵犯他人的名誉权。

照片侵权一般有两种形式：第一，对人物的负面报道，杂志社没有对照片做相应模糊处理，侵害了事件当事人的隐私权。第二，所用照片虚假，侵害了照片当事人的名誉权。随着电脑、网络的普及，后者发生的几率越来越高。

编辑规避名誉侵权官司，需要严把质量关，对所要刊发的文章进行严格审查。具体包括：报道内容必须客观真实，不存在诽谤、侮辱的情况。真实是新闻的生命，也是原创纪实类生活期刊的生命。失实的报道容易给报道对象造成伤害，从而引发新闻侵权。不管作者或编辑是否有主观上的故意，只要报道失实，就构成了行为上的过错，而这正是我国法律规定的侵害名誉权的四大要件之一。相反，报道内容客观真实正是不构成侵害名誉权的抗辩理由，其法律依据是 1993 年颁布的最高人民法院《关于审理名誉权案件若干问题的解答》第八条规定，“文章反映的问题基本真实，没有侮辱他人人格内容的，不应认定为侵害他人名誉权”。文章的素材来源真实、权威、合法。杂志编辑在审读稿件，有必要向作者索要相关证明材料，如当事人的采访或同意发表签名；和官司或者案件有关的，要能提供书面依据，如起诉书、判决书等，尽量做到真实、权威。编辑应进行认真调查核实后方能采用，并保存好相关证据。

当文章涉及个人隐私时，一定要征得当事人同意发表的书面许可，并对文章涉及当事人身份的有特定指向性的因素进行处理，如使用化名、模糊个人特征、在地点上报道大范围模糊具体地点、对照片进行模糊处理等。

注意文章的编辑技巧。杂志编辑部或者编辑少发表观点评论；在必须发表评论时，用语应当准确得当，公正客观，避免侮辱性的言语，还应适当引用权威用语。在批评报道时，不偏袒任何一方，可以借鉴西方媒体的做法，忠实地报告事实的全貌，对事件的各方面和各方观点都应有所关照，以显示至少表面的公平。

四、经济法知识

经济法是调整国家宏观经济管理过程中所发生的社会关系的法律规范的总称。不能简单地认为经济法就是调整经济关系的法律。民商法也调整经济关系。

经济法作为一个独立的、新兴的法律部门，与传统的相邻法律部门相比，其特点主要有如下几方面[①]。

（一）经济法是国家干预经济的法

经济法的产生是国家干预经济的必然结果，它把调整的重

① 刘文华：《经济法》，中国人民大学出版社 2012 年版，第 46 页。

点始终放在引导各类经济主体依法进行经济活动，保证经济关系的正确确立和有序运行上，以形成本国经济可持续发展的经济环境和经济秩序。

（二）经济法是社会责任本位法

经济法与民法、行政法相比较，在调整社会整体与社会个体的关系上，各有自己的主导思想。经济法是“社会责任本位法”，它以社会利益为基点，无论是国家机关，还是社会组织或个人，都必须对社会负责，在此基础上处理和协调相互之间的关系。

（三）经济法是商品经济发达的法

只有当商品经济成为社会的主导，经济法才会伴随着生产力的发展而产生和发展，因而经济法是商品经济高度发展的产物。

（四）经济法是以经济为目的的法

经济法始终调整经济关系，调整的目的就是使社会的整体经济能持续、稳定的发展，提高社会生产力水平，而且在这个调整过程中甚至会有意使局部利益或个体利益有所损失。

（五）经济法是综合调整的法

经济法所调整的经济关系是纵向经济关系，但对横向经济关系会产生明显的影响；采取的手段既有惩罚性的，也有补偿性的，既有鼓励类的，也有禁止、限制类的，体现了明显的综合调整的特征。

在经济法中，与编辑工作关系密切的是反不正当竞争法律。1993 年 9 月 2 日中国第八届全国人民代表大会常务委员会第三次会议通过《反不正当竞争法》，并于 1993 年 12 月 1 日起实施，后于 2017 年修订、2019 年修改。主要内容包括：不正当竞争的概念；不正当竞争行为的法律界限；不正当竞争行为的监督检查；违法者应承担的法律责任。反不正当竞争法是调整企业竞争行为的规范。最早产生于 19 世纪末、20 世纪初西欧资本主义国家，已在资本主义国家发展成经济法的核心。在一些国家，《反不正当竞争法》及其辅助性法和法规在维护国家的经济秩序和保护市场的公平竞争方面发挥了极其重要的作用。

如果出版社没有使用具有显著性的期刊名称或具有独创性的封面设计，但是该名称或封面设计经过长期使用，在读者之间具有一定的知名度，而且其他杂志社又使用与该期刊名称或封面设计相同和相似的名称或封面设计，可能造成消费者混淆的。先用该期刊名称或封面设计的杂志社仍然可以要求后使用该期刊名称的杂志社停止使用，其法律依据是后使用者违反了《反不正当竞争法》的相关规定，也即违反了诚实信用的商业道德，构成了不正当竞争。

《反不正当竞争法》第六条规定："经营者不得实施下列混淆行为，引人误认为是他人商品或者与他人存在特定联系：（一）擅自使用与他人有一定影响的商品名称、包装、装潢等相同或者近似的标识；（二）擅自使用他人有一定影响的企业名称（包括简称、字号等）、社会组织名称（包括简称等）、姓名（包括笔名、艺名、译名等）；（三）擅自使用他人有一定影响的域名主体部分、网站名称、网页等；（四）其他足以引人误认为是他人商品或者与他人存在特定联系的混淆行为。"

如果出版社没有使用具有显著性的期刊名称或具有独创性的封面设计，但是该名称或封面设计经过长期使用，在读者之间具有一定的知名度，而且其他杂志社又使用与该期刊名称或封面设计相同和相似的名称或封面设计，可能造成消费者混淆的。先用该期刊名称或封面设计的杂志社仍然可以要求后使用该期刊名称的杂志社停止使用，其法律依据是后使用者违反了《反不正当竞争法》的相关规定，也即违反了诚实信用的商业道德，构成了不正当竞争。

五、刑法知识

作为一名编辑，除需要掌握以上法律知识外，还应该了解一下我国《刑法》的相关规定，如侮辱罪和诽谤罪。

（一）侮辱罪

根据《刑法》第二百四十六条规定，侮辱罪[①]，是指使用暴力或者以其他方法，公然贬损他人人格，破坏他人名誉，情节严重的行为。犯侮辱罪的，处三年以下有期徒刑、拘役、管制或者剥夺政治权利。

侮辱罪客观上使用暴力或其他方法，公然败坏他人名誉；主观上只能是故意，即行为人明知自己的侮辱行为会造成败坏他人名誉的危害结果，并且希望或者放任这种结果的发生。另外根据《刑法》规定，只有情节严重的侮辱行为才构成本罪。

1. 犯罪的构成要件

本罪侵犯的客体是他人的人格尊严和名誉权。人格尊严权和名誉权是公民的基本人身权利。《宪法》第三十八条规定："中华人民共和国公民的人格尊严不受侵犯。禁止用任何方法对公民进行侮辱、诽谤和诬告陷害。"所谓人格尊严，是指公民基于自己所处的社会环境、地位、声望、工作环境、家庭关系等各种客观条件而对自己或他人的人格价值和社会价值的认识和尊重。所谓名誉，是指公民在社会生活中所获得的名望声誉，是一个公民的品德、才干、信誉等在社会生活中所获得的社会评价。所谓名誉权，是指以名誉的维护和安全为内容的人

① 高铭暄、马克昌：《刑法学》北京大学出版社2017年版，第479页。

格权。

本罪的犯罪对象，只能是自然人，而非单位。侮辱法人以及其他团体、组织，不构成侮辱罪。在公众场合以焚烧、毁损、涂划、玷污、践踏等方式侮辱中华人民共和国国旗、国徽的，依照《国旗法》和《刑法》第二百九十九条之规定，应以侮辱国旗、国徽罪依法追究刑事责任。

本罪在客观方面表现以暴力或其他方法公然贬损他人人格、破坏他人名誉，情节严重的行为。

第一，侮辱他人的行为。行为的主要手段有：其一，暴力侮辱人身，这里所讲的暴力，仅指作为侮辱的手段而言。例如，以粪便泼人，以墨涂人，强剪头发，强迫他人做有辱人格的动作等，而不是指殴打、伤害身体健康的暴力。如果行为人有伤害他人身体健康的故意和行为，则应以伤害罪论处。其二，采用言语进行侮辱，即用恶毒刻薄的语言对被害人进行嘲笑、辱骂，使其当众出丑，难以忍受，如口头散布被害人的生活隐私、生理缺陷等。其三，文字侮辱，即以“大字报”“小字报”、图画、漫画、信件、书刊或者其他公开的文字等方式泄漏他人隐私，诋毁他人人格，破坏他人名誉。

第二，侮辱行为必须公然进行。所谓“公然”侮辱，是指当着第三者甚至众人的面，或者利用可以使不特定人或多数人听到、看到的方式，对他人进行侮辱。公然并不一定要求被害人在场。如果仅仅面对着被害人进行侮辱，没有第三者在场，也不可能被第三者知悉，则不构成侮辱罪。因为只有第三者在场，才能使被害人的外部名誉受到破坏。

第三，侮辱对象必须是特定的人。特定的人既可以是一人，也可以是数人，但必须是具体的，可以确认的。在大庭广众之中进行无特定对象的谩骂，不构成侮辱罪。死者不能成为本罪的侮辱对象，但如果行为人表面上侮辱死者，实际上是侮辱死者家属的，则应认定为侮辱罪。

第四，公然侮辱他人的行为还必须达到情节严重的程度才能构成本罪。虽有公然侮辱他人的行为，但不属于情节严重，只属于一般的民事侵权行为。所谓情节严重，主要是指手段恶劣，后果严重等情形，如强令被害人当众爬过自己的胯下；当众撕光被害人衣服；给被害人抹黑脸、挂破鞋、强拉游街示众；当众胁迫被害人吞食或向其身上泼洒粪便等污秽之物；当众胁迫被害人与尸体进行接吻、手淫等猥亵行为；因公然侮辱他人致其精神失常或者自杀身亡；多次侮辱他人，使其人格、名誉受到极大损害；对执行公务的人员、妇女甚至外宾进行侮辱，造成恶劣的影响等。

本罪主体是一般主体，凡达到刑事责任年龄且具有刑事责任能力的自然人均能构成本罪。国家机关、企事业单位、社会团体不构成本罪主体。出版单位刊登侮辱、诽谤他人文章的，一般由新闻出版行政管理部门区别情节轻重，给予警告、罚款、没收非法收入、停止出售、没收或销毁违法期刊、定期停刊、停业整顿、撤销登记等行政处罚。

本罪在主观方面表现为直接故意，并且具有贬损他人人格，破坏他人名誉的目的。间接故意、过失不构成本罪。

2. 立案标准

根据《刑法》第二百四十六条的规定，涉嫌以暴力或者其他方法公然侮辱他人，情节严重的，应予立案。

侮辱罪是情节犯，行为人公然侮辱他人的行为，必须达到“情节严重”的程度，才构成犯罪，予以立案追究。

《刑法》同时规定，犯侮辱罪“告诉的才处理，但是严重危害社会秩序和国家利益的除外”，根据《刑法》第九十八条的规定，“告诉才处理”，是指被害人告诉才处理。如果被害人因受强制、威吓无法告诉的，人民检察院和被害人的近亲属也可以告诉。《刑法》之所以规定侮辱罪要告诉才处理，是考虑到侮辱行为大都发生在家庭成员、邻居、同事之间或日常生活之中，属于人民内部矛盾问题，且社会危害性不是很大，多数场合下可以通过调解等缓和方式来解决。此外，被害人可能不愿意让更多的人知道自己受到侮辱的事实，如果违反被害人的意志而提起诉讼，采用刑事制裁的方法解决反会产生相反的效果。需要指出：“告诉才处理”，并不是说不告诉不构成犯罪，而是说不告诉对这种犯罪就不提起诉讼。

严重危害社会秩序，是指侮辱行为引起了被害人精神失常甚至自杀身亡等后果，被害人无法告诉或失去告诉能力的情况。"危害国家利益"，是指侮辱国家领导人、外国元首、外交使节等特定对象，既损害被害人个体的名誉，又危害到国家利益的情况。

3. 相关司法解释

最高人民法院《关于审理非法出版物刑事案件具体应用法律若干问题的解释》第六条规定在出版物中公然侮辱他人或者捏造事实诽谤他人，情节严重的，依照《刑法》第二百四十六条的规定，分别以侮辱罪或者诽谤罪定罪处罚。

4. 罪行的认定

第一，合法行为与侮辱行为的界限。要划清正当的舆论监督与文字侮辱的界限；划清正当的文字创作与贬损人格、破坏名誉的界限；划清当事人所在单位依职权对个人的政绩、品德等所作的考核、评价、审查行为与侮辱的行为界限；划清通过正当、合法的渠道向有关部门反映、举报、揭发不道德行为、违法行为直到犯罪行为与侮辱行为的界限；划清出于善意的批评，包括对国家工作人员和各级领导批评行为，同恶意的侮辱行为的界限等。

第二，民事侵权侮辱行为与侮辱罪的界限。其一，行为的严重程度不同。构成侮辱罪的必须是"情节严重"的行为；民事侵权的侮辱行为，按照最高人民法院《关于贯彻执行〈中华人民共和国民法通则〉若干问题的意见（试行）》第一百四十条第一款规定，仅限于"造成一定影响"的侮辱行为。

其二，行为的对象不同。侮辱罪的对象只能是自然人；而民事侵权侮辱行为的对象可能为法人。《民法通则》第一百零一条规定“法人享有名誉权”；“禁止用侮辱、诽谤等方式损害公民、法人的名誉”。最高人民法院《关于贯彻执行〈中华人民共和国民法通则〉若干问题的意见（试行）》第一百四十条第二款规定：“以书面、口头等形式诋毁、诽谤法人名誉，给法人造成损害的，应当认定为侵害法人名誉权的行为。”侮辱法人的名誉可以构成民事侵权行为，而不构成侮辱罪。其三，对行为人主观过错的要求不同。侮辱罪的行为人主观上必须是直接故意：而民事侮辱侵权的行为人主观上有故意，也有过失。即民事侵权行为人只要有过错，并在客观上造成了对他人人格、名誉的损害，就应承担名誉侵权的法律责任。

第三，一般侮辱违法行为与侮辱罪的界限。侮辱他人的行为，只有达到情节严重的，才以犯罪论处。一般侮辱行为，情节轻微的，不以犯罪论处。根据《治安管理处罚法》第四十二条规定，公然侮辱他人或者捏造事实诽谤他人的；处五日以下拘留或者五百元以下罚款；情节较重的，处五日以上十日以下拘留，可以并处五百元以下罚款。

第四，本罪与强制猥亵、侮辱妇女罪的界限。当行为人采用公然强行扒妇女的衣服、对妇女身体进行某些动作性猥亵、侮辱时，对行为人是定侮辱罪还是强制猥亵、侮辱妇女罪，容易发生混淆。区别两者的关键，在于行为人的主观目的和动机。侮辱罪中的侮辱妇女，行为人目的在于败坏妇女的名誉，贬低其人格，动机多出于私愤报复、发泄不满，这一点与侮辱其他人（男性）、其他侮辱行为没有什么区别；而猥亵、侮辱妇女行为，行为人目的在于寻求下流无耻的精神刺激。另外，侮辱妇女罪在有些场合，行为人侮辱的对象即妇女具有不特定性，而侮辱罪的对象只能是特定的。

第五，侮辱罪中一罪与数罪的界限。侮辱罪可以以暴力方法实施。这里的暴力仅仅是指行为人为使他人人格尊严及名誉受到损害而采取的强制手段，不包括对被害人的故意杀伤行为。如果行为人在侮辱他人过程中故意伤害被害人甚至杀害被害人的，应以故意伤害罪或故意杀人罪对行为人定罪处罚，不应对行为人以侮辱罪和故意伤害罪、故意杀人罪实行数罪并罚。但如果是行为人在侮辱他人过程中，第三人予以阻止，行为人为排除阻碍而将第三人伤害或杀害的，则应对行为人实行数罪并罚。

（二）诽谤罪

根据《刑法》第二百四十六条第二款规定，诽谤罪[①]，是指故意捏造并散布虚构的事实，足以贬损他人人格，破坏他人名誉，情节严重的行为。

---

① 高铭暄、马克昌：《刑法学》北京大学出版社2017年版，第480页。

犯本罪的，处三年以下有期徒刑、拘役、管制或者剥夺政治权利；告诉的才处理，但是严重危害社会秩序和国家利益的除外。这里所谓“告诉的才处理”，是指犯诽谤罪，被害人自诉告发的，法院才受理，否则不受理。“严重危害社会秩序和国家利益的除外”，如因诽谤引起被害人死亡的；引起当地群众公愤的；诽谤外国人影响国际关系的，等等。如果受害人不告诉或不能告诉，人民检察院应提起公诉。

1. 犯罪的构成要件

本罪侵犯的客体与侮辱罪相同，是他人的人格尊严、名誉权。犯罪侵犯的对象是自然人。

本罪在犯罪客观方面表现为行为人实施捏造并散布某种虚构的事实，足以贬损他人人格、名誉，情节严重的行为。

第一，须有捏造某种事实的行为，即诽谤他人的内容完全是虚构的。如果散布的不是凭空捏造的，而是客观存在的事实，即使有损于他人的人格、名誉，也不构成本罪。

第二，须有散布捏造事实的行为。所谓散布，就是在社会公开的扩散。散布的方式基本上有两种：一种是言语散布；另一种是文字，即用图画、报刊、图书、书信等方法散布。所谓“足以贬损”，是指捏造并散布的虚假事实，完全可能贬损他人的人格、名誉，或者事实上已经给被害人的人格、名誉造成了实际损害。如果散布虚假的事实，但并不可能损害他人的人格、名誉，或无损于他人的人格、名誉，则不构成诽谤罪。

第三，诽谤行为必须是针对特定的人进行的，但不一定要指名道姓，只要从诽谤的内容上知道被害人是谁，就可以构成诽谤罪。如果行为人散布的事实没有特定的对象，不可能贬损某个人的人格、名誉，就不能以诽谤罪论处。

第四，捏造事实诽谤他人的行为必须属于情节严重的才能构成本罪。虽有捏造事实诽谤他人的行为，但没有达到情节严重的程度，则不能以本罪论处。所谓情节严重，主要是指多次捏造事实诽谤他人的；捏造事实造成他人人格、名誉严重损害的；捏造事实诽谤他人造成恶劣影响的；诽谤他人致其精神失常或导致被害人自杀的等等情况。

本罪主体是一般主体，凡达到刑事责任年龄、具有刑事责任能力的自然人均能构成本罪。单位不能构成犯罪主体。

本罪主观上必须是故意，行为人明知自己散布的是足以损害他人名誉的虚假事实，明知自己的行为会发生损害他人名誉的危害结果，并且希望这种结果的发生。行为人的目的在于败坏他人名誉。如果行为人将虚假事实误认为是真实事实加以扩散，或者把某种虚假事实进行扩散但无损害他人名誉的目的，则不构成诽谤罪。

2. 立案标准

在出版物中公然侮辱他人或者捏造事实诽谤他人，情节严重的，依照《刑法》第二百四十六条的规定，分别以侮辱罪或者诽谤罪定罪处罚。

3. 相关司法解释

最高人民法院《关于审理非法出版物刑事案件具体应用法律若干问题的解释》第六条规定："在出版物中公然侮辱他人或者捏造事实诽谤他人，情节严重的，依照刑法第二百四十六条的规定，分别以侮辱罪或者诽谤罪定罪处罚。"

2013 年 9 月 9 日，最高人民法院、最高人民检察院公布《关于办理信息网络实施诽谤等刑事案件适用法律若干问题的解释》。该司法解释规定，利用信息网络诽谤他人，同一诽谤信息实际被点击、浏览次数达到 5000 次以上，或者被转发次数达到 500 次以上的，应当认定为《刑法》第二百四十六条第一款规定的"情节严重"，可构成诽谤罪；如果行为人明知是捏造的损害他人名誉的事实，实施了在信息网络上散布的行为，主观上故意，客观上造成实际损害，情节恶劣的，以诽谤罪定罪处罚。如果行为人不明知是他人捏造的虚假事实而在网络上发布转发的，即使对被害人名誉造成一定的损害，也不构成诽谤罪。具体规定如下：

根据第一条规定，具有下列情形之一的，应当认定为《刑法》第二百四十六条第一款规定的"捏造事实诽谤他人"：（1）捏造损害他人名誉的事实，在信息网络上散布，或者组织、指使人员在信息网络上散布的；（2）将信息网络上涉及他人的原始信息内容篡改为损害他人名誉的事实，在信息网络上散布，或者组织、指使人员在信息网络上散布的；明知是捏造的损害他人名誉的事实，在信息网络上散布，情节恶劣的，以“捏造事实诽谤他人”论。

根据第二条规定，利用信息网络诽谤他人，具有下列情形之一的，应当认定为《刑法》第二百四十六条第一款规定的“情节严重”：（1）同一诽谤信息实际被点击、浏览次数达到五千次以上，或者被转发次数达到五百次以上的；（2）造成被害人或者其近亲属精神失常、自残、自杀等严重后果的；（3）二年内曾因诽谤受过行政处罚，又诽谤他人的；（4）其他情节严重的情形。

根据第三条，利用信息网络诽谤他人，具有下列情形之一的，应当认定为《刑法》第二百四十六条第二款规定的“严重危害社会秩序和国家利益”：（1）引发群体性事件的；（2）引发公共秩序混乱的；（3）引发民族、宗教冲突的；（4）诽谤多人，造成恶劣社会影响的；（5）损害国家形象，严重危害国家利益的；（6）造成恶劣国际影响的；（7）其他严重危害社会秩序和国家利益的情形。

根据第四条规定，一年内多次实施利用信息网络诽谤他人行为未经处理，诽谤信息实际被点击、浏览、转发次数累计计算构成犯罪的，应当依法定罪处罚。

根据第五条规定，利用信息网络辱骂、恐吓他人，情节恶劣，破坏社会秩序的，依照《刑法》第二百九十三条第一款第（二）项的规定，以寻衅滋事罪定罪处罚。编造虚假信息，或者明知是编造的虚假信息，在信息网络上散布，或者组织、指使人员在信息网络上散布，起哄闹事，造成公共秩序严重混乱的，依照《刑法》第二百九十三条第一款第四项的规定，以寻衅滋事罪定罪处罚。

根据第六条规定，以在信息网络上发布、删除等方式处理网络信息为由，威胁、要挟他人，索取公私财物，数额较大，或者多次实施上述行为的，依照刑法第二百七十四条的规定，以敲诈勒索罪定罪处罚。

需要指出的是，该解释所称信息网络，包括以计算机、电视机、固定电话机、移动电话机等电子设备为终端的计算机互联网、广播电视网、固定通信网、移动通信网等信息网络，以及向公众开放的局域网络。

4. 罪行的认定

诽谤罪散布的必须是捏造的虚假的事实。如果散布的是客观存在的事实，虽然有损于他人人格、名誉，但不构成诽谤罪。而名誉侵权行为，即使所述的内容是真实的，但只要是法律禁止公开宣扬的，公开了将有损于他人人格、名誉，也可以构成名誉侵权。甚至叙述的事实越真实，越会加重侵权的程度。

（三）侵犯著作权罪

侵犯著作权罪是指以营利为目的侵犯他人著作权的情节严

重的行为。[①]《刑法》第二百一十七条规定，以营利为目的，有下列侵犯著作权情形之一，违法所得数额较大或者有其他严重情节的，处三年以下有期徒刑或者拘役，并处或者单处罚金；违法所得数额巨大或者有其他特别严重情节的，处三年以上七年以下有期徒刑，并处罚金：（1）未经著作权人许可，复制发行其文字作品、音乐、电影、电视、录像作品、计算机软件及其他作品的；（2）出版他人享有专有出版权的图书的；（3）未经录音录像制作者许可，复制发行其制作的录音录像的；（4）制作、出售假冒他人署名的美术作品的。

据最高人民法院于1998年12月11日发布的《关于审理非法出版物刑事案件具体应用法律若干问题的解释》第二条规定，个人违法所得数额在5万元以上，单位违法所得数额在20万元以上的，属于“违法所得数额较大”；具有下列情形之一的属于有“其他严重情节”：（1）因侵犯著作权曾两次以上被追究行政责任或民事责任，两年内又实施刑法第二百一十七条规定所列侵犯著作权行为的；（2）个人违法经营数额在20万元以上，单位违法经营数额在100万元以上的；（3）造成其他严重后果的。个人违法所得数额在20万元以上，单位违法所得数额在100万元以上的，属于“违法所得数额巨大”；个人违法经营数额在100万元以上，单位违法经营数额在500

① 高铭暄、马克昌：《刑法学》北京大学出版社2017年版，第441～443页。

万元以上的，或者造成其他严重后果的，属于有“其他特别严重情节”。

（四）销售侵权复制品罪

销售侵权复制品罪是指行为人以营利为目的，销售明知是侵权复制品的产品，违法所得数额巨大的行为。[①]《刑法》第二百一十八条规定，以营利为目的，销售明知是第二百一十七条规定的侵权复制品，违法数额巨大的，处三年以下有期徒刑或者拘役，并处或者单处罚金。

（五）侵犯商标罪

在《刑法》分则第三章“破坏社会主义市场经济秩序罪”第七节“侵犯知识产权罪”中确定了三种侵犯商标权罪。

1. 假冒注册商标罪

《刑法》第二百一十三条规定，假冒商标罪是：未经注册商标所有人许可，在同一种商品上使用与其注册商标相同的商标，情节严重或特别严重的。构成犯罪有以下几个要件：（1）行为人在主观上具有犯罪故意，即有假冒他人注册商标以非法牟利，或破坏他人商标信誉，或者谋取其他利益的目的。行为人因工作失误而错用他人注册商标，主观上没有犯

① 高铭暄、马克昌：《刑法学》北京大学出版社2017年版，第443页。

罪故意，不构成犯罪。（2）行为人客观上有未经注册商标所有人许可，在同一种商标上使用与他人注册商标相同商标的行为。行为人使用的商标与他人注册商标完全相同，而且在同一种商品上使用。如果是在同一种商品上使用与他人注册商标近似的商标，或者在类似商品上使用与他人注册商标相同的商标，均不构成该罪，而属于商标侵权违法行为。（3）假冒他人注册商标情节严重的，才构成犯罪。例如，假冒产品造成人身伤害甚至危及生命的；假冒数量大、次数多、持续时间长、牟取非法利润较大或手段恶劣的；假冒行为造成了严重的国际、国内影响的，等等。如果假冒情节不严重，则只属于一般商标侵权行为。

2. 销售假冒注册商标商品罪

销售假冒注册商标的商品罪，是指违反国家商标管理法规，销售明知是假冒注册商标的商品，销售金额数额较大的行为。[①] 销售假冒注册商标商品罪在犯罪构成上有以下几个要件：（1）行为人在主观上具有犯罪故意；（2）行为人在客观上有销售明知是假冒注册商标商品的行为；（3）销售金额数额较大的。

上述要件中所说的“销售”，既包括批发、零售，也包括代售。“假冒注册商标商品”是指假冒他人已经注册商标商

① 高铭暄、马克昌：《刑法学》北京大学出版社2017年版，第439页。

品。如果商品上使用的商标还未有人注册，而冒充已经注册商标在商品上使用，行为人尽管对此明知又销售，也不构成犯罪，而属于违反商标管理的违法行为。“销售金额数额较大的”，这是区分罪与非罪的重要界限。如果销售金额不大，构不成犯罪，属于一般商标侵权，只追究民事责任。

上述假冒注册商标罪和销售假冒商标商品罪易与生产销售伪劣商品罪混淆。区别在于：如果行为人生产、经营或销售的商品属合格产品，只是使用了他人的注册商标，则构成假冒注册商标罪或销售假冒注册商标商品罪。如果行为人生产、经营或销售的商品本身就不合格，属残次废品，而冒充合格产品，又使用了他人注册商标，则应以生产、销售伪劣商品罪定罪。

3. 非法制造、销售他人注册商标标识罪

非法制造、销售他人注册商标标识罪，是指违反国家商标管理法规，伪造、擅自制造他人注册商标标识或者伪造、擅自制造的注册商标标识，情节严重的行为。① 该罪由以下三个要件构成：（1）行为人主观上有犯罪故意，即明知是他人注册商标标识而仍非法制造或销售；（2）行为人客观上有伪造、擅自制造他人注册商标标识或销售伪造、擅自制造他人注册商标标识的行为；（3）情节严重或特别严重。上述后两种犯罪与前一种联系紧密，有时就把它们统称为假冒商标罪。

① 高铭暄、马克昌：《刑法学》北京大学出版社2017年版，第440页。

参考文献

著作类

1. [古希腊] 亚里士多德:《政治学》,商务印书馆 2015 年版。

2. [英] 梅因:《古代法》,商务印书馆 1959 年版。

3. [英] 彼得·斯坦、约翰·香德:《西方社会的法律价值》,王献平译,中国法制出版社 2004 年版。

4. [英] 梅因:《古代法》,商务印书馆 1959 年版。

5. [英] 霍布斯:《利维坦》,黎思复、黎延弼译,商务印书馆 1995 年版。

6. [德] 黑格尔:《法哲学原理》,商务印书馆 1982 年版。

7. [法] 卢梭:《社会契约论》,何兆武译,商务出版社 2003 年版。

8. [美] 哈罗德·J. 伯尔曼:《法律与革命》,中国大百科全书出版社 1993 年版。

9. [美] 哈罗德·J. 伯尔曼:《法律与宗教》,商务印书馆 2012 年版。

10. 张文俊等:《数字媒体技术基础》,上海大学出版社

2007 年版。

11. 范生万、张磊：《网络讯息采集与编辑》，北京大学出版社 2010 年版。

12. 浦起龙：《史通通释》，上海古籍出版社 1978 年版。

13. 许凌云：《刘知几评传》，南京大学出版社 1994 年版。

14. 梁启超：《饮冰室专集》，中华书局 1989 年版。

15. ［美］莫蒂默·阿德勒：《西方思想宝库》，吉林出版社 1990 年版。

16. 王振铎、司锡明：《编辑学通论》，开封大学出版社 1989 年版。

17. 苏联科学院法学研究所：《马克思列宁主义关于国家与法权理论教程》，中国人民大学出版社 1955 年版。

18. 孙国华：《法学基础理论》，法律出版社 1981 年版。

19. 中国大百科全书编委会：中国大百科全书（法学卷），法律出版社 1984 年版。

20. 刘作翔：《法律文化理论》，商务印书馆 1999 年版。

21. 张文显：《法的一般理论》，辽宁大学出版社 1998 年版。

22. 沈宗灵：《法理学》，北京大学出版社 2001 年版。

23. 列宁：《哲学笔记》，人民出版社 1956 年 9 月第 1 版。

24. 马克思：《马克思恩格斯全集》第四卷，人民出版社 1995 年版。

25. 马克思：《马克思恩格斯选集》第一卷，人民出版社1995年版。

26. 彭诚信：《主体性与私权制度研究》，中国人民大学出版社2005年版。

27. 何怀宏：《契约伦理与社会正义》，中国人民大学出版社1993年版。

28. 李淮春：《马克思主义哲学全书》，中国人民大学出版社1996年版。

29. 傅静坤：《二十世纪契约法》，法律出版社1997年版。

30. 郑成思：《知识产权论》，法律出版社1998年版。

31. 刘春田：《简论知识产权·知识产权研究（第一卷）》，法律出版社1995年版。

32. 吴汉东：《知识产权基本问题研究》，中国人民大学出版社2005年版。

33. 孙世彦、姚建宗：《比较法学丛书——比较法的力量与弱点》，清华大学出版社2003年版。

34. 公丕祥主编：《法理学》，复旦大学出版社2002年版。

35. 刘诗白、邹广严：《新世纪企业家百科全书·第1卷》，中国言实出版社2000版。

36. 《北京大学法学百科全书》编委会编；魏振瀛、徐学鹿、郭明瑞主编：《北京大学法学百科全书·民法学、商法学》，北京大学出版社2004年版。

37. 赵建杰、谢安邦主编:《编辑理性与期刊发展》，天津科学技术出版社 2013 年版。

38. 杨亚佳等编:《社会主义法治理念研究》，河北人民出版社 2011 年版。

39. 王运声、易孟林主编：《中国法治文化概论》群众出版社 2015 年版。

40. 陈照雄：《人文主义的教育思想》，复文图书出版社 1983 年版。

41. 李申田:《企业法律顾问工作规程》，法律出版社 2010 年版。

42. 朱忠良、牛振宇主编：《企业法律风险防范与控制》，山西人民出版社 2015 年版。

43. 公丕祥主编:《法理学》，复旦大学出版社 2002 年版。

论文类

1. L. Friedman, “Legal CultureandSocialDevelopment,” LawandsocietyReview, Vol6, 1969.

2. 王宏江:《论数化出版对体育科技期刊编辑能力结构的优化》，载《西安体育学报》2007 年第 1 期。

3. 谭丰华、易冰原:《“大编辑”理念初探》，载《出版科学》2010 年第 18 期。

4. 畅榕、丁俊杰:《数位时代新闻传播的特征》，载《当代传播》2005年6期。

5. 桂小玲：《论网络时代科技期刊复合型编辑出版人才的培养》，载《机制创新·合作共赢——第8届全国核心期刊与期刊国际化、网络化研讨会论文集》2010年。

6. 聂晶磊、王秋艳：《数字符出版专业人才培养模式探析》，载《编辑之友》2009年第8期。

7. 张洋：《数字出版模式中的编辑定位与职能》，载《辽宁师范大学学报（自然科学版）》2011年34期。

8. 许佳铮：《图书出版编辑人员工作价值观与组织承诺之关系研究——以城邦出版集团为例》，南华大学出版事业管理研究所2002年硕士学位论文。

9. 张丰荣：《编辑作业概述》，载《出版流通》2002年4月。

10. 吴佩娟：《台湾的文学编辑与作者之互动关系研究》，南华大学出版事业管理研究所2002年硕士学位论文。

11. 张连举：《论编辑人员的道德素养》，载《广东行政学院学报》2003年第6期。

12. 黄盛璘：《传统手工业——编辑》，载《佛教图书馆馆讯》1999年第20期。

13. 胡海娜：《论编辑的形象语言》，载《学报编辑修养》吉林大学出版社1993年版。

14. 张曙光：《“信仰”之思》，载《学术研究》2000年第

12 期。

15. 万俊人：《信仰危机的“现代性”根源及其文化解释》，载《清华大学学报（哲学社会科学版）》2001 年第 1 期。

16. 李幼惠、张镇：《精神信仰的心理学含义》，载《天津师范大学学报（社会科学版）》2002 年第 6 期。

17. 汪岳：《法治信仰社会化：一个长期而艰难的过程》，载《社会科学研究》2016 年第 5 期。

18. 谢晖：《法律信仰与法律怀疑精神》，载《法律科学（西北政法大学学报）》1995 年第 6 期。

19. 谢晖：《法律信仰：历史、对象及主观条件》，载《学习与探索》1996 年第 2 期。

20. 徐淑慧、苏春景：《法律信仰的特点、结构与培养策略》，载《教育研究》2016 年第 6 期。

21. 耿瑞珍：《法律信仰的价值及培育》，载《中国特色社会主义研究》2015 年第 6 期。

22. 傅达林：《小议法律信仰与法治信仰》，载《检察日报》2018 年 8 月 22 日。

23. 郁建兴：《法治与德治衡论》，载《哲学研究》2001 年第 4 期。

24. 尹东斌：《监狱人民警察应率先铸牢法治信仰》，载《云南法制报》2015 年 4 月 15 日。

25. 李雄：《论平等就业权司法救济体系的构造》，载《河北法学》2017 年第 10 期。

26. 刘剑文、耿颖：《财税法治体系：理财治国之重器》，载《经济参考报》2014 年 11 月 11 日。

27. 姚建宗：《信仰：法治的精神意蕴》，载《吉林大学社会科学学报》1997 年第 2 期。

28. 冯玉军：《把社会主义核心价值观融入法治建设的要义和途径》，载《紫光阁》2016 年第 11 期。

29. 汪岳：《法治信仰社会化：一个长期而艰难的过程》，载《社会科学研究》2016 年第 5 期。

30. 张永和、孟庆涛：《法治信仰形成路径探析》，载《人民论坛》2013 年第 14 期。

31. 王秀鹏：《论法律信仰的培养》，载《桂海论丛》2008 年第 3 期。

32. 王琪：《论法律信仰与和谐社会》，载《法制与社会》2007 年第 1 期。

33. 王金玉：《社会主义法治信仰的特征》，载《吉林省教育学院学报》2018 年第 7 期。

34. 吴玉晓、吴德慧：《新时代开启新征程的政治宣言——党的十九大报告之理论意蕴》，载《淄博师专学报》2018 年第 6 期。

35. 王兴盛：《整治“滥政与懒政”的路径探析》，载《中国领导科学》2016 年第 11 期。

36. 吕廷君：《建设中国特色社会主义法治体系》，载《新视野》2013 年第 1 期。

37. 王松苗：《准确把握中国法治的六个要素》，载《中国检察官》2015 年第 1 期。

38. 陈金钊：《法治共识形成的难题——对当代中国“法治思潮”的观察》，载《法学论坛》2014 年第 3 期。

39. 曹戈、齐晓明：《论中国特色社会主义法治体系科学内涵》，载《经济研究导刊》2015 年第 20 期。

40. 曹永盛、秦德君：《〈五月花号公约〉中的法治精神分析》，载《郑州航空业管理学院学报（社会科学版）》2015 年第 20 期。

41. 钱秋月：《国家治理与中国特色社会主义法治信仰》，载《中共宁波市委党校学报》2015 年第 5 期。

42. 赵龙、朱诗蕊、赵明明：《以人为本：良法善治的内质与形态》，载《太原理工大学学报（社会科学版）》2014 年第 5 期。

43. 陈秀萍：《契约的伦理内核——西方契约精神的伦理解析》，载《南京社会学》2006 年第 8 期。

44. 张万洪：《和谐社会需要契约精神》，载《光明日报》2005 年 11 月 30 日。

45. 林修果：《论中国现代化进程中的契约精神》，载《福建论坛（人文社会科学版）》2006 年第 1 期。

46. 高丽、赵环：《契约精神与友善制度：善治视角下新型政社关系的构建》，载《浙江工商大学学报》2016 年第 7 期。

47. 刘胜梅：《契约精神及其培育路径》，载《学术探索》2012 年第 10 期。

48. 陈澄：《知识产权的概念和法律特征探究》，载《科技展望》2016 年第 35 期。

49. 马忠法：《知识产权制度引进与互动：WIPO 与中国》，载《国际观察》2009 年第 4 期。

50. 周泽夏：《知识产权法经济分析的理论基础——基于〈知识产权法的经济结构〉的讨论》，载《中州学刊》2018 年第 4 期。

51. 王全齐：《我国外商投资法律保护问题研究——以贵州贵安新区为例》，载《贵州民族大学学报》2016 年第 12 期。

52. 吴汉东：《知识产权本质的多维度解读》，载《中国法学》2016 年第 5 期。

53. 汪怡婷、罗金云：《奥运会电视转播权法律属性》，载《重庆科技学院学报（社会科学版）》2008 年第 7 期。

54. 陈斯宁：《浅议知识产权的现实作用》，载《企业家天地》2007 年第 6 期。

55. 陈燕娟：《基于知识产权视角的中国种业国际竞争力

提升方略》，载《中国贸易救济与产业安全论丛（2010）——第六届中国贸易救济与产业安全研究奖获奖论文集》，2010年版。

56. 谢爱林：《论法律语言的特点》，载《南昌大学学报（人文社会科学版）》2007 年第 1 期。

57. 肖海军：《从法学的研究对象与论证思路看法学研究方法》，载《时代法学》2016 年第 6 期。

58. 叶利荣：《期刊编辑的法律意识及其培养》，载《长江大学学报（社会科学版）》2011 年第 11 期。

59. 李多：《编辑的法律语言修养浅谈》，载《学理论》2014 年第 29 期。

60. 刘大勇：《论法治建设中公民的规则意识、法律意识、宪法意识的相互关系》，载《法制与社会》2018 年第 15 期。

61. 庞凌：《作为法治思维的规则思维及其运用》，载《法学》2015 年第 8 期。

62. 周兴国：《公民的规则意识与培养》，载《广西师范大学学报（哲学社会科学版）》2018 年第 5 期。

63. 曾坚：《对中国公民权利意识的历史考察及反思》，载《贵州大学学报（社会科学版）》2001 年第 1 期。

64. 韦遐：《论公民权利意识的培养》，载《法制与社会》2008 年第 1 期。

65. 解添明、于文静：《法治视野下的公民权利意识研究》，载《太原师范学院学报（社会科学版）》2017 年第 4 期。

66. 何勤华、宋宇宁：《初步建成法治社会：全面小康的重要标志》，载《人民论坛 · 学术前沿》2016 年第 18 期。

67. 霍存福：《中国古代契约精神的内涵及其现代价值——敬畏契约、尊重契约与对契约的制度性安排之理解》，载《吉林大学社会科学学报》2008 年第 5 期。

68. 霍存福：《中国传统法文化精神论纲》，载《吉林公安高等专科学校学报》2009 年第 5 期。

69. 王西光：《图书出版行业常见法律风险及其防范》，载《中国新闻出版广电报》2017 年 4 月 21 日。

70. 罗栋、崔雅男：《网络舆论对法治的影响》，载《吉林公安高等专科学校学报》2010 年第 2 期。

71. 原琳：《自媒体对主流媒体新闻传播影响的研究》，载《科技传播》2014 年第 6 期。

72. 顾闻：《我国出版法律体制百年演变》，载《出版发行研究》2017 年第 8 期。

73. 杨春风：《试论如何培养高校学报编辑的法律意识》，载《四川行政学院学报》2015 年第 3 期。

74. 阴卫芝：《国外媒体法务的职能及其如何为编辑部服务》，载《新闻记者》2014 年第 7 期。

75. 梁关：《日本新闻媒介的自律和他律》，载《国际新闻界》1998 年第 1 期。

76. 陈中原：《信誉咋不断下降——来自美国报纸编辑协会的报告》，载《国际新闻界》1999 年第 4 期。

77. 陈吉：《新媒体时代编辑工作的道德价值挑战与应对：以学术期刊为研究对象》，载《编辑学刊》2013 年第 2 期。

78. 黄清勇：《论社会主义法治国家公众的法律情感》，载《黔西南民族师范高等专科学校学报》2005 年第 1 期。

79. 蔡柯、李玉坤：《科技期刊编辑要练就一双法律慧眼》，载《天津科技》2017 年第 9 期。

80. 杨燕：《依法治国方略背景下法律意识的功能论析》，载《学校党建与思想教育》2017 年第 17 期。

81. 冯征：《编辑的自我管理与职业成长》，载《编辑学刊》2018 年第 6 期。

82. 杨春风：《试论如何培养高校学报编辑的法律意识》，载《四川行政学院学报》2015 年第 3 期。

83. 孟俊红：《论“互联网 +”时代学术期刊编辑的法律素养》，载《河南教育学院学报（哲学社会科学版）》2017 年第 6 期。

84. 杨燕：《依法治国方略背景下法律意识的功能论析》，载《学校党建与思想教育》2017 年第 17 期。

85. 万晋：《从新闻真实走向法律真实》，载《青年记者》2007 年第 1 期。

86. 叶利荣：《期刊编辑的法律意识及其培养》，载《长江大学学报（社会科学版）》2011 年第 11 期。

87. 王秀中：《期刊编辑的法律素质亟待提高》，载《东北财经大学学报》2001 年第 6 期。

88. 王少林：《认真学习著作权法，增强法律意识》，载《吉林粮食高等专科学校学报》2003 年第 4 期。

89. 樊霞：《互联网时代期刊编辑核心素养维度构建》，载《河南教育学院学报：哲学社会科学版》2017 年第 5 期。

90. 孙午生：《论学术期刊编辑的法律意识》，载《北京政法职业学院学报》2018 年第 1 期。

91. 王立平：《论编辑的法律修养》，载《内蒙古民族大学学报》2012 年 11 月第 6 期。

92. 张连举：《编辑侵权行为研究》，载《政法学刊》2008 年 4 月第 2 期。

93. 石锋：《新闻编辑亟需增强法律意识》，载《业务研究》2016 年第 1 期。

94. 丁肇锋：《参与出版法律实践，提升图书编辑法律修养》，载《中国新闻出版广电报》2017 年 6 月 13 日。

95. 王化伟：《强化编辑的法律意识，明确出版者的权利义务》，载《贵州教育学院学报》2003 年第 5 期。

96. 黄先蓉：《编辑工作各环节中的法律意识》，载《中国编辑》2007 年第 2 期。

97. 胡梅娜、孙品芳：《著作权法与文科学报编辑的法律权利和法律义务》，载《政法论坛：中国政法大学学报》1991年第1期。

98. 汤啸天：《论编辑的法律意识及其权利义务》，载《编辑学报》2000年第2期。

99. 王少林：《认真学习著作权法，增强法律意识》，载《吉林粮食高等专科学校学报》2003年第4期。

100. 丁肇锋：《参与出版法律实践，提升图书编辑法律修养》，载《中国新闻出版广电报》2017年6月13日。

101. 人民日报记者：《〈纽约时报〉检讨对伊拉克战争报道》，载《新闻战线》2004年第7期。

102. 陈澄：《知识产权的概念和法律特征探究》，载《科技展望》2016年第35期。

103. 黄忠民：《公立高级中等学校总务主任人格特质、工作特性与工作满意度之研究》，台北科技大学技术及职业教育研究所2004年硕士学位论文。

104. 赵丹阳：《法治目标下司法公信力提升路径研究》，齐齐哈尔大学硕士2016年硕士学位论文。

105. 蒋树伟：《论江泽民依法治国思想》，浙江农林大学2012年硕士学位论文。

106. 李爽：《论中国特色社会主义法治体系》，河北师范大学2015年硕士学位论文。

107. 张霖：《中国特色社会主义法治理论及其教育研究》，

华中师范大学 2016 年博士学位论文。

108. 张小军：《契约精神及其培育研究》，华南理工大学 2013 年硕士学位论文。

109. 刘雪凤：《知识产权全球治理视野下 NGO 功能研究》，中国矿业大学 2011 年博士学位论文。

110. 李华威：《知识产权与国际竞争力的关联效应研究》，武汉理工大学 2005 年硕士学位论文。

111. 彭民安：《知识产权保护影响经济增长方式转变的实证研究》，湖南大学 2012 年硕士学位论文。

112. 吴迪：《论我国舆论监督与司法公正的冲突与平衡》，沈阳工业大学 2018 年硕士学位论文。

后　记

在负责科研管理与学术交流同时，笔者有幸担任了学院学术期刊的执行负责人并兼职编辑。在主管领导的指导和带领下，通过团队的共同努力，使期刊的优良传统得以升华，期刊年年有进步，年年上台阶，在任职期间幸而没有辜负领导的重托和信任。

编辑出版学术期刊，既是职责所在，也要求自己在新的领域不断学习新的知识、新的技能，因此，每每出刊，都紧张如学生考试。在这个过程中，也才切身感悟到作为期刊编辑，既应是某一知识领域的行家，同时还要具有相应的法律意识，这直接关系到对法律法规的认知和掌握能力，关系到社会主义文化的传承和发展，关系到刊物内容的真实性，关系到依法治国的大局，对做好编辑工作很有裨益。这是《编辑法律意识研究》一书的缘起。

因此，写作本书最初的动力也就在于提高自己在学术刊物出版中的法律意识，提升自身的工作素养，以便做好编辑工作。为此查看学习了很多相关资料，以求有所收获和借鉴。但是，尽管有关编辑工作的文献很多，然而有关编辑法律意识系统研究的可供参考借鉴的资料却很有限。所以笔者认为，一边工作，一边对这一问题进行全面的思考、梳理并公开出版成果以就教于各位专家和学者，是一件有意义的事。因为，编辑从业者具有一定的法律意识、法律思维及法律素养，是在审核、把关、修正并确定出版物能否出版的过程中所必需的。这也是本书力图达到的目标：为编辑从业者法律意识、法律思维及法律素养的养成提供基础素材。

为达成这一目标，本书从构思、搜集资料到最终成书，前后历经数年时间，力图对编辑法律意识的内涵、特征、分类、形成条件、内容，对编辑法律意识的培养和存在的问题，对培养编辑法律意识的路径和具体法律知识谱系，都做尽可能详细的阐述。但是，囿于资料有限和客观条件，这一问题还有很大的可探讨空间，期待本书为其他研究者的进一步研究提供启发。当前，如果本书的出版能够为编辑学习法律知识，掌握法律法规，养成法律意识及法律思维提供需要的参考资料，已足矣。

图书在版编目（CIP）数据

编辑法律意识研究 / 孙午生著 . —北京：中国法制出版社，2019. 12

ISBN 978 - 7 - 5216 - 0741 - 3

Ⅰ. ①编… Ⅱ. ①孙… Ⅲ. ①编辑 - 法律意识 - 研究 - 中国 Ⅳ. ①D920. 0

中国版本图书馆 CIP 数据核字（2019）第 284784 号

责任编辑　王熹　　　　封面设计　杨泽江

编辑法律意识研究

BIANJI FALÜ YISHI YANJIU

著者/孙午生

经销/新华书店

印刷/北京京华虎彩印刷有限公司

开本/880 毫米 ×1230 毫米　32 开　　印张/ 11. 125　字数/ 216 千

版次/2019 年 12 月第 1 版　　2019 年 12 月第 1 次印刷

中国法制出版社出版

书号 ISBN 978 - 7 - 5216 - 0741 - 3　　定价：46. 00 元

北京西单横二条 2 号　邮政编码 100031　　传真：010 - 66031119

网址：http：//www. zgfzs. com　　**编辑部电话：010 - 66010493**

市场营销部电话：010 - 66033393　　**邮购部电话：010 - 66033288**

（如有印装质量问题，请与本社印务部联系调换。电话：010 - 66032926）